図解即戦力

豊富な図解と丁寧な解説で、
知識0でもわかりやすい！

しくみとビジネスが
しっかりわかる
教科書

これ
1冊で

長塚孝子
監修

技術評論社

はじめに

皆さんは毎日の生活のなかで、銀行と何らかの関わりをもっています。給料の受け取りや、キュッシュカードでお金を引き出したり、振込をしたりなど。わざわざ意識しなくても何気なく利用している、つまり、日常生活において、なくてはならない存在が銀行ではないでしょうか。

その皆さんが利用している銀行の提供している商品やサービスは、実際のところ何をやっているのか、さらに、そのしくみまでとなるとよくわからないことが多くあると思います。

銀行は世間一般に「お店が3時に閉まってラクでいいね」といわれていました。しかし、現実は3時にお店が閉まってからの仕事のほうが大変です。現在は、閉まる時間も銀行により違いが出ており、以前とは少し変化がみられます。また、日本で最初の銀行が創立されてから約150年経過し、社会・環境、経済や金融市場の変化など、銀行を取り巻く構造は大きく急速に変化しています。

そこで本書では、変わりつつある銀行の今の役割や機能、提供する商品やサービスのしくみ、そしてその未来像について、図表を入れて、わかりやすく解説しました。

この本を読んでくださった皆さんが、銀行をより上手に利用していただく教科書として、活用し役立てていただければ嬉しく思います。

2020年4月
長塚　孝子

CONTENTS

Chapter 3

銀行の収益構造

Chapter 4
銀行で取り扱うさまざまな金融商品

Chapter 7
銀行員の人事制度

Chapter 8
銀行員の役割と業務内容

Chapter 10

2030年の銀行

第1章

変わりつつある銀行の“いま”

かつて世界に大きな影響を与えていた日本の銀行。しかし、バブルの崩壊により銀行は苦境に立たされます。追い討ちをかけるように、2008年リーマン・ショックが発生、そして日本政府はゼロ金利政策を導入します。厳しい局面に立ち向かう銀行の“いま”を知っておきましょう。

Chapter1

01

銀行の現状はどうなっているのか？

銀行を取り巻く厳しい経営環境

銀行業界は今、厳しい経営環境に直面しています。その原因は、長く続く超低金利時代や人口問題、異業種からの参入など多岐にわたっています。まずは、銀行を取り巻く現状を知っておきましょう。

業績の落ち込みにあえぐ銀行業界

日経平均株価が最高値をつけた1989年、世界の時価総額ランキング上位50社のうち、日本の銀行が11社も名を連ねていました。しかし、バブル崩壊により日本の銀行は大きな打撃を受け、それ以降、銀行業界にとっては冬の時期が続いています。三菱UFJフィナンシャルグループ（FG）、三井住友FG、みずほフィナンシャルFGの３大メガバンクグループに加え、りそなホールディングス（HD）と三井住友トラストHDを加えた大手銀行５グループの2019年３月期連結決算は、本業である銀行業務の利益を示す実質業務純益が、前期に比べて13.2％減の１兆7,916億円と４年連続で減少しています。

そして、地方銀行にとっても苦しい経営局面が続いています。上場している地方銀行78行の2019年３月期決算では、約７割もの地方銀行が最終減益となり、収益の柱の１つである有価証券運用益の含み益が6,000億円も減少。さらに、本業である銀行業務の利益が５年以上赤字の地方銀行が23行から27行に増加し、経営不振にあえぐ地方銀行の現状がみてとれます。

銀行業界の苦境と復興への課題

銀行業界が苦戦している大きな理由は、長く続いている超低金利時代によるものです。従来から銀行は「利ザヤ」で収益を得ていました。利ザヤとは、融資金利と預金金利の差で、銀行の収益の根幹ともいえます。しかし、バブル崩壊後は停滞する経済を回復させるため、日本銀行は「ゼロ金利政策」を選択します。また、ITバブルが終わった2016年には、０％よりも低い「マイナス金利政策」に踏み切りました。これにより銀行は、お金を貸し

時価総額
企業の株価に発行済株式数をかけて算出した、企業価値を図る1つの指標のこと。その銘柄がどのくらいの価値や規模をもっているかを表すのに最も適しているとされる。

バブル崩壊
1991年頃から本格化した急激な景気後退のこと。高騰していた株価や地価が1991年から1993年にかけ急落し、日本経済に大きな打撃を与えた。

含み益
価格変動リスクのある外貨資産や、有価証券などの現在の価格（時価）が購入時の価格（簿価）よりも高い場合の差額のこと。

ゼロ金利政策
あらゆる取引の基準となっている短期金利を実質ゼロまで下げる政策のこと。金融緩和政策の１つである。

従来の銀行業界を苦しめる要因

て利息を受け取るというビジネスモデルを維持するのが困難になり、さらに追い討ちをかけるように、人口減少や地域の過疎化といった人口問題が銀行を苦しめています。また、2000年代より**異業種からの銀行参入**が相次ぎました。この影響で、若い年代を中心にネットバンクの利用が浸透するなど、金融サービスの多様化も従来の銀行業界に大きな影響を与えています。

銀行が安定した経営を取り戻すためには、"金利情勢に左右されないビジネスモデルの構築"が不可欠です。そこで、銀行のもう1つの大きな収益源である「手数料」が注目を集めています。銀行は、運用商品の販売や法人向けサービスの報酬、ATM利用手数料など、さまざまな分野で手数料を取って収益を上げています。近年、この収益を増加させるために、口座維持手数料の導入や、ATM利用手数料の引き上げなどが検討されています。しかし、手数料を追い求めるあまり、金融庁から待ったをかけられるような強引な営業事例も発生しており、改善が必要とされています。

また、金融とITの融合である「**FinTech（フィンテック）**」企業との協業も必要でしょう。銀行システムは巨大かつ複雑なため、IT化が遅れがちです。しかし、今後はFinTech企業のサポートを得ながら、さらに便利な金融サービスを生み出していくことが、銀行業界の復興に向けて必須です。

マイナス金利政策
金融機関が日本銀行に預けている預金金利をマイナスにすること。預金者である金融機関が日本銀行に金利を支払う。

異業種からの銀行参入
ジャパンネット銀行やイーバンク銀行はインターネット業界、ソニー銀行は製造業から、セブン銀行は小売業からの参入。

FinTech（フィンテック）
金融（Finance）と技術（Technology）を組み合わせた造語。金融サービスとテクノロジーを結びつけた革新的な動きを指す。

Chapter1
02

銀行を知るための指標

銀行を知るうえで押さえておきたいのが、貸出残高と経常利益という2つの指標です。これらを覚えておけば、銀行の経営状態をかんたんに読み解くことができます。

銀行を把握する指標の1つである「貸出残高」

銀行を知るうえで重要な指標の1つが「貸出残高」です。貸出残高とは、銀行が取引先の個人や法人に対してお金を貸した総金額のことです。一方で、銀行が取引先から預かったお金の総金額を預金残高といいます。

日本経済が順調に成長していれば、銀行の資産のうち、この貸出金の金額が増えていきます。企業に貸し出されたお金は設備投資に回され、国民の生活を豊かにする商品やサービスの開発・提供が行われます。企業はそうして得た利益を、給与として労働者に支払います。景気がよければ給与の増額などが行われ、個人が銀行に預金をし、銀行の預金残高が増えるのです。そして、銀行の預金残高が増加すれば、企業に向けて貸し出しできる残高も増えるという好循環が起きます。

銀行は従来から、このような貸し出し（融資）による金利収入で収益を上げてきました。しかし、バブル崩壊により、貸し出したお金が返済されない、いわゆる不良債権が多発しました。このため、銀行は融資審査を厳しくし、より好条件の企業に絞って貸し出すようになっています。

不良債権
経済価値が低下した貸出債権のこと。商取引や融資において、当初契約したとおりの元本・利息の支払いが受けられなくなるため、経営不振や金銭トラブルの原因になりやすい。

全銀行トータルの貸出残高は、2001年に447兆円、2004年には402兆円まで落ち込みましたが、2018年には498兆円、2019年には1997年以来21年ぶりに500兆円台まで回復しています。しかし、これらは個人向けや住宅ローンの伸びによる要因が大きく、企業向け融資はあまり増加していません。つまり、日本経済が復調しているとはいい難い状況なのです。

貸出残高をみることで、その銀行の規模、つまり企業としての大きさを把握することができます。例えば、2018年度のメガバ

銀行の貸出残高の推移

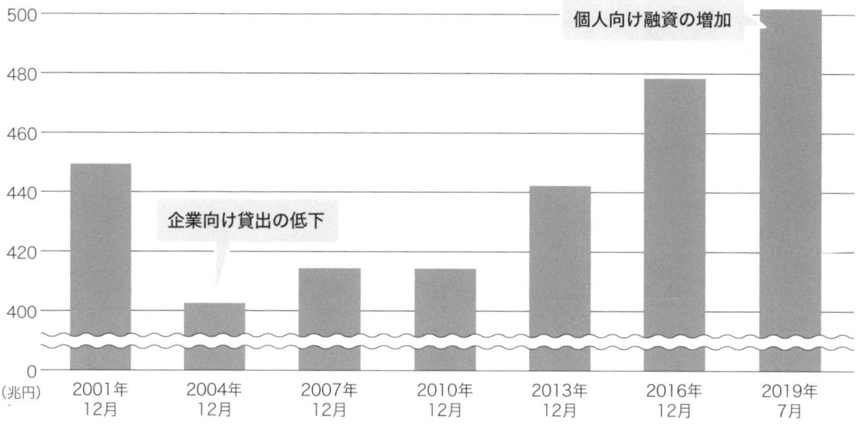

出典：全国銀行協会　預金貸出速報より作成

ンク3行の貸出残高は、三菱UFJ銀行：105.1兆円（グループ連結）、三井住友銀行：76.4兆円、みずほ銀行：57.4兆円（銀行・信託銀行合算）でした。3行合わせると238.9兆円と、全銀行の総貸出残高の約48％を占めます。つまり、日本全体の融資の約半分が3大メガバンクで行われているのです。

銀行の利益額を把握するための「経常利益」

経常利益とは、本業である銀行業務を含めた全業務から得た利益のことです。その年だけ限定的に発生した特別な利益は含まれていないため、その銀行が通常運転時にどれだけの利益を生んでいるかを示す指標になります。

銀行全体での経常利益は、2001年にマイナス5.7兆円とマイナスに転落。その後2003年にプラスに転じましたが、それ以降は横ばいが続き、近年は5兆円前後で推移しています。2018年度の決算は約3.3兆円で、銀行業界がいまだ全盛期の水準まで回復しきれていないことがみてとれます。

なお、3大メガバンクの経常利益は、三菱UFJ銀行：1.3兆円（連結）、三井住友銀行：1.1兆円、みずほ銀行：0.2兆円と、3行合計で全体の78.8％を占めています。銀行業界の復調にはメガバンクの活躍は必要不可欠であるといえるでしょう。

経常利益
売上からかかったコストを差し引いたものが営業利益になり、この営業利益に財務活動などの本業以外の損益を加えたのが経常利益。

Chapter1
03

コンビニ銀行の誕生秘話

セブン-イレブンにATMを置くセブン銀行を筆頭に、コンビニで金融サービスを行う「コンビニ銀行」が誕生しています。その背景にはコンビニの利便性だけでなく、「金融ビッグバン」による規制緩和の影響もあります。

銀行業界を変えたセブン銀行

2001年に設立されたアイワイバンク銀行（現：セブン銀行）は、設立直後からATMでのサービスに特化してきました。このコンビニ銀行が作られた背景には、「コンビニでお金を引き出したい」という顧客の声が多数あったこと、そして金融の規制緩和「金融ビッグバン」により、従来と比べて銀行が設立しやすくなったことがあります。

ATMサービスを開始するためには、預金残高が多いほかの銀行との連携が必要不可欠です。そのため、まずアイワイバンク銀行は、都市銀行や地方銀行との提携を進めましたが、2001年度はたった9社のみの連携にとどまってしまい、やや苦しい立ち上がりとなります。しかし、2002年度には48社、そして2003年度には信用金庫やゆうちょ銀行が加わったことにより、提携金融機関は一気に309社へ増加し、この年に単独黒字化も達成。2005年にはセブン銀行へ社名変更したことで、知名度がより一層高まりました。セブン銀行と他行との提携が急激に進んだ理由は、顧客がセブン銀行ATMを使って他行の口座から入出金した際の手数料額を、他行に自由に設定させたからだといわれています。その柔軟な対応が功を奏し、セブン銀行での取扱い金融機関数は爆発的に増えていったのです。

さらにセブン銀行は、コンビニだけでなく駅や空港など街中にもATMを設置したり、最近では、海外から訪れる外国人向けの出金サービスや海外送金サービスにも力を入れたりしています。セブン-イレブンは海外でも広く知られているため、そのコンビニのATMが海外対応していることは、今や大きな強みです。2019年には“次世代ATM”を導入。顔認証やQRコード読み取り、

金融ビッグバン
1996年から2001年にかけて行われた日本の金融制度改革のこと。一部の銀行業務のみに特化した業態でも銀行業界へ参入できるようになった。

都市銀行
本項において、都市銀行とは、三菱UFJ銀行・みずほ銀行・三井住友銀行・りそな銀行・埼玉りそな銀行を指す。

海外送金サービス
日本から海外の銀行口座に送金するサービス。一般的な銀行窓口で行うと1件の送金につき5,000円～7,000円ほどの手数料が必要だが、セブン銀行では2,000円前後で送金が可能。

各コンビニ銀行の特徴

セブン銀行	イオン銀行
ATM数25,000台以上	ATM数6,000台以上
●ATMサービスに特化 ●nanacoポイントが貯まるデビットサービスあり ●海外で現地通貨の引き出しができる	●小売店内に窓口があり、資産運用や住宅ローンなど各種相談ができる ●顧客のステージに応じたサービスを提供

ローソン銀行
ATM数14,000台以上
●ATMサービスに特化 ●Pontaと連携したポイントサービスあり ●口座を長期間使用しない場合「未使用口座管理手数料」がかかる

各コンビニ銀行では、スマホを使ってお金を引き出す（キャッシュカード不要）ATMサービスも開始しています

Bluetoothにも対応することで、顧客にとってより使い勝手のよいATMサービスが提供できるようになりました。

後を追うイオン銀行・ローソン銀行

セブン銀行の後を追って誕生したのが、2007年に営業開始したイオン銀行です。コンビニのミニストップだけでなく、イオンやマックスバリューなどの小売店舗にもATMを設置し、グループ全体の流通網を活かした銀行サービスを展開しています。ATMサービスに特化したセブン銀行とは違い、預金や運用商品、住宅ローンなど、個人向けサービスを充実させているのが特徴です。

そして、2018年に営業開始したのがローソン銀行。当面はセブン銀行の成功事例を参考に、ATMサービスや個人向け預金に限定して業務を行う見込みです。

銀行店舗の営業時間に行くことができない多くの会社員や若者を中心に支持を集めるコンビニ銀行。次世代ATMへの対応など、今後の展開にも注目が集まっています。

Chapter1
04

キャッシュレス化時代の到来

現在、消費を促すことを目的とし、日本政府主導でキャッシュレス化が進められています。キャッシュレス化が進むと、銀行業界にどのような影響があるのでしょうか。

キャッシュレス化を進めたい日本政府

キャッシュレス化とは、現金の代わりに、クレジットカードや電子マネーなどの電子決済を広く普及させることです。日本政府は2014年より、国の政策としてキャッシュレス化を推し進めてきました。よりかんたんな決済方法であるキャッシュレスを浸透させることで、現金決済による社会的コストの削減や、国全体の生産力向上、消費向上に弾みをかけるのが主な狙いです。

2018年は「キャッシュレス元年」といわれ、多数のキャッシュレス決済サービス企業が乱立し、「PayPay」や「LINE Pay」が会員登録数を確保するために大規模なポイント還元セールを打ち出しました。2019年10月1日から始まった消費税10％化とともに、キャッシュレス・ポイント還元事業もスタート。キャッシュレスを導入した中小企業店舗を対象に、9ヶ月間限定でキャッシュレス利用者に2％、または5％還元するほか、キャッシュレス導入費用を一部援助するなどの施策が実施されました。

なお、2016年時点におけるキャッシュレス決済比率の世界最高水準は、韓国の96.4％です。そこで日本政府は、2025年までにキャッシュレス決済比率を40％、将来的には世界最高水準に近い80％まで引き上げることを目標にしています。現在の日本のキャッシュレス決済比率は、クレジットカード利用を含めた場合でも2008年時点で11.9％、2017年時点で21.3％となっており、2025年までに目標に到達できるか厳しい状況です。

PayPay（ペイペイ）
ソフトバンクとヤフーが設立した「PayPay株式会社」が運営する、スマホを使った決済サービス。アプリに表示されるQRコードやバーコードを使って決済をするため、おサイフケータイでなくても対応可能。

LINE Pay（ラインペイ）
LINE株式会社の子会社であるLINE Pay株式会社が運営している。LINEの友だちであれば、アプリを使った決済や、銀行の口座番号を知らない相手への送金ができるのが特徴。

キャッシュレス化が銀行に与える影響

キャッシュレス化が進むと銀行はどうなるのでしょうか。実際のところ、キャッシュレス化はものを買うときの支払方法が多様

現金決済による社会的コスト（年間）

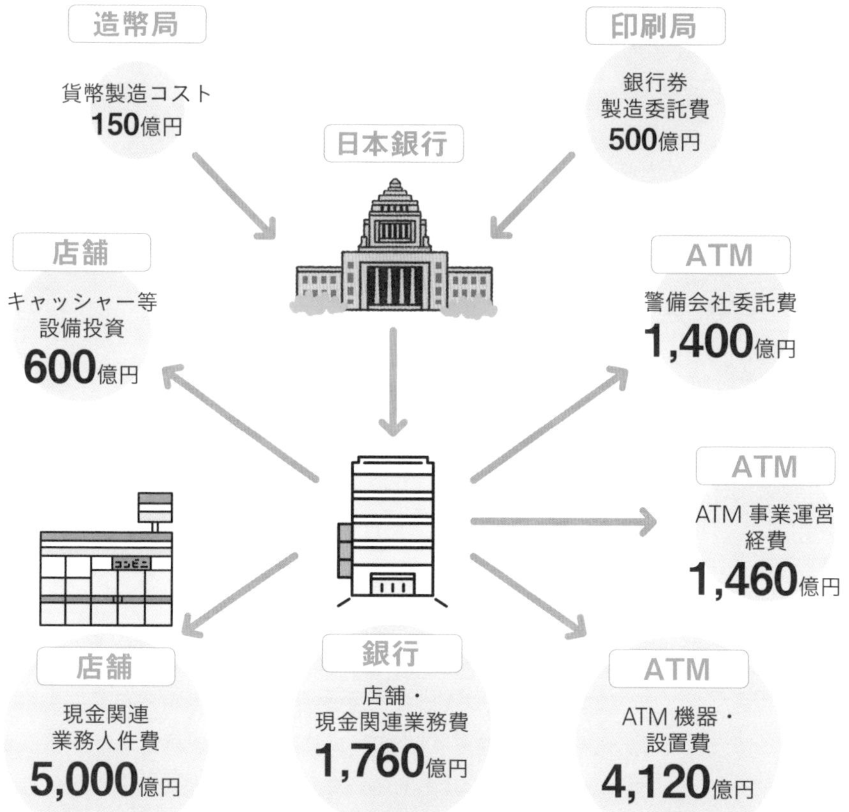

出典：野村総合研究所『キャッシュレス化推進に向けた国内外の現状認識』をもとに作成

化しただけであり、キャッシュレスを利用するには、アプリや電子マネーにお金を入れるための預金が必要です。よって、銀行の預金残高にはあまり影響がないとみられています。

また、キャッシュレス化をビジネス拡大のチャンスと捉えることも可能です。銀行の店舗はATMを設置しやすい1階に構えるのが基本ですが、家賃が安いビルの空中店舗に移動し、ATMを設置せずに営業することで経費削減を図る店舗も出てきました。

さらに、キャッシュレス決済ビジネスを包括して管理する「プラットフォーマー」の役割を誰が担うのか、という課題もあります。キャッシュレス化において、銀行が重要な役割を担う日は近いのかもしれません。

空中店舗
オフィスビルや雑居ビルの2階以上に出店している店舗のこと。これに対して、1階にある店舗のことは「路面店」という。

プラットフォーマー
第三者がビジネスを行う基盤として利用される製品やサービス、システムなどを提供・運営する事業者のこと。

Chapter1 05

進む顧客サービスの向上

銀行の統合や合併が進み、異業種からの参入も増えるなど激動の時代を迎えている銀行業界。各銀行は顧客からの支持を得るため、さまざまなサービスを向上させることで取引の強化に励んでいます。

ペーパーレス化で先行する三菱UFJ銀行

届出印
口座開設の際に銀行に登録してある印鑑のこと。銀行印ともいう。サイン登録している銀行もある。

銀行業界は古くから、筆跡や届出印を活用したセキュリティ対策を行っていたため、紙を使った手続きが基本でした。しかし、各業界でペーパーレス化が推進されているため、銀行も従来の文化の見直しを迫られつつあります。

各銀行がペーパーレスやデジタル化に取り組む理由は、ITの発達により手書きでなくともセキュリティ面が強化されたことや、コストカットによる業績の改善が見込めるからです。しかし、一番の理由は消費者の"銀行店舗離れ"です。コンビニ銀行などの誕生や、インターネット上での銀行取引が活発化し、銀行店舗への来店顧客数は年々減少しています。三菱UFJ銀行の来店顧客数は、過去10年間で4割減少しましたが、反対にネットバンキングの利用者は4割増加しています。この流れにのり、今後もペーパーレス化は加速していくとみられます。

ECO通帳（エコつうちょう）
紙の通帳の代わりにインターネットバンキングで、入出金明細を無料で確認できるサービス。

メガバンクのなかでも、ペーパーレスやデジタル化に力を入れているのが三菱UFJ銀行です。三菱UFJ銀行は、比較的早い段階からECO通帳（インターネット通帳）を取り入れてきました。また、銀行の窓口ではタブレット端末を使用することで、紙の伝票の削減や、紙を用いた説明書・商品紹介を極力廃止しています。

さらに2019年1月、三菱UFJ銀行は「MUFG NEXT」という新しいブランド店舗をオープン。この店舗では行員との対面取引ではなく、タブレット端末で受付をし、テレビ窓口を通して具体的な相談をするしくみになっています。さらに、インターネットバンキングができるブースや、公共料金などの支払いがかんたんにできるATMも設置されています。同行は2023年までに、この新型店舗を70～100店舗展開する計画を立てています。

MUFG NEXTの概要

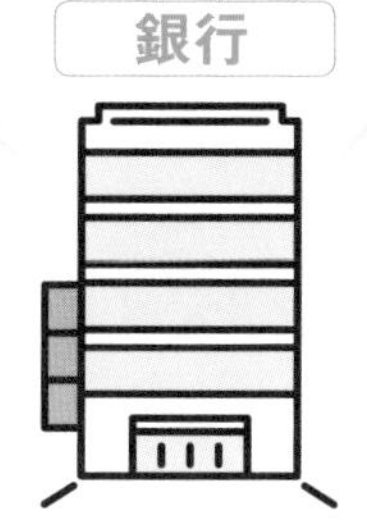

税公金・振込自動受付機

納付書の記載内容を機械が読み込むため、納付書の記入が不要

テレビ窓口

テレビ電話を通じてオペレーターと会話しながら手続きすることで、書類記入の負担が軽減

通帳やカードの情報を読み取り、口座情報が反映され、画面の案内にしたがって選択すれば手続きが完了する

受付タブレット

インターネットバンキングやアプリを使って手続きが行える

インターネットバンキングコーナー

いつでも現金が引き出せるサービスが開始

地方銀行のユニークなサービスの1つが、移動式店舗です。移動式店舗とは、トラック内に銀行の窓口やATMを作り、移動先で営業できるようにした店舗のことです。主に交通が不便な地域や、本支店から遠い地域で営業活動を行っています。

セブン銀行やイオン銀行といったコンビニ銀行は、「移動型ATM車両」を用意しています。誕生したきっかけは、東日本大震災。災害時でも金融インフラとしての機能を果たすべく、さまざまな法規制をクリアして、2015年にセブン銀行初の移動型ATM車両が誕生しました。また、イオン銀行も2016年の熊本地震の発生現場に移動型ATM車両を派遣しています。

移動型ATM車両
現在では、バリアフリー対応や電源がないところでも使用可、駐車場1台分程度のスペースに設置可など、より使いやすくなっている。

なお、2018年4月から、「キャッシュアウト・サービス」という、デビットカード機能を利用することで、小売店などのレジで自分の口座から現金を引き出せるサービスも始まっています。このサービスは、無線で情報をやり取りするモバイル端末で使用するため、災害などでATMやクレジットカードが使用できない場合でも、現金を調達することができます。

さらに、2019年5月には、東京急行電鉄と横浜銀行などが、預金口座を登録したスマートフォンのアプリを使って、駅の券売機で現金を引き出せるサービスを開始しています。

Chapter1
06

国内依存からの脱却

国内銀行の積極的な海外展開

リーマン・ショック後の国内市場の縮小を受けて、国内銀行が積極的に海外進出しています。3大メガバンクのなかでも、三菱UFJ銀行が一歩先を行く形です。それぞれの海外戦略を押さえておきましょう。

国内銀行における海外展開の変遷

バブル期絶頂の頃、日本の国内銀行は積極的に海外に進出していました。各銀行とも国際部を拡充し、欧米を中心に支店を設け、海外向けの企業融資や海外取引の決済支援を行っていたのです。しかし、バブル崩壊後、各銀行は事業縮小のために海外支店を閉鎖し、2001年時点で147あった都市銀行の海外支店は、その2年後には約半数まで削減されました。

その一方で、日本の超低金利状態が続いたことにより、国内市場だけでは利益を上げづらくなった国内銀行は、もう一度海外に打って出ざるをえなくなりました。そこで各銀行は、これから成長すると予想されているアジア圏を中心に、M&Aや企業融資などの業務を展開しています。

また最近では、海外展開のノウハウをもつコンサルティング会社やリース会社などと協業して、海外展開したい国内企業に対しての、海外店舗設立のサポートや地域経済に関する情報提供、設備投資や運転資金の融資などを行っています。銀行としては、包括的なサポートを行うことで、手数料収入や企業との密な関係性を手に入れることが狙いです。

海外向け事業の収益が大きい三菱UFJ銀行

三菱UFJ銀行は、以前から日本の国際銀行（コルレス銀行）として、海外送金の中継役を担ってきましたが、海外進出でも一歩先を行っています。

まず、リーマン・ショックにより打撃を受けたモルガン・スタンレーと資本提携、2010年には三菱UFJモルガン・スタンレー証券を設立することで、海外再展開への足がかりを作りました。

M&A（エムアンドエー）
「Mergers」and「Acquisitions」の略。企業や事業を合併・買収すること。

リース会社
企業などが選択した機械設備等を購入し、その企業に対してその物件を比較的長期にわたり賃貸する取引を行う会社。

コルレス銀行
海外向け送金や海外からの送金受け取り時に、経由する銀行のこと。日本のコルレス銀行は三菱UFJ銀行がほぼ独占している。

モルガン・スタンレー
アメリカの大手金融グループで、名門投資銀行を抱える。リーマン・ショックにより大きな打撃を受けたが、金融持株会社への移行や三菱UFJ銀行との提携により復活を遂げる。

積極的なアジア圏への展開

国内市場
・低金利環境の長期化
・マーケットの縮小
・少子高齢化

アジア市場
・経済の高成長が期待できる
・市場が拡大中
・人口の増加が著しい

銀行が提供するもの
・海外店舗設立のサポート
・地域経済の情報提供
・運転資金等の融資

海外マーケットへの展開が急務!

その後も、2013年にタイのアユタヤ銀行を子会社化、2012年にベトナムの国有銀行・ヴィエティンバンク、2016年にフィリピンのセキュリティバンクと資本・業務提携、2018年にはインドネシアのバンクダナモンへ戦略出資を行うなど、アジア圏に積極的に展開しています。その結果、2018年度決算では、グループ全体の事業収益における37.3%が海外事業からの収益で、貸出金残高の39.7%は海外貸出が占めるようになりました。当時、モルガン・スタンレーとの資本提携は失敗するとみられていましたが、結果的には大成功したといえるでしょう。

三井住友銀行・みずほ銀行も海外展開に力を入れています。三井住友銀行は2014年にチェコとスペインに支店を新規開設、2015年にはミャンマーにヤンゴン支店を設立するなど、ヨーロッパやアジアなどに広く展開しています。2018年度の貸出金残高のうち29.3%＝約3割が海外向け融資、全体の業務純益のうち33.1%が海外業務による収益でした。

海外業務が収益の約2割を占めるみずほ銀行では、2019年2月より旅行代理店大手のH.I.S.と協業で「海外ビジネス支援に関するビジネスマッチングサービス」を開始し、海外でのアドバイザリー業務を拡充しています。

アドバイザリー業務
会社や事業全体に対して、特定の分野に関する助言を行う業務のこと。

Chapter1
07

経営状態が悪化した地方銀行の新たな一手

FinTechに積極的な地方銀行

金融とITをかけ合わせたFinTechの登場により、銀行はどのように変わっていくのでしょうか。FinTechを積極的に取り入れてサービス拡充を狙っているのが、合併や再編に揺れている地方銀行です。

身近に存在するFinTechサービス

FinTech（フィンテック）とは、Finance（金融）とTechnology（テクノロジー）を組み合わせた造語で、IT技術を金融分野に活かした新たな金融商品やサービスを指します。FinTechが参入している分野はとても広く、身近なところでは、電子決済のための「PayPay」や「LINE Pay」、融資やローン審査ができる「J.Score」、個人向けの財務管理システム「マネーツリー」「Zaim」などが広く普及するようになりました。

銀行業界でもFinTechを積極的に取り入れることで、セキュリティの向上や新たな顧客サービスの提供、コストの削減が期待されています。

J.Score（ジェイスコア）
みずほ銀行とソフトバンクにより設立されたFintechサービス企業。AI技術により顧客の信用力などをスコア化できる。

マネーツリー
個人向けの無料で使える個人資産管理アプリ。さまざまな情報を一括管理できる。

Zaim（ザイム）
無料の家計簿アプリ。頻繁に通うお店の特売情報なども自動的に配信してくれる。

FinTechを取り入れたい地方銀行

FinTechが登場したことで、銀行業界はITを活用した便利な新サービスの導入を検討するようになりました。なかでもFinTechに積極的なのが地方銀行です。現在、地方銀行は都市銀行以上に、地域の人口減少や、マーケットの低下に苦しんでいます。その原因としては、営業と人件費などのコストがかかる、営業効率が悪い、人口の減少により新規顧客の獲得が難しいことなどが挙げられます。経営状況が悪化した地方銀行は、合併や再編などの合理化を迫られており、それを避けるための頼みの綱がFinTechなのです。

FinTechを活用した例として、地方銀行大手の横浜銀行は、2017年より電子決済サービス「はまPay」サービスを開始しました。決済と同時に、横浜銀行の銀行口座から代金が引き落とされるしくみで、これによる顧客へのサービス力向上を図っています。

複数の銀行によるFinTechの開発

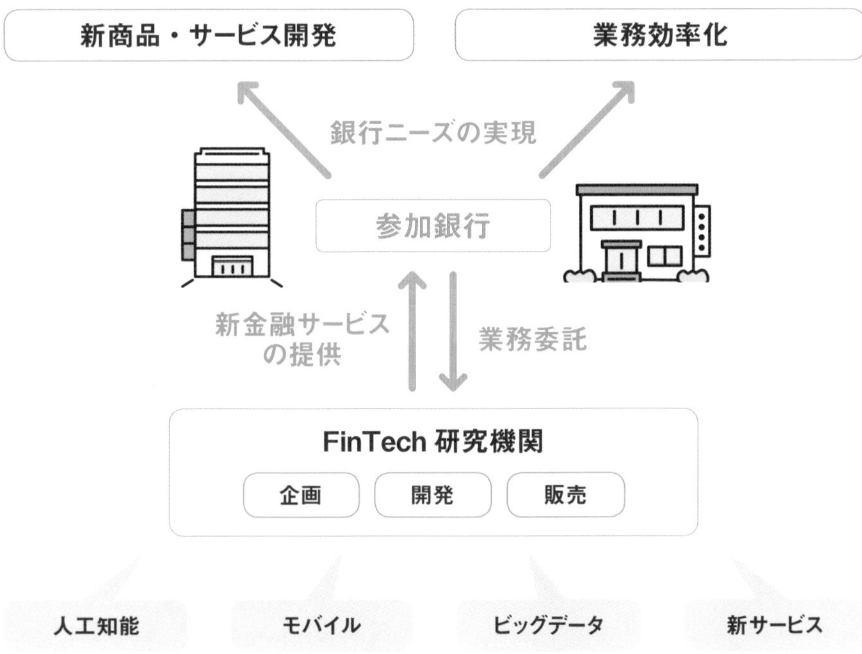

また、複数の地方銀行が合同でFinTechの研究やサービス開発を目指すケースもあります。2016年に立ち上げられた「T&Iイノベーションセンター株式会社」がその1つです。千葉銀行、第四銀行、中国銀行、伊予銀行、東邦銀行、北洋銀行の地方銀行6行と日本アイ・ビー・エムの出資により設立され、FinTechに関する調査や研究、新たな金融サービスの開発などを行うことを目的とした機関です。2018年には千葉銀行と共同で、AI（人工知能）を活用したチャットボットの試行を開始しました。なお、2019年5月時点で参加する地方銀行は9行に増加しています。

もう1つが、池田泉州銀行、群馬銀行、山陰合同銀行、四国銀行、千葉興業銀行、筑波銀行、福井銀行の7行により締結された「フィンクロス・パートナーシップ」です。各地方銀行のデジタル化を連携して進めることを目的に2018年5月に発足し、すでにAIを活用したシステムを開発・導入しています。2019年にはきらぼし銀行も加わっており、今後の動きがより一層注目されています。

チャットボット
人工知能を利用した会話機能のこと。サイト上で、顧客からのかんたんな問い合わせに対応しているケースが多く、さまざまな分野で活用されている。

COLUMN 1

手形と小切手はなくなる？

18世紀から活用されてきた、日本古来の決済方法

昔から使用されてきた支払決済システムといえば、手形と小切手です。手形や小切手は、商品やサービスの代金支払いのために発行する有価証券で、明治時代の1879年に日本初となる手形交換所が設立されてから、代表的な決済方法として広く利用されてきました。

両者とも、紙に金額や日付など必要事項を記入して相手に渡し（振り出し）、相手（受取人）が支払呈示をしたら銀行から支払いが行われます。なお、手形は記載された期日後に現金化するのに対し、小切手は受け取り直後でも現金化できるなどの違いがあります。明治から昭和にかけて手形の取引量は増加し、そのピークはバブル期の1990年でした。その後はITの普及により銀行システムが進化し、銀行振込や振替なども利用されるようになります。

手形や小切手は紙媒体のため、事務処理が煩雑で個別トラブルも多く、手形印紙税といったコストもかかります。そこで、政府主導により手形・小切手の電子債権化が進められ、2013年には全銀電子債権ネットワーク「でんさいネット」が開業、電子債権（でんさい）が流通するようになりました。

さらに、2015年頃からFinTechが浸透し始め、QRコードによる電子決済システムなど、新しい決済方法も次々と生まれています。

では、将来的に日本から手形や小切手は姿を消すのでしょうか。

日本における2018年の手形交換高は約261兆円で、前年からみると30.1％減、手形交換高がピークだった1990年の約4,797兆円から比べると94.5％も減少しています。一方で、でんさいの取扱高は2018年で約18兆円と、前年から23.8％増えたものの、手形交換高のわずか6.8％にとどまっています。

つまり、手形や小切手はいまだに一定の割合で利用されており、重要な決済手段の1つとして機能しているのです。将来的になくなる可能性が高い決済方法ですが、姿を消すのはまだまだ先と考えられます。

第2章

銀行の変遷と種類

何と紀元前3000年から活躍していたといわれる、長い歴史をもつ銀行業界。世の中の流れにより、その形態や業務内容は変化し続けています。また、一言で“銀行”といっても、その業態は多種多様。銀行業界の歴史や種類、現在につながる変遷を知っておきましょう。

銀行はお金を預けるだけの場所ではない

Chapter2 01

そもそも銀行とは？

銀行は、経済活動に必要不可欠な業務を担っていますが、その本質は、顧客の信用力を作り出す「信用の担い手」であることです。ほかの業界にはない、銀行特有の役割について知りましょう。

銀行は信用力を作り出す「信用の担い手」

日本銀行以外の銀行は、お金を融通する営利企業です。預金・融資・為替という３業務を中心に、個人や法人の顧客に対してさまざまな金融サービスを提供しています。これらのサービスを行えるのは、銀行にお金が集まってくるからです。

それではなぜ、人々は銀行にお金を預けようと思うのでしょうか。それは銀行に「信用力」があるからです。この信用力は、国の定めた法律や銀行独自の規則などを銀行が遵守し、公正な手続きを実行し続けてきたことに裏付けされています。

そんな銀行が行っている預金業務は「受信（＝信じられて受ける)」、融資業務は「**与信**（＝信じて与える)」とも呼ばれます。銀行は顧客から信用されて預金を預かり、顧客を信用して融資をします。顧客は「この銀行なら信頼できる」と考えお金を預け、銀行も融資をする際には、銀行で定めた審査項目をクリアした顧客にだけお金を貸します。このように慎重にお金を貸し借りするからこそ、そこに信用力が生まれるのです。

与信（よしん）
融資や信用取引などの融資に関する枠を供与すること。クレジットカードのショッピング枠やキャッシング枠なども与信の1つ。

銀行と顧客との間でお金をやり取りすることで、銀行と顧客の双方に信用を作り出すことができる。これが銀行の本質的な役割であり、銀行が「信用の担い手」と呼ばれる理由なのです。

そのため、銀行の経営悪化や倒産は、銀行の信用力に大きな悪影響を及ぼします。つまり、個人や企業が銀行を信用しなくなると、預金が減少するため融資の元手が少なくなり、お金を貸すという業務ができなくなります。さらに、銀行の経営が立ち行かなくなれば、融資を受けた企業が倒産する危険性も生じるのです。信用されるということが銀行にとって最も重要であるため、銀行は、自身の信用力を維持することにとても注力しています。

銀行は信用を作り出す

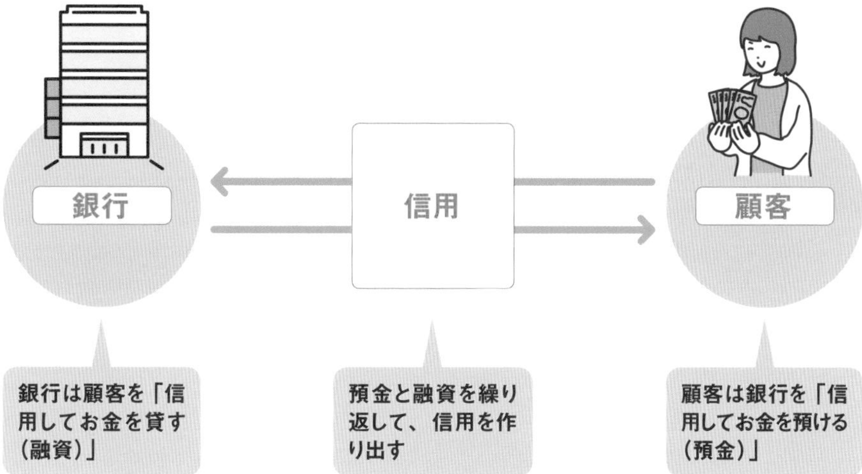

銀行は顧客から預かった預金をもとに融資を行い、それによって生まれた新たな資金により融資を繰り返します。その結果、当初の預金よりも多くの資金を生み出すことができます。これが銀行の信用創造機能です。

銀行は誰でも開業できる？

銀行のように不特定の人や企業から金銭などを集める行為は、出資法で厳しく制限されています。つまり、誰でもかんたんに新しい銀行を設立できるわけではありません。

まず銀行として開業するには、金融庁に申請をして内閣総理大臣から免許を受ける必要があります。最近ではネットバンクなど新しい形態の銀行や、ITや小売業など異業種からの銀行参入がみられます。その際、金融庁はその申請内容について念入りに確認し、経営者が銀行業務に適しているか、銀行業務を問題なく実施できる運営体制が整っているか、申請内容と実際の企業状態が合っているかなど、さまざまな項目を検証しています。

こうした厳正な調査が行われるため、銀行として開業するには相当な準備と時間が必要です。この狭き門をくぐり抜けた企業だけが「銀行」として金融サービスを提供できるのです。

出資法
出資の受け入れや金銭の預かり、金利などを取り締まっている法律のこと。

Chapter2
02

銀行の歴史は想像より古い

銀行はどのように誕生した？

銀行の役割が誕生したきっかけは何でしょうか。実は、そのルーツは紀元前3000年までさかのぼります。なお、日本の銀行の前身は、江戸時代に生まれた「両替商」だとする説が有力です。

銀行は紀元前3000年から存在した？

銀行に当たる役割が生まれたのは、紀元前3000年。現在のイラク南部にあった「バビロニア」という古代王朝で存在していたという説が有力です。バビロニアの神殿では、利用者の貴重品を預かったり、穀物や家畜を貸したりする行動がみられており、これが銀行の起源だといわれています。バビロニアは、世界最古の文明「メソポタミア文明」が発展した地域です。文明発展の裏には、銀行のしくみがあったというわけです。

日本において、銀行の役割をもった職業が登場したのは江戸時代です。当時流通していた通貨は金貨・銀貨・銅貨の３種類で、売買の対象物によって使う通貨が決められている、高額な取引に使う通貨が地域によって異なる、といった独特の文化がありました。金貨・銀貨・銅貨を交換する割合（両替相場）も頻繁に変わるため、換金の計算が大変だったそうです。

そこで活躍したのが、お金の交換を専門的に扱う「両替商」。両替だけでなく、人々からお金を預かり貸し付け、離れた土地へお金を送るという、現在の銀行に近い役割も果たしていたそうです。彼らは、経済活動の発展に伴い巨額の富を得るようになりました。特に大きな財力をもった両替商は、**鴻池**（こうのいけ）・三井・住友の３つです。名前からわかるように、この３つのうち三井と住友は現在の大手銀行グループへと発展しました。そして、鴻池も名前は変わりましたが、旧三和銀行（現：三菱UFJ銀行）のルーツです。

なお、日本で初めて生まれた銀行は、第一国立銀行（旧第一勧業銀行、現：みずほ銀行）です。1873年、東京都中央区にて開業しました。現在、その場所にはみずほ銀行兜町支店が建っています。1876年には、最古の**私立銀行**である旧三井銀行も設立されました。

鴻池
摂津国大坂の両替商。1656年に両替商に転じて事業を拡大し、鴻池財閥を形成。明治維新後は華族の扱いになった。

私立銀行
当時は、「国立銀行」が銀行券（紙幣）を発行していたのに対し、「私立銀行」は銀行券を発行できないという違いがあった。なお、明治時代初期における「国立銀行」とは、国立銀行条例に則って定められた民間銀行を意味する。

銀行のルーツ　両替商の役割①　両替業務

銀行のルーツ　両替商の役割②　為替手形交換業務

上記の方法が、遠隔地へお金を送るしくみの始まりといわれています。

ONE POINT

「銀行」というネーミングは誰が考案した？

「銀行」の語源は、1872年に「国立銀行条例」を制定した際、アメリカ合衆国の国立銀行法「National Bank Act」の「Bank」を「銀行」と翻訳したことがきっかけだといわれています。「高名な学者たちが協議を重ねて翻訳した」という説と、「第一国立銀行を創設した渋沢栄一が考案した」という２つの説があります。なお、「金行」にするという案もあったようですが、「銀行」のほうが「金行」よりも語呂がよいため「銀行」に決まったといわれています。ちなみに「Bank」の語源は、12世紀頃に北イタリアの両替商が使っていた「BANCO」（長机、腰掛）だという説が有力です。

Chapter2
03

法律の遵守によって社会を守る

銀行に関わる法律と規制

銀行は営利企業でありつつも、公共性を保つ必要があります。そのために、銀行が遵守すべき法律は数多く存在します。なかでも、銀行だけでなく顧客・利用者にも密接に関わる3つの法律について理解しておきましょう。

銀行にとって最も重要な「銀行法」

銀行法は1927年に制定された、銀行全体に関わる重要な法律で、時代の流れに伴いたびたび改正されています。この法律では、銀行の業務内容だけでなく、銀行の開業・廃業・解散など銀行の存在に関しても規定しているのが特徴です。

もし、不良債権などにより銀行の経営が悪化したり、営業上で悪質な行為があったりと銀行法に反するようなことがあった場合は、銀行法に基づいて「業務改善命令」が出され、銀行は行政処分を受けます。そうすると、銀行は営業停止や、今後どのように業務改善するのかを記載した報告書を提出するなど、さまざまな対応に追われます。そして何より、顧客からの信頼を失います。銀行法を守ることは、銀行の"基本中の基本"といえるのです。

投資家を保護するために2006年9月に施行された「金融商品取引法」も、銀行に関わる重要な法律の1つです。従来の「証券取引法」を改正し、投資商品などリスク性のある商品やサービスにも適用されるように定められました。主な内容は、①投資商品全般に対応する制度の整備、②公開買付（TOB）に関する情報開示制度の整備、③株式の大量保有報告制度の規制、④四半期報告制度の導入、⑤内部統制の強化やインサイダー取引の罰則強化の5点です。施行後も2回改正され、現在では格付け会社に対する規制や有価証券の売出しに関する規制、有価証券報告書の英文開示の義務付けなどが追加されています。

また、金融商品取引法は、投資に関する無登録販売や誇大広告などを規制する「刑法」のような役割も担っています。しかし、いまだ規制を守らない企業が絶えず、金融庁は違反者への対策を引き続き迫られています。

業務改善命令
日本の官公庁が管轄下の企業（事業者）に対して行う行政処分の1つ。銀行が命令を受けた場合、金融庁に業務改善計画を提出して、その監督下のもとで計画の実行が求められる。

公開買付（TOB）
「株式公開買い付け（Take Over Bid)」の略。通常の市場売買以外で、上場会社の株式を一括して買い付けること。

株式
株式会社が発行する有価証券。株式を保有すると「株主」となり、株主総会での議決権などの権利も付与される。

インサイダー取引
上場会社もしくは親会社や子会社の役職員・大株主といった会社関係者などが、その会社の株価に大きな影響を与える"重要事実"を知り、それが公表される前に有価証券などの売買を行うこと。

銀行法の概要

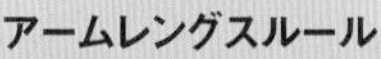

銀行などの金融商品取引業者が、親子関係である子会社と取引を行う際の規制

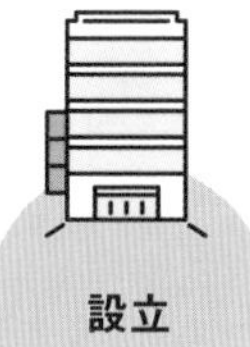

設立

廃業及び解散

合併

銀行法の目的

- 銀行の信用維持
- 預金者保護

預金等の受け入れに関する規制

外国銀行代理業務

業務

監督

指定紛争解決機関

財産を不正利用から守る「預金者保護法」

近年、ATMでのキャッシュカード偽造や盗難などによる被害が増加しています。そのため、2006年2月に**預金者保護法**（正式名称は「偽造・盗難カード預金者保護法」）が定められました。この法律により、キャッシュカードの不正利用にあった利用者の預金を、金融機関が**補てん**できるようになりました。2008年2月からは、インターネットバンキングでの不正利用も補償の対象になっています。

ただし、すべての事例が補償対象となるわけではありません。利用者側のキャッシュカードの暗証番号やインターネットバンキングのID・パスワードの管理が不十分、または、被害にあったときから原則30日以降に届け出した場合は、補償の対象外となり、不正利用されたお金が戻ってこないこともあります。なお、事例によって、補てんされる金額は異なります。

預金者保護法
偽造キャッシュカード、または盗難によって不正に引き出された預金を金融機関が原則補償することを定めた法律。

補てん
本来あるべきものがない状態を補うことを意味する。一方で、有価証券などの取引で発生した顧客の損失分を、銀行が「損失補てん」することは、法律で禁止されている。

銀行のみに許された仕事とは？

Chapter2 04

銀行の３大業務

銀行の業務は、個人や法人からお金を預かる「預金」、お金を貸す「融資」、お金を移動させる「為替」という３業務を中心に成り立っています。どれもほかの企業にはない、銀行独特の業務です。

顧客からお金を預かって融資に回す

銀行法
1927年制定の旧法を全面改正し1981年に新たに制定された、銀行に関して定めた法律のこと。1992年にも大幅改正があった。

定期預金
満期までの一定期間は、預け入れた資金を引き出せないが、その代わり通常の預金よりも高い金利が約束されている金融商品。

普通預金
銀行の窓口やATMで、自由にお金を引き出したり、預けたりできる口座のこと。

担保
債務者が債務を果たさなかったときに、債権者が損害補てんのために受け取るもの。企業融資においては、不動産や株式を担保にすることが多い。

銀行として営業するための主な業務が、**銀行法**によって定められている「固有業務」です。固有業務とは、個人や法人からお金を預かる「預金業務」、お金を貸す「融資業務」、お金を移動する「為替業務」という３つの業務を指します。

まず、銀行の主な業務の１つとして、個人や法人の顧客からお金を預かる預金業務があります。顧客としては、**定期預金**や**普通預金**で銀行に預金することで、現金の盗難や紛失するリスクを減らし、そしてその期間や金額に応じて金利を受け取れるなどのメリットがあります。

銀行は顧客からの預金を元手にして、お金を必要とする法人や個人、国や地方公共団体などにお金を貸しています。この業務が「融資」と呼ばれ、これにより企業などの融資先は、新たなビジネスの立ち上げや投資をすることができようになるのです。融資を受けた企業などは、融資時点で決めた利息を銀行に支払います。銀行にとっては、預金者に支払う金利と融資する際の金利の差額が貴重な収益の１つになっています。

「預金金利」つまり預金者に銀行が支払う金利と、貸し出す際の金利（貸出金利）は自由化されており、金融機関によって金利差があります。さらに同じ金融機関内でも、貸出金利は不動産などの財産を**担保**に取ることで、金利を引き下げることも可能です。この担保を利用して低金利で融資をする代表格が「住宅ローン」です。銀行は、不良債権化を防ぐため、企業融資も基本的に担保を取って融資をしています。

融資業務は貴重な収益の柱であることから、融資につながるような案件を増やすために銀行は企業に対してさまざまなサービス

銀行の3大業務

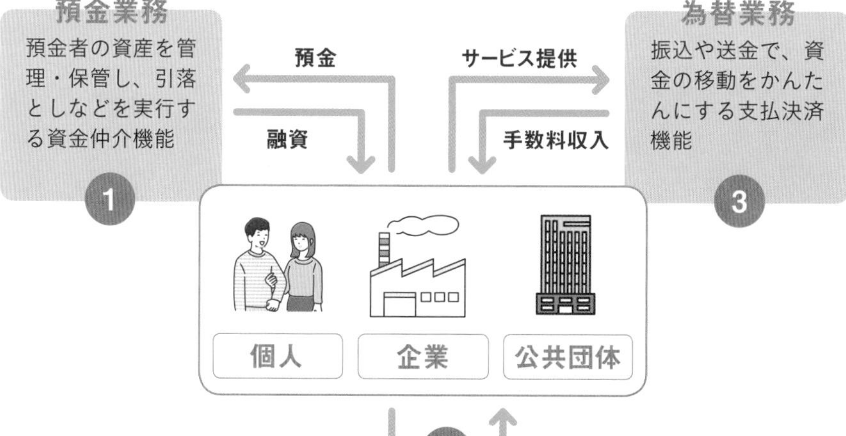

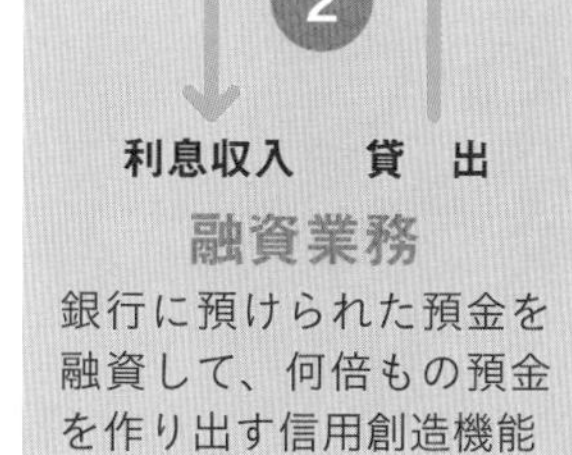

近年は預金業務を専門とするセブン銀行のように、すべての業務を行わなくても銀行を開業できるようになりました。

を行っています。22ページで紹介した海外進出へのアドバイスや情報提供、マッチングサービスなどもその一環です。

「為替業務」でお金を移動・決済する

銀行の最大の特徴は「決済機能」をもつことです。決済機能とは、銀行が顧客の同意を得て、口座のお金を別の場所へ移動させる「為替業務」のことです。一般に、振込、為替、引落し、決済などと呼ばれるものがこれにあたります。現金の代わりに手形や小切手、電子記録債権などを使って、お金を相手に送付する手段もありますが、利用頻度は少なくなっています。

銀行が為替業務を行うことで、顧客は自分でお金をもち運ぶことなく相手にお金を渡すことができます。この為替業務により、商品やサービスの売買が成立し、経済活動が効率化されているのです。為替業務の報酬は、例えば振込などの手数料です。この手数料収入も銀行の貴重な収入源となっています。

為替
売買代金に伴う資金の移動を、現金を輸送することなく行う手段。口座振替など国内で行われる為替取引は、内国為替、海外と資金をやり取りすることは外国為替といわれる。

Chapter2
05

銀行間の競走を加速させた発端

金融自由化により銀行はどのように変化した？

金融自由化とは、銀行や証券会社、保険会社などに対する規制を緩和し、金融機関の業務を自由化していくことです。これにより銀行間での競争力が高まり、経営の効率化や商品の多様化が進みました。

金融自由化の歴史を振り返る

戦後まもない頃、日本の銀行数は少なく、その経営力や商品・サービスの差はさほどありませんでした。しかし、欧米の金融自由化の波が押し寄せ、日本の金融機関も金融自由化による経営の効率化が求められるようになります。なお、日本では1979年に**譲渡性預金（CD）**が自由化されたことが、金融自由化の始まりとされています。

譲渡性預金（CD）
払戻し期限（満期）がある預金のこと。譲渡可能である点が一般的な定期預金と異なる。主に企業が利用し、金額も高額なケースが多い。

その後、1996年の金融制度改革「金融ビッグバン」により、金融市場の活性化や国際化が進展。先に実施されていたアメリカやイギリスの金融ビッグバンと日本版金融ビッグバンとの違いは、銀行・証券・保険の３分野にわたる改革であることや、情報通信の発達に対応した点です。具体的には、金融ビッグバンにより、投資信託の商品多様化や証券取引口座の導入、株式売買手数料の自由化、保険会社と金融他業態との間の参入などが制度化されました。

2007年には金融における日本の競争力を強化する目的で、金融庁が「**金融・資本市場競争力強化プラン**」を公表。より一層、金融商品の多様化や規制緩和が進んでいます。

金融・資本市場競争力強化プラン
日本の金融・資本市場が内外の利用者のニーズに応え、その役割を十分に果たしていくための指針などが盛り込まれている。

時代とともに変化した手数料ビジネス

銀行の3大業務の１つ「融資」では金利による収入を得られますが、これは景気との関連性が強く、世界や日本が不景気になると金利が下がり、収益も減少してしまう傾向があります。そこで着目されたのが、手数料による収入です。手数料の金額は景気に関わらず一定なので、銀行収入の安定性を向上させる効果があります。為替業務における送金手数料やATM利用手数料などは、

金融ビッグバンによる影響

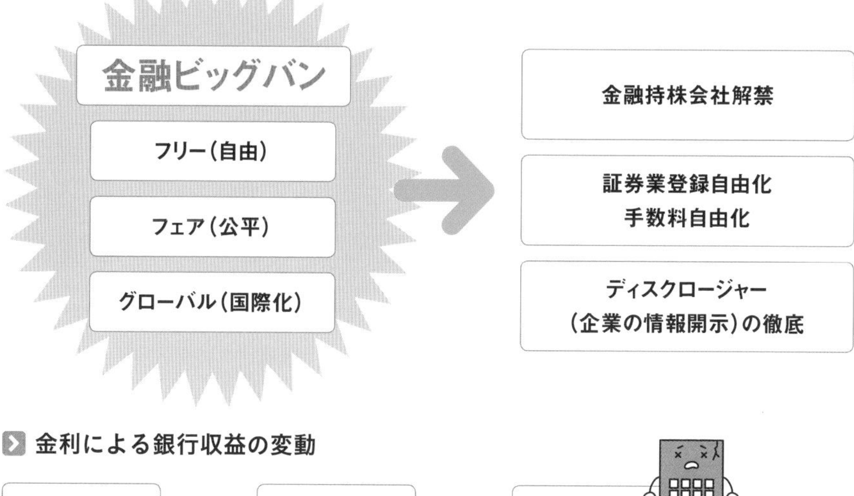

金利による銀行収益の変動

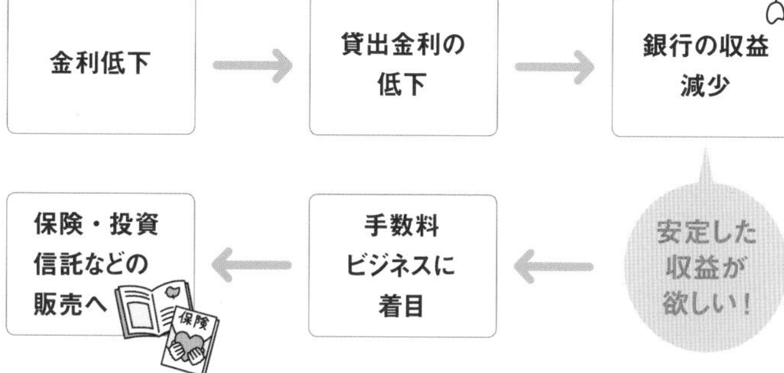

身近な手数料の一例です。

金融ビッグバンにより、1999年から投資信託の販売、2002年から銀行窓口での個人年金保険の販売がスタート。2007年には保険商品の販売が全面解禁され、銀行が投資信託や保険、証券など他業態の金融商品を扱うことが一般的になりました。銀行はこれらの金融商品の販売会社となり、その販売手数料が銀行の新たな収益の柱になっています。

法人部門でもこの「手数料ビジネス」が主流となり、**シンジケートローン（協調融資）**や**デリバティブ取引（金融派生取引）**への取り組みが本格化。企業融資一辺倒だったところから、多様な金融商品・サービスを扱うように変化しました。今や、手数料ビジネスは銀行の「第四の業務」として浸透しています。

シンジケートローン（協調融資）
複数の金融機関がシンジケート団を組成し、融資契約書に基づいて同一条件で融資を行う資金調達手法のこと。幹事金融機関（アレンジャー）として参加することで、アレンジメント手数料を取得できる。

デリバティブ取引（金融派生取引）
有価証券や外国為替相場など価値が変動する金融商品に対して、その将来価値を予測して売買価格を事前に約束する取引のこと。先物取引、スワップ取引、オプション取引が代表的なデリバティブ商品。

Chapter2
06

政府と銀行の密接な関係

“銀行の元締め”である金融庁との関わり

銀行などの金融機関を監督している「金融庁」。銀行に対する影響力は絶大です。ここでは“銀行の元締め”ともいえる金融庁の歴史、そして銀行との関係性について解説していきます。

省庁再編により「金融庁」が発足

金融庁は、金融機関の検査や監督を担当する「金融監督庁」と、金融制度の企画・立案を担当する**大蔵省**の「金融企画局」が統合し、2000年7月に発足した行政機関です。

金融制度に関する権限は長らく大蔵省内にありました。しかし、大蔵省の官僚と金融機関の大蔵省担当者との癒着（ゆちゃく）が問題になったことや、銀行の不祥事が続いたことをきっかけに、大蔵省と金融機関の関係性も含めて、“体質改善”を求められるようになりました。そこで、大蔵省から金融制度に関する権限を独立させるため省庁再編を実施し、「金融庁」が発足。当時は総理府の管轄、現在は**内閣府**の直下に位置する組織となっています。

大蔵省
明治維新から2001年まで約130年にわたって存在した行政機関。その力が強すぎることがたびたび問題になっていた。2001年より財務省に名称変更。

内閣府
2001年1月に発足した、内閣に置かれる行政機関の1つ。内閣の重要政策に関する基本的な方針の審議と発議を行っている。

金融庁の業務は、「総合政策局」「企画市場局」「監督局」の3局が主に担当しています。

総合政策局の業務は、金融システムの基本的な方針や政策の企画・立案・実施です。現在の金融業界に必要な法律を整備するのはこの組織です。制度を作るのに必要な専門調査・分析・検査なども行っています。企画市場局も国内金融制度の企画・立案などを担っており、特に金融商品市場やFinTechなどの新規事業、保険事業など、純粋な銀行業務以外の調査や分析も担当しています。監督局は金融機関の監督をする部署です。各銀行や保険・証券業務を行う金融機関など企業ごとに担当分けをし、その動向をしっかりと監視しています。

銀行が恐れる「金融庁検査」

「銀行は金融庁を恐れている」そんなイメージはないでしょうか。実際のところ、銀行に勤めていると“金融庁”というワード

金融庁の組織図と業務内容

内閣府

財務省

- 財政の健全性確保等の任務を遂行する観点から行う金融破綻制度及び金融危機管理に関する企画・立案

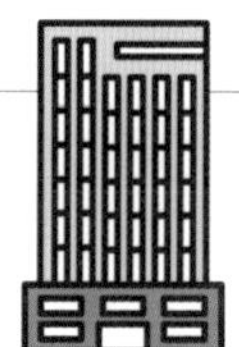

金融庁

- 民間金融機関等に対する検査・監督
- 国内金融制度の企画・立案
- 民間金融機関等の国際業務に関する制度の企画・立案等

証券取引等監視委員会

- 証券会社等の検査
- 課徴金調査
- 犯罪事件の調査

公認会計士・監査審査会

- 公認会計士試験の実施
- 日本公認会計士協会が行い「品質管理レビュー」の審査・検査

に敏感になります。その理由は、２年に一度のペースで行われる「金融庁検査」があるからです。

１回の検査は１ヶ月〜１ヶ月半にわたって実施されます。銀行本部はもちろん、各支店にも検査が入りますが、どの支店が検査対象に選ばれるかは直前まで分かりません。そのため金融庁検査前は、取引内容に問題がないか、契約書類に不備がないか、検査時に行員はどのように対応するかなど、すべての支店でさまざまな準備をします。

金融庁検査が入った支店は、支店の一室を提供し、面談・質疑応答、使用しているデスクや手帳、契約書類から個人のもち物にいたるまでのチェックなど、あらゆる検査が行われます。

この検査結果によっては、銀行に対して**業務停止**や業務改善命令などの行政処分が出され、特に処分が重い場合は、役員が引責辞任するケースもあります。そうなると銀行の“信用力”が低下してしまうため、銀行は金融庁検査を恐れ、十分すぎるほどの準備をするのです。

業務停止
金融庁が銀行や証券会社などに対して出す行政処分の1つ。悪質な法令違反などがあった場合、一定期間、業務の一部またはすべての停止を命じること。

日本に１つしかない特別な銀行とは？

Chapter2 07

日本銀行は日本の「中央銀行」

銀行にはさまざまな種類がありますが、日本銀行（日銀）は日本唯一の「中央銀行」として、ほかの銀行とはまったく違う役割を担っています。銀行や金融市場に対しても重要な役目を果たしているのです。

金融システムの安定化を図る「銀行の銀行」

日本銀行は、日本にたった１つしかない、日本の「中央銀行」です。そもそも中央銀行とは、国家やある地域における金融の中核機関のことで、その重要な役割はそのエリアの通貨である「銀行券」を発行・管理すること。つまり、日本円を発行しているのが日本銀行です。

また、**通貨価値**を安定させるための金融政策も担当しているので「通貨の番人」と呼ばれることもあります。さらに、**市中銀行**の預金を受け入れたり、資金を貸し出したりすることもあるので、「銀行の銀行」や、政府の資金を管理する「政府の銀行」という役割も担っています。

日本銀行に預金できるのは、銀行などの金融機関や政府、国際機関に限定され、この口座は「日銀当座預金」と呼ばれます。銀行は必要に応じてこの日銀当座預金からお金を引き出し、自分の顧客へ支払う現金を用意しているのです。この日銀当座預金は、銀行同士の金銭のやり取りにも利用されており、個人や法人の振込や小切手決済の裏では、日銀当座預金を使って銀行同士の資金移動が行われています。

また、銀行などの金融機関が一時的な資金不足に陥り、どこからも資金供給がされなかったときには、日本銀行が「最後の貸し手」として一時的な貸付けを行います。このようなはたらきにより、日本銀行は日本の金融システムの安定化を図っているのです。

物価・金融市場の安定化「金融調整」

物価の安定を図るのも日本銀行の仕事です。そのために、日本銀行は**金融政策決定会合**で**金融市場調節方針**を決定し、方針に基

通貨価値
貨幣の購買力のこと。通貨価値が下がれば、同じ金額で購入できる商品やサービスの量は少なくなる。

市中銀行
一般的な銀行を指す経済学用語。中央銀行の対義語である。

金融政策決定会合
金融政策の運営に関する事項を審議・決定する、非常に重要な会合。年８回、２日間にわたって開催される。

金融市場調節方針
短期金利・長期金利のコントロール方針や、資産買い入れ・売却の方針、日本の金融・経済情勢に対する考え方や今後の展望などを示している。

金融調整のしくみと効果

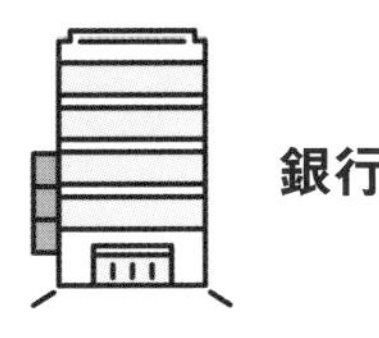

づいて金融市場での資金の供給・吸収を実施しています。具体的な政策としては、金融機関を相手に行う資金の貸付けや国債等の売買で、これらは「公開市場操作」と呼ばれています。

例えば、国内全体で資金が足りなくなったときは、日本銀行は銀行に対して資金を貸付けたり金融機関から国債を購入したりして、市場にお金が増えるような動きをします。これは「資金供給オペレーション」という政策で、流通する貨幣量が増えて個人や企業がお金を調達しやすくなると、金利が下がり消費が活発化して、物価が上がりやすくなるという効果があります。

一方、資金供給量が多すぎて景気が過熱気味になったときは、日本銀行は保有する手形や国債を売却して、市場から現金を引き上げます。これを「資金吸収オペレーション」といい、物価を下げて金融を引き締める効果があります。このような金融調整を繰り返しながら、日本銀行は物価や市場の安定を守っているのです。

Chapter2
08

元国営企業の収益の要

ゆうちょグループを支える ゆうちょ銀行

郵政民営化により2007年10月に発足した日本郵政グループ。その要が、銀行業務を行う「ゆうちょ銀行」です。公営企業からの脱却を図るゆうちょ銀行の業務内容、現在の状況を知っておきましょう。

郵政民営化で発足した日本郵政グループ

公営
公の機関、特に地方公共団体が直接または間接に経営すること。公営企業はそれ自体が法人格をもっていない。

ユニバーサルサービス義務
社会で均一に維持でき、誰もが等しく受益できる公共的なサービスの全般を指す。電気や水、ガス、放送、郵便、通信や公的なサービスがあてはまる。

貯金
銀行に預けたお金を預金というが、一方で、ゆうちょ銀行に預けるお金は、貯金と呼ばれる。そのほか、JAバンクやJFマリンバンクに預けたお金も貯金と呼ばれることが多い。

公営で行われていた郵便事業が民営化され、2007年10月に誕生したのが「日本郵政グループ」です。親会社である日本郵政株式会社の傘下に、日本郵便、ゆうちょ銀行、かんぽ生命の３社があり、それぞれ郵便・物流事業や国際物流事業、銀行窓口業務、保険窓口業務を行っています。

郵便局には利用者が公平に利用できるようにする「**ユニバーサルサービス義務**」があるため、民営化以降も従来どおりのサービスが受けられます。これにより、本来はゆうちょ銀行の管轄である「銀行窓口業務」も、郵便局の窓口で行うことができます。

完全民営化になると、日本郵政グループ各社の株式が一般的な証券市場で自由に売買されるような状態が予想されます。しかし、その民営化は慎重に進められており、郵政民営化法により、株式の一定数を政府や親会社が保有するなどの制限が設けられています。2019年９月時点では日本郵政がゆうちょ銀行の株式の88.99%を保有しています。将来的には50%程度まで売却する予定ですが、それにはまだ時間がかかりそうです。

日本郵政グループの収益を支えているのが、郵便窓口業務を担っているゆうちょ銀行です。2019年３月期のグループ決算では、当期純利益のうち55.5%がゆうちょ銀行の実績によるものでした。

ゆうちょ銀行が扱う業務は、**貯金**の預かりや送金、投資信託やローンなどの販売といった、主に個人向けの基本的な金融サービスの提供です。その強みは何といっても、国民に広く知られていること。その証拠に、ゆうちょ銀行は日本全体の約20%の預金額を預かっています。今後は個人融資業務に本格参入し、さらなるサービスの向上を目指す見込みです。

日本郵政グループの構造

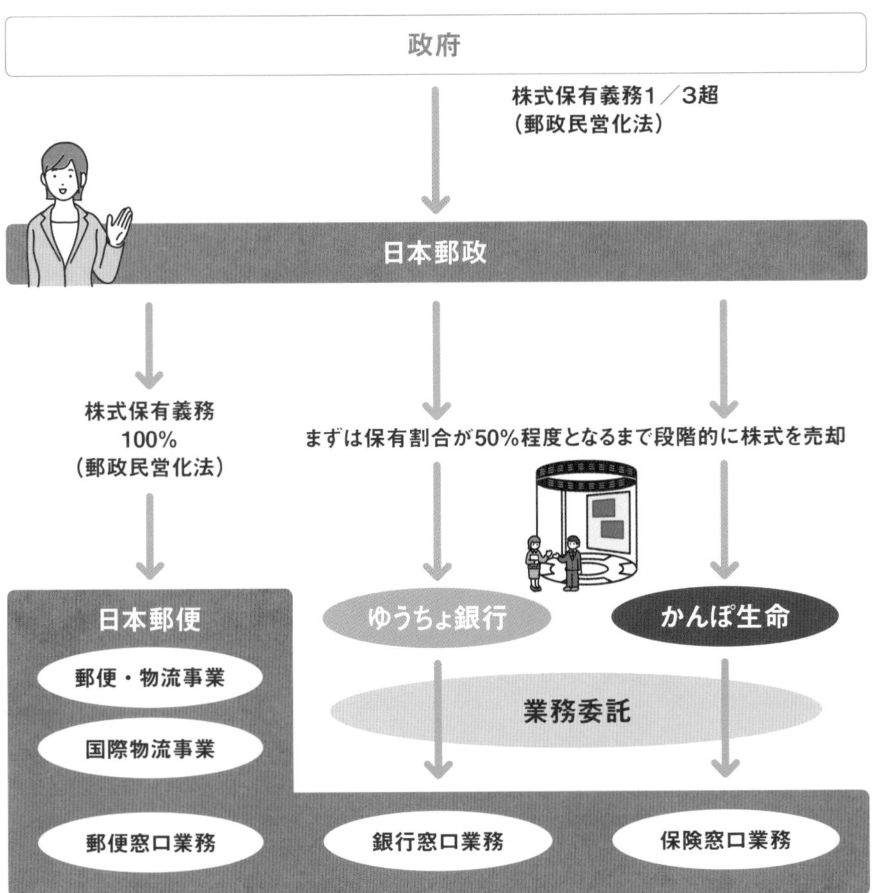

出典：https://www.jp-bank.japanpost.jp/ir/investor/ir_inv_aboutus.htmlをもとに作成

ONE POINT

ぬぐいきれない「かんぽ不適切販売」の余波

2019年6月、前年11月の社内自主調査にて、日本郵便の職員がかんぽ生命加入者の高齢者に対し、強引な勧誘を通じて不利益な契約を行っているという報道がされました。その後の追加調査により、不誠実な事実が次々と露呈。日本郵政グループとしての信頼度は下がり、グループ3社の時価総額がピーク時から半減した時期もありました。ゆうちょ銀行もその余波を受けているため、どのように信頼回復をしていくかが、今後の課題です。

Chapter2
09

同じ銀行でも役割が異なる

大手銀行と地方銀行の違い

日本全体で大きなシェアをもつ三菱UFJ銀行、みずほ銀行、三井住友銀行の3大メガバンク。地域に根ざしたサービスを武器に、特定の地域で影響力をもつ地方銀行。生き残りをかけ、グループ再編・合併が進んでいます。

経営の健全化に努めるメガバンクグループ

三菱UFJ銀行、みずほ銀行、三井住友銀行の大手3行（メガバンク）。従来は預金と融資による金利収入で収益を安定させていましたが、超低金利時代に突入してからは収入源の方向転換を迫られることになりました。現在では、投資信託や外貨預金、保険などの販売手数料、ATM利用手数料などの「手数料収入」が収益の柱となりつつあります。

また、グループ傘下の信託銀行や証券会社などと連携し、グループ全体で経営体質の改善や収益の向上を目指しています。これは、2008年に起きたリーマン・ショックと世界的な金融危機を教訓として、経営の透明性と財務の健全性がより高いレベルで求められるようになったからです。

世界全体の銀行を監督している「バーゼル銀行監督委員会(BCBS)」という機関があります。G10諸国の中央銀行総裁会議で設立された委員会で、「国際金融規制」をテーマに議論する場です。ここで採択された「**バーゼルIII**」により、2013年から自己資本の上積みを求められるようになり、2015年にその水準が正式に引き上げられました。

さらに、3つのメガバンクグループは、グローバル的に重要な銀行「G-SIBs」の対象になっているため、2019年3月からは「**総損失吸収力規制（TLAC）**」も新たに導入されました。世界的にも重要な3大メガバンクだからこそ、財務状況の向上と健全な銀行運営が求められているのです。

バーゼルIII
バーゼル銀行監督委員会が公表している、国際的に活動する銀行の自己資本比率や流動性比率などの国際統一基準のこと。日本はもちろん、多くの諸外国で銀行規制として採用されている。

総損失吸収力規制(TLAC)
金融市場に大きな影響力をもつ巨大銀行が、経営難に陥ったときに公的資金で救済しなくてもすむように、資本や社債の積み増しを求める規制のこと。

地方銀行にも銀行再編の波

特定の地域に集中してサービスを提供することで、地域住民や

メガバンクと地方銀行の違い

	メガバンク	地方銀行
営業エリア	全国及び世界各国	本店がある都道府県内及び近隣都道府県
本店	東京や大阪など大都市	都道府県の主要都市
支店	国内全域及び海外で展開	主に地元エリアに集中展開
主な融資先	大手上場企業が中心	地元の大手や中小企業が中心

地場企業の信頼を集める地方銀行。預金額や融資額が多い地方銀行は、横浜銀行、千葉銀行、福岡銀行、静岡銀行などです。

2008年の世界金融危機以降、地方銀行業界では銀行再編の波が押し寄せています。例えば、2016年には長崎県の十八（じゅうはち）銀行がふくおかフィナンシャルグループの傘下に入り、親和銀行と合併する計画が発表されました。当初の予定よりも遅れてはいますが、2019年4月にふくおかフィナンシャルグループと経営統合し、2020年10月に「十八親和銀行」が誕生予定です。

こういった銀行合併・再編の裏で問題になっているのが、**独占禁止法**への抵触です。例えば、十八銀行と親和銀行が合併すると長崎県内の金融機関での融資シェアが7割を超えてしまい、公正な取引競争に支障をきたす可能性があると、**公正取引委員会**に注意されたのです。結果的に、十八銀行は県内でのシェアを落とすために、貸出債権の譲渡や支店の営業譲渡などを検討する羽目になり、統合計画が大幅に遅れました。公正取引委員会の許可が得られるか否かが、地方銀行再編のカギになりそうです。

独占禁止法
私的独占や不当な取引制限、不公正な取引方法などの行為を規制している法律。合併や株式取得などの企業統合も規制の対象である。

公正取引委員会
独占禁止法を運用するために設置された、日本の行政機関の1つ。

特定の地域に向けたサービスに特化

Chapter2 10

信用金庫・信用組合の違いと特性

特定の地域できめ細やかなサービスを行う、信用金庫・信用組合にも再編の波は押し寄せています。彼らの生き残りをかけた戦略とはどういうものでしょうか。

信用組合・信用金庫は非営利法人

協同組織
会員や組合員同士が助け合う「相互扶助」の精神で成り立つ組織。会員・組合員の出資が運営資金となる。

信用金庫は、その地域に住む個人や中小企業が会員（顧客）となり、その会員だけが利用できる**協同組織**の金融機関です。その地域に住所があることや事務所を開設していることなど、会員資格には制限があります。利益よりも会員や地域社会の利益が優先されていること、営業エリアが限定されているため、預かった資金がその地域の発展にダイレクトに生かされることが特徴です。

信用組合も、信用金庫と同じような協同組織の金融機関です。信用金庫は誰からでも預金を預かることができますが、信用組合は原則として組合員からしか預金を預かることができない点が大きな違いです。

軒取引
世帯ごとに顧客情報を管理する手法のこと。口座を保有する世帯主の家族構成を含めたデータを蓄積し、それをもとに営業する手法。

銀行との大きな違いは、銀行が営利法人なのに対し、信用金庫・信用組合が非営利法人である点です。銀行が利益を追求する一方、信用金庫・信用組合は、地域の暮らしや地域経済の発展に尽力することが求められます。そのため、信用金庫や信用組合の基本的な営業スタイルは「**軒取引**（のき）」と呼ばれ、顧客の家や事務所を回って少額の預金を集金したり、数百万円単位の少額融資をしたりするのが基本です。高齢者など外出しにくい顧客にとっては非常に助かるサービスですが、効率的とはいい難いでしょう。しかしその成果として、顧客の家族構成や職業、他行との取引状況など、足で集めた生きた情報が蓄積されています。

信用金庫・信用組合にも再編の波

非営利法人の信用金庫・信用組合ですが、安定した経営のためには一定の収益も必要です。しかし、商品の要である定期預金は近年低金利が続いて魅力が薄れ、商品ラインナップが充実してい

信用組合と信用金庫の概要

『信用組合』は地域、業域、職域の3単位で活動

設立目的

組合員の相互扶助を目的とし、組合員の組合員の経済的地位の向上を図る

出資者

組合員と呼ばれる

預　金

原則として組合員のみ

『信用金庫』は地域単位のみ

設立目的

国民大衆のために金融の円滑を図り、その貯蓄の増強に資する

出資者

会員と呼ばれる

預　金

会員以外も預金可能

る大手銀行との格差が目立つようになりました。さらに、過疎化が進んで人口自体が減り、顧客の確保が難しくなっている地域も目立ちます。従来どおりの営業スタイルでは立ち行かなくなり、健全な経営を続けるために合併を選択する信用金庫・信用組合が増えています。

2009年から2019年7月までの約10年間で、実に20件の信用金庫の合併が実施され、24の信用金庫が純減しました。これだけの件数の合併が発生したということは、業界全体が縮小し疲弊しているということ。ひいては、都市部など一部地域を除く地域経済の弱体化を表します。政府からのサポートがない限り、この厳しい局面はしばらく続くことでしょう。

銀行と信託銀行の違い

信託銀行の業務範囲

信託銀行は、通常の銀行業務に加えて「信託業務」も営める銀行のこと。2012年には住友信託銀行と中央三井信託銀行が合併したことで「メガ信託」も誕生し、より存在感を増しています。

信託制度の歴史・主な信託の種類

信託銀行は、通常の銀行業務のほかに信託業務と併営業務を行える金融機関のことです。信託業務とは、顧客（個人や法人）と信託契約を結び、その財産を信託銀行（受託者）に移して管理・運用する業務のこと。お金だけでなく、株式などの有価証券や不動産など、財産的価値のあるものは何でも信託することが可能です。

併営業務とは、遺言の保管や遺言執行業務などの相続関連業務、上場企業の株主名簿の管理業務といった証券代行業務、不動産売買の仲介業務など、銀行業務に近い周辺業務のことです。この併営業務は信託銀行などの**信託兼営金融機関**にのみ認められています。このように、銀行業務に関連する幅広い業務に取り組める点が信託銀行の大きな特徴です。

信託という制度は中世のイギリスから始まり、その後アメリカにわたって、19世紀の南北戦争をきっかけにさかんになったといわれています。日本にやってきたのは明治時代の後半。この頃、多くの信託会社が設立され、一時は乱立状態になりました。その後、1922年に信託法・信託業法が制定されたことにより信託業は発展していきます。当時は**貸付信託**や**年金信託**の取扱いが業務の中心でしたが、2006年12月に信託法が改正され、制度の合理化や多様な信託商品に対応するための整備が行われました。

認知度が高い信託サービスとしては、遺産をスムーズに譲渡するための「遺言信託」や、不動産の運用・管理を信託銀行や不動産管理会社に任せる「不動産管理信託」などがあります。株主名簿の管理や株式に関する専門的なアドバイスを行う「証券代行業務」や、企業の不動産や**金銭債権**などの資産をファンド化する「資産流動化」も信託の一種です。

信託兼営金融機関
主に信託業務・併営業務・銀行業務を行う金融機関のことを指す。

貸付信託
合同運用指定金銭信託の一種。信託銀行が多くの顧客から集めた資金を長期的に運用し、その収益を元本に応じて分配する信託商品。

年金信託
厚生年金基金や確定拠出年金（企業型）などの「企業年金」の運用や管理などを委託する信託。

金銭債権
預金や受取手形、売掛金など、金銭の支払いを受けるための債権のこと。

信託銀行で行える業務

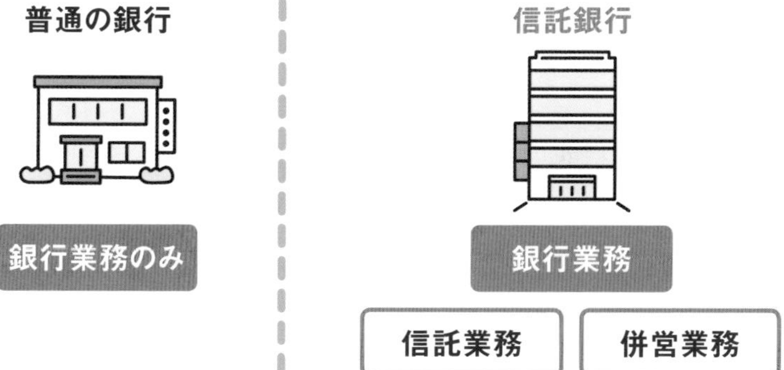

信託業務	信託銀行が顧客のもつ財産を預かり、運用・保管・処分する。運用収益の一部が信託銀行の手数料となる
併営業務	不動産業務や証券代行業務、遺言関連業務など。不動産業務は、取扱い可能な信託銀行が限定されている

メガ信託の誕生と金融庁の懸念

近年の信託銀行業界では、グループ傘下への合流や合併が相次いでいます。業界最大手だった三菱UFJ信託銀行はMUFJグループ、みずほ信託銀行はみずほグループの傘下としての色が濃くなりました。そして、長らく**独立系信託銀行**としての立場を貫き、ライバル関係にあった住友信託銀行と中央三井信託銀行は2012年にまさかの合併を選択。"メガ信託"三井住友信託銀行として、国内金融機関No. 4となる巨大金融グループが誕生したのです。

しかし、この状況に待ったをかけたのが、銀行を管轄する金融庁です。2016年6月、金融庁は三井住友信託銀行に対して「信託業務をおろそかにしている」「過剰な投資信託販売などで手数料稼ぎに注力しすぎている」などと異例の所感を出したとの噂が流れました。これにより、三井住友信託銀行はトップを交代して信託業への特化を表明、業界2位の三菱UFJ信託銀行も、銀行業務を三菱UFJ銀行に移して、信託業務に専念する動きをみせています。これらの動きが金融庁に認められるかどうかは、今後の動向次第でしょう。

独立系信託銀行
銀行がメイン担当として営業し、ニーズがあれば同じグループの信託銀行に回すというビジネスモデルではなく、自ら顧客に営業ができる信託銀行のこと。

預金機能をもたない銀行

Chapter2 12

欧米で発展してきた投資銀行

企業の経営・財務戦略を成功させるため、M&Aや資金調達などの高度な金融サービスを提供する投資銀行。欧米で発達したのち、日本に流入してきました。現在は日系証券会社内の投資銀行も活躍をみせています。

海外と日本の投資銀行の違い

投資銀行とは、顧客である企業の株式や債券などの有価証券を代わりに取引したり、資産・事業を買収・売却したりして、顧客の事業戦略や財務戦略の手助けをしている金融機関です。投資銀行は「銀行」といっても、預金を預かる機能はありません。「資金調達やM&Aを実際に行っている仲介会社」というのが投資銀行の基本的なイメージで、どちらかというと証券会社やコンサルティング会社に近いでしょう。

世界的に有名な投資銀行は、ゴールドマン・サックスやモルガン・スタンレー、バンク・オブ・アメリカ・セキュリティーズなど。日本では三菱UFJモルガン・スタンレー証券や野村證券など、日系証券会社内の投資銀行部門が存在感を示しています。

そもそも、投資銀行は欧米で発展してきた業界です。欧米では一般的な商業銀行の規模がやや小さかったため、法人向けの資金調達や事業・財務戦略のサポート業務は、証券業の事業者によって発達してきたという経緯があります。その延長線上で生まれたのが投資銀行でした。そのため、外資系投資銀行の多くは、株式公開（IPO）の主幹事証券業務も行っているのが特徴です。対して日系の投資銀行は、系列の証券会社・銀行に法人営業部門や国際部門などがあるため、その部署と連携してM&Aなどの案件を獲得する傾向があります。

債券
国や公共団体、企業などが資金を借り入れるために発行する有価証券。満期が定められており、満期日（償還日）にはお金（額面金額）が投資家に払い戻される。

資金調達
新しく事業を立ち上げたり、今ある事業を拡張したりするために資金を集めること。融資や出資を受けるのが代表的な手法。

主幹事証券業務
上場に関して申請会社を支援する業務を行う証券会社を「幹事証券会社」といい、そのなかでも中心的な役割を果たす幹事証券会社を指す。

投資銀行の業務内容

投資銀行には大きく分けて4つの部門があります。株式・債券の引き受け、M&Aの仲介業務を行う「投資銀行部門」、市場にて金融商品の取引をする「マーケット部門」、金融や経済に関する

投資銀行の部門と業務

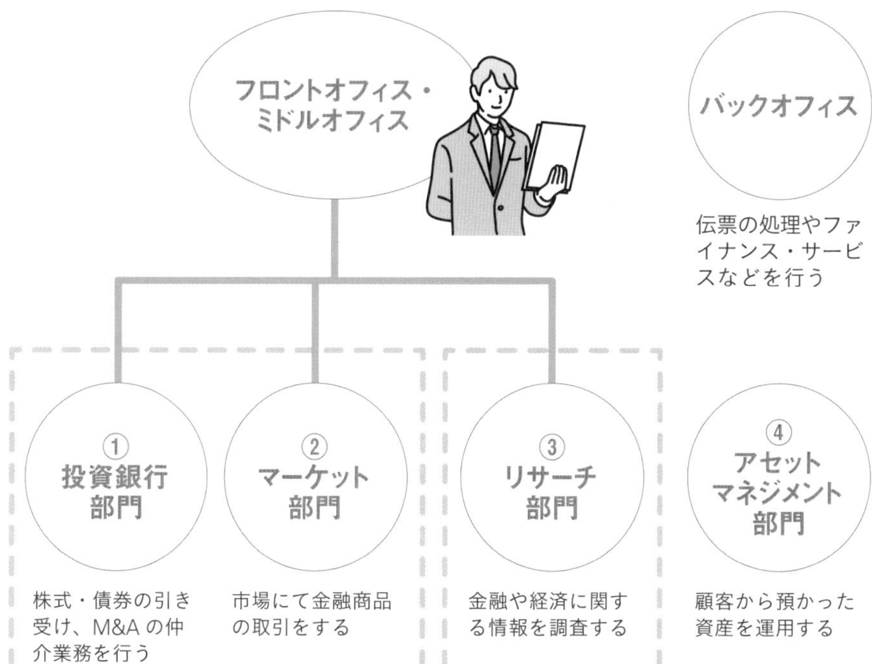

情報を調査する「リサーチ部門」、顧客から預かった資産を運用する「アセットマネジメント部門」の4部門です。アセットマネジメント部門は専門の別会社が担当する例もよく見られます。

企業同士のM&Aで重要なのが、企業価値を正確に見積もることです。現在利用されている企業の評価方法には、**DCF法**や**類似企業比較法**があります。DCF法はさまざまな要素を織り込んだ分析が可能で、企業価値を分かりやすく表現できるのが特徴ですが、分析には高度な専門知識が必要になります。類似企業比較法は比較的かんたんに企業価値を見積もることができますが、その分、説得力にやや欠けるケースもあります。

投資銀行では高度な金融サービスを提供しているため、その報酬も高額になりやすいのが特徴です。そのため、若手社員でも年収1千万円以上の高収入を得ている場合があります。海外の大学や日本の最難関大学・大学院の出身者が多く、コンサルティングファームからの転職も目立つ、華やかな業界です。

DCF法
企業や資産、事業の金銭的価値を、それらが将来生み出すキャッシュフローをもとに、今の価値を求める方法。収益還元法ともいう。

類似企業比較法
類似企業の平均的な企業価値をもとに、対象企業の企業価値を算定する方法。比較対象となる類似企業の選定が難しい。

Chapter2 13

法改正により生まれた新銀行誕生ブーム

2000年代から始まった異業種からの銀行参入

2000年代以降、異業種から参入した新銀行の存在感が増しつつあります。独自の流通網やインターネットによる効率的なサービス提供が彼らの武器です。一方、農家に強いパイプをもつJAバンクも独自路線を貫いています。

新銀行の参入を可能にした銀行法の改正

2000年に誕生したジャパンネット銀行、2001年に設立されたソニー銀行やアイワイバンク銀行（現：セブン銀行）、イーバンク銀行（現：楽天銀行）などを皮切りに、異業種からの銀行参入が目立つようになりました。その多くは実店舗をもたず、業務の多くをインターネット上で完結させる「ネットバンク」の業態をとっています。

これら新銀行は独自の戦略で勢力を拡大中です。例えば、ソニー銀行や楽天銀行は、預金業務だけでなく融資や保険、証券などの他分野にも進出し、総合的な金融サービスと安い手数料を武器として顧客を増やしています。セブン銀行は全世界に広がるセブン-イレブンのネットワークを利用して、ATMでのサービスを通した手数料収入を主な収入源として営業しています。古くからある大手銀行や地方銀行の「店舗型営業」とはまったく違う、インターネットや流通網などを利用した効率的な営業スタイルが新銀行の発展を支えているのです。

新銀行の参入ができるようになったきっかけは、2001年の銀行法改正です。それまではすべての銀行業務を行う「フルバンク」が前提でしたが、この改正により、資産運用やATMサービスなど特定の業務に特化した「**ナローバンク**」も認められるようになったことで、銀行参入への敷居が一気に低くなり、2000年代の“新銀行誕生ブーム”が到来したのです。そして、これまでの銀行に少なからず不満をもっていた顧客層から支持されて、新銀行は業績を伸ばしていきました。

ナローバンク
預金を国債などの安全な資産で運用し、振込・送金などの決済業務は行うが、貸付業務を行わない、銀行業態の1つ。

最近ではスマートフォンの普及に伴い、アプリを利用した金融周辺サービスも増加しています。大手SNSを運用するLINE

JAバンクの系統組織のしくみ

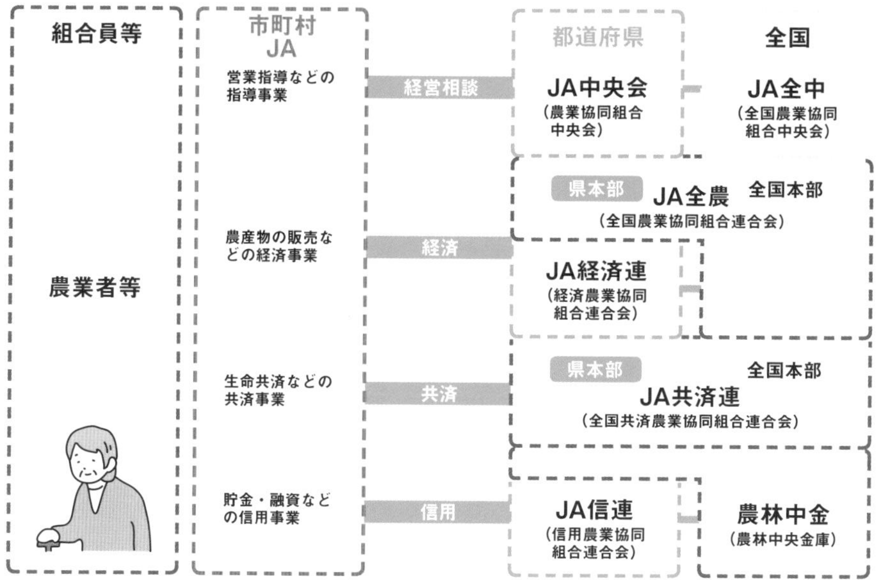

は、2020年度中にみずほフィナンシャルグループとの共同出資で「LINE Bank」を立ち上げる予定になっており、業界の注目を集めています。

一定のシェアをキープするJAバンク

JAバンクは、JA（農業協同組合・農協）に加入する全国の農家が主に利用する銀行グループで、JA・JA信連（信用農業協同組合連合会）・農林中央金庫で構成するグループの名称です。

JAバンクに集められた貯金は、農林中央金庫にて運用され、組合員に還元されます。2019年３月末での**JA貯金残高**は約103兆円で、ここ３年間は微増が続いています。なお、**JA貸出金残高**は約20億円、つまり貯金の大半が融資ではなく運用に回されているのです。

農林中央金庫は2016年、農林水産業の成長を推進するために「食農ビジネス」という新たな事業を立ち上げました。生産物の「地産地消」の促進や、農業の担い手育成、ITやM&Aを利用した健全で効率的な農家経営などに取り組んでいますが、まだ大きな成果は上がっていないようです。

JA貯金残高
JAバンクに集まった預金の総額のこと。

JA貸出金残高
JAバンクから融資している総額のこと（ただし共済貸付金、農林公庫貸付金、金融機関貸付金は除く）。

Chapter2
14

中国とアメリカの２強時代へ突入

銀行業界の世界地図

目線を日本から世界へ。現在の世界の銀行業界は、中国とアメリカの“２強状態”となっています。イギリスの有名雑誌で発表された「世界最大の銀行ランキング」より、その“世界地図”を紐解いていきましょう。

中国との“2強状態”が続くアメリカ銀行業界

ザ・バンカー
イギリスの金融に関する月刊の専門誌。毎年“世界の銀行トップ1000”を公表している。

利益剰余金
企業が生み出した利益を積み立て、企業内部に蓄積されているもの。

イギリスの有名雑誌「**ザ・バンカー**(The Banker)」は毎年、「世界最大の銀行ランキング トップ1000」を発表しています。そのランク付けの評価基準は、各銀行の「中核的自己資本」です。中核的自己資本とは、資本金や**利益剰余金**などで構成された自己資本の割合のことで、銀行の経営状態を評価する重要な指標の１つです。2019年は中国とアメリカの銀行がランキング上位を独占する結果となりました。

金融大国でもあるアメリカでは、JPモルガン・チェース、バンク・オブ・アメリカ、シティグループ、ウェルズ・ファーゴが「アメリカ４大銀行」としてその名を知られています。しかし、2008年のリーマン・ショックを発端とした世界金融危機により、アメリカの金融業界は大きな転機を迎えます。当時、JPモルガン・チェースやバンク・オブ・アメリカは、経営状態の悪化した銀行を買収して企業規模を拡大。事実上破たんした大手投資銀行・メリルリンチがバンク・オブ・アメリカと合併した出来事は、金融業界の大きなニュースとなりました。ウェルズ・ファーゴは、ほかの３銀行に比べて投資銀行業務の比率が低く、伝統的な銀行業務を中心に活躍する保守的な銀行でしたが、このとき大手銀行・ワコビアを買収し、４大銀行に名乗りを上げました。

一方、日本にも進出していたシティグループは、世界の金融機関のなかで最大の損失を計上、苦境に追い込まれます。その後2014年には日本国内のリテール業務から撤退し、業務を三井住友フィナンシャルグループ、現在のSMBC信託銀行に引き継ぎました。

近年、中国の銀行がランキングの上位を独占し、勢いを増して

世界最大の銀行ランキング　2019年

順　位	銀 行 名	所　在
1	中国工商銀行	中　国
2	中国建設銀行	中　国
3	中国農業銀行	中　国
4	中国銀行	中　国
5	JPモルガン・チェース	アメリカ
6	バンク・オブ・アメリカ	アメリカ
7	ウェルズ・ファーゴ	アメリカ
8	シティグループ	アメリカ
9	HSBC ホールディングス	イギリス
10	三菱 UFJ 銀行	日　本

いますが、アメリカ経済も再び強大になっています。しばらくは、この2強状態が続くでしょう。

いまだ閉鎖的な中国4大銀行

中国工商銀行、中国建設銀行、中国農業銀行、中国銀行の「中国4大銀行」は、古くから外貨取引専門や農村部融資専門といった専業銀行体制をとってきました。ですが、1994年の金融改革以降、商業性を備えた「**国有商業銀行**」へ変化してきています。

一方で、中国金融業界は従来から外国との取引が極端に少なく閉鎖的であるため、その方針を改めるようアメリカを中心に諸外国から要請されています。2001年12月の**WTO**加盟以降、段階的に金融業の対外開放を進めていますが、銀行業総資産に占める外資のシェアは2017年時点で1.29%と依然低い水準のままです。そのため、2018年4～8月にかけて、中国政府は外資参入に関する規制緩和措置を次々と発表しました。しかし、法整備が整っていないなど重要な問題点が山積みであるため、中国への外資参入はまだまだ先になるとみられています。

国有商業銀行
銀行の資本金の大部分を政府が所有し、政府が運営をコントロールしている商業銀行のこと。

WTO
World Trade Organizationの略。世界貿易機関のことで、貿易に関連するさまざまな国際ルールを定めている。

Chapter2
15

3大メガバンクが誕生したきっかけ

バブル崩壊と銀行の統合・合併の歴史

バブル景気が崩壊した1990年代から2000年代にかけて、銀行業界は景気に翻弄され、合併も相次ぎました。バブル景気そしてバブル崩壊後の経済の流れと、銀行業界に起きた変化を押さえておきましょう。

バブル崩壊時、銀行業界に何が起きた？

歴史的な好景気だった「バブル景気」は、1986年12月から1991年 2月までの51ヶ月間を指します。1989年12月29日には、日経平均株価が３万8,915円という史上最高値をつけましたが、そのわずか９ヶ月後の1990年10月１日に、株価は２万円を割り込む大幅下落を記録し、バブルは崩壊しました。

このバブル崩壊のきっかけは、日本銀行や政府による急激な金融引き締め政策と、土地の価格（地価）の急激な下落など複数の要因があるといわれています。

バブル期、日本の地価は上がり続け「地価は永遠に上がり続ける」という神話が信じられるほど人々は熱狂し、各銀行も不動産購入のための融資を積極的に行って、莫大な金利収入を得ていました。しかし、1989年の消費税導入や、1990年３月に日本銀行が行った**総量規制**による金融引き締め政策、**湾岸危機**による原油価格高騰などの事態も重なって日本経済は急激に悪化。1990年10月の株価急落、そして地価の暴落により、銀行は多くの不良債権を抱えることになりました。これまで好況だった銀行・金融業界が、一転して不況になったのです。

不良債権を抱えた銀行の倒産とそれによる混乱を防ぐため、国は１兆８千億円もの巨額の**公的資金**を注入します。しかし、大手銀行すらバブル崩壊の影響に耐えきれず、1997年から1998年にかけて、北海道拓殖銀行や日本長期信用銀行、日本債券信用銀行、証券会社では山一證券や三洋証券などが倒産。吸収合併も相次ぎました。なお、日本の金融界がバブル崩壊から最終的に処理した不良債権額は実に100兆円に上るといわれ、何とこれは国内総生産（GDP）の20％にも相当する額なのです。

総量規制
1990年３月27日に旧大蔵省から金融機関に対して行われた行政指導。不動産向け融資の伸び率を融資全体の伸び率以下に抑えることが目的で、約１年９ヶ月間続いた。

湾岸危機
1988年のイラン・イラク戦争後、経済の回復が遅れていたイラクをサウジアラビアやクウェートが刺激した結果、1990年８月にイラク軍がクウェートに侵攻・制圧し、翌年の湾岸戦争につながるまでの危機的状態だった時期を指す。これにより、原油価格高騰を招いた。

公的資金
国や地方公共団体が企業に注入するお金のこと。その財源は税金であるゆえ、使い道が厳選される。

3大メガバンクの合併の歴史

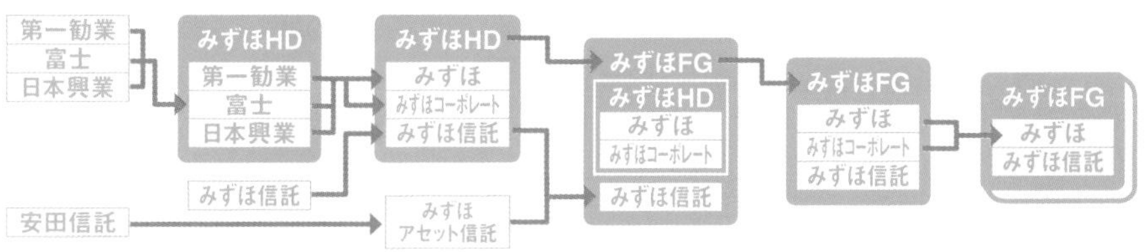

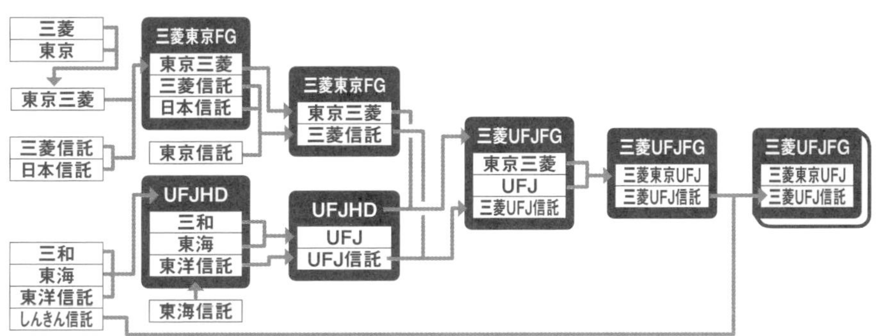

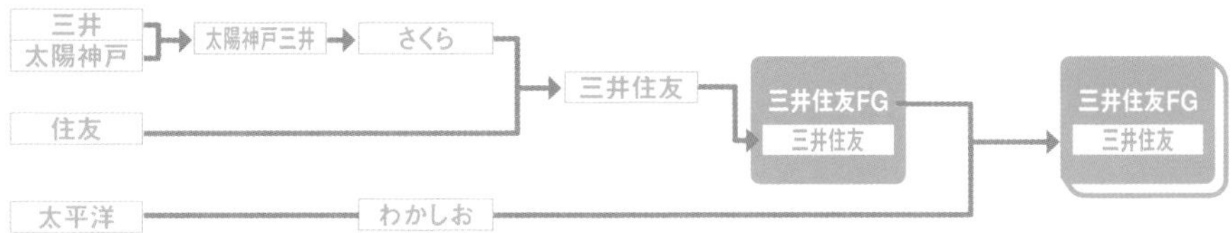

合併に次ぐ合併で3大メガバンク体制に

2000年代になってもバブル崩壊の余波は続き、銀行業界は合併・再編に揺れます。2001年に日本興業銀行・第一勧業銀行・富士銀行が合併して「みずほホールディングス」が生まれ、2002年には三和銀行・東海銀行・東洋信託銀行が合併して「UFJホールディングス」が誕生。東京三菱銀行・三菱信託銀行・日本信託銀行・東京信託銀行が合併して「三菱東京銀行」になりました。同時期にさくら銀行と住友銀行が合併したことで「三井住友銀行」が誕生し、現在の3大メガバンク体制の基礎ができました。

Chapter2
16

銀行を知るうえで欠かせない出来事

世界を激震させた ブラック・マンデーとリーマン・ショック

世界経済全体を激震させたブラック・マンデーとリーマン・ショック。これらの事態により、アメリカの銀行は特に大きな被害を受けました。銀行の歴史のなかで重要視される、2つの流れを振り返りましょう。

世界的に株価が大暴落したブラック・マンデー

ブラック・マンデーとは、1987年10月19日に起きたニューヨーク株式市場の大暴落を発端とする、世界的な史上最大規模の株価暴落のことです。ニューヨーク証券取引所ではダウ30種平均の下落率が、1929年の**世界恐慌**時よりも高かったことから、翌日の世界の株式市場へも波及。ニューヨーク市場に次いで東京市場、ロンドン市場、フランクフルト市場などでも株価が暴落しました。この影響でイギリス連邦は経済的に解体、なかでもニュージーランドは、株価ピーク時から約60%下落し、特に大きな打撃を受けました。

日本でも日経平均株価は14.90%下落し、過去最大の下落となりました。しかし、バブル景気の最中だったため翌日には大幅回復、そしてバブル崩壊まで好景気が続きました。世界からみて、当時の日本市場は「買い」という判断だったようです。

株価が大暴落した原因として、アメリカの**財政赤字**と**貿易赤字**が拡大傾向にあったことなどが挙げられていますが、明確な理由は分かっていません。明確な理由が分からない暴落だったからこそ、投資家の不安は増し、売り注文が殺到、結果として大暴落へとつながったのです。

世界恐慌
ニューヨーク株式取引所で株式が大暴落したことを発端に世界に広がった経済不況のこと。第二次世界大戦を引き起こした要因の1つともされる。

財政赤字
税収以上に政府の支出が多くなった状態のこと。不足分は公債（国債・地方債）を発行して補われる。

貿易赤字
輸出額から輸入額を差し引いた貿易収支がマイナスであること。一方で、輸出額から輸入額を差し引いた貿易収支がプラスであることを貿易黒字という。

世界的金融危機の引き金となったリーマン・ショック

2008年9月15日にアメリカの投資銀行リーマン・ブラザーズ・ホールディングスが経営破たんしたことをきっかけに、世界的な金融危機が連鎖的に発生しました。

リーマン・ブラザーズが破たんした原因は「サブプライムローン」。サブプライムローンとは、信用力が低くても借りられる住

リーマン・ショック後の日米の株価推移

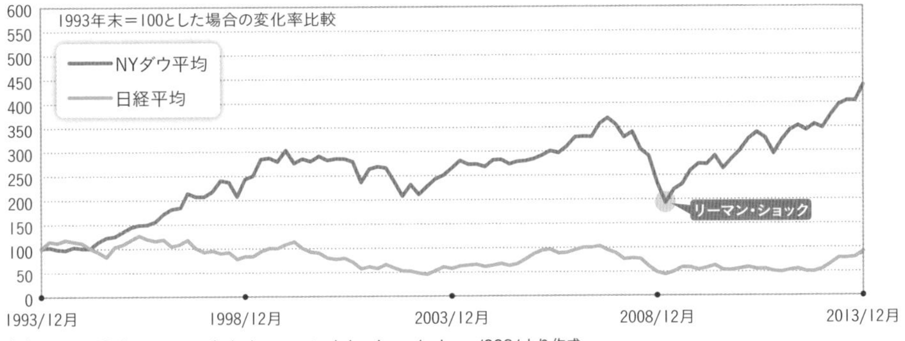

出典：https://info.monex.co.jp/yahoo-usstock-beginner/column/002/より作成

サブプライムローンのしくみと影響

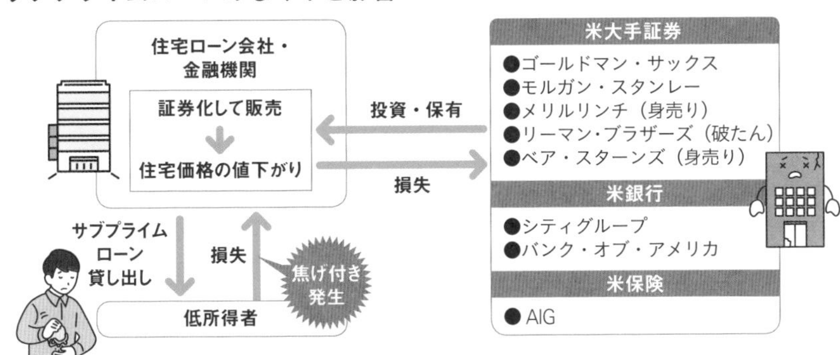

宅ローンのことです。当時のアメリカでは住宅バブルが到来しており、ローンを返済できないリスクのある世帯でもローンが組めるような状態でした。しかし、2006年頃から住宅価格が下落し始め、ローンを返せない人々が続出、サブプライムローンは不良債権化してしまいます。このサブプライムローンを**証券化**した商品を多く保有していたのがリーマン・ブラザーズで、多額の損失を被った結果、経営破たんしてしまったというわけです。リーマン・ブラザーズの負債総額は約6,000億ドル（約64兆円）と巨額で、アメリカ史上最大の企業倒産になりました。

日本の株式市場も影響を受け、１万2,000円台だった日経平均株価は続落、10月28日には6,000円台まで下落し、26年ぶりの安値を記録しました。また、アメリカ経済に依存していた輸出産業へのダメージが大きく、日本経済の大幅な景気後退へつながったのです。

証券化
お金が返ってくる債権を組み合わせて、第三者に売却できるような証券にする手法のこと。証券会社や投資銀行が多く扱っている。

COLUMN 2

銀行に強盗が入ったらどうする？

さまざまな強行強盗対策

銀行にある多額の現金を狙った犯罪が「銀行強盗」です。1930年代から発生するようになり、ピーク時の2001年には全国で237件の銀行強盗事件が発生しました。

銀行では強盗が押し入ったときのために、厳重な防犯対策を立てて日々実行しています。まず、銀行の入り口には必ず案内の係員が立っています。これは、来店したお客様をスムーズに案内する役割以外にも、常に人の目がある状態にすることで、強盗が入って来にくい雰囲気作りをするためです。

また、多くの銀行では、お金のやり取りをするカウンターにカラーボールという防犯用ボールが置いてあります。強盗が逃げたときにカラーボールを投げつけると、なかのインクが犯人の衣服に付着して、後から犯人を捕まえやすくなります。なお、このインクはとても落ちづらい性質をもっています。銀行で働く人によると、防犯訓練で服にこのインクをつけたところほとんど落ちず、その服は捨てることになったという話もあります。

また、銀行では、強盗が支店に押し入ったときに、窓口にいる行員で犯人の特徴を覚えるよう役割分担しています。例えば、行員Aは「犯人の衣服の色」、行員Bは「犯人の話し方、なまり」といった具合です。

さらに、強盗に押し入られたことを速やかに伝達できるよう、“合言葉”も決められています。これは、銀行員のみでわかる会話風の言葉が設定されていることが多く、これにより不自然に騒ぎ立てずとも、周囲の行員に強盗がいることを伝えられるのです。

このように銀行では、強盗犯を捕まえるためのさまざまな対策が施されています。こうした対策が功を奏して、銀行強盗の検挙率が高まったことから、2017年には銀行強盗の件数は26件まで減少しました。

しかし、代わりに増加しているのが「オレオレ詐欺」などの特殊詐欺です。銀行と犯罪者との戦いはまだまだ続いているのです。

第3章

銀行の収益構造

銀行は経済の安定のために、公共性を保つことも大切ですが、収益を追い求める営利企業の１つでもあります。銀行はどのような方法でその収益を生み出しているのでしょうか。３章では、銀行に関わるお金の流れから、収益を生み出す構造を解説していきます。

どのようにしてお金は銀行に流れるのか？

Chapter3 01

銀行に関わるお金の流れ

個人や企業がお金を借りたいときに、銀行から借りる方法を間接金融、市場から直接資金を調達することを直接金融といいます。銀行に関わるこのお金の流れについてみていきましょう。

間接金融と直接金融の違い

個人や企業がお金を借りたいときに、まず利用するのが大手銀行や地方銀行などの金融機関から融資を受ける方法です。これを「間接金融」といいます。"直接"ではなく"間接"と呼ばれるのは、まず銀行が市場からお金を借りて、そのお金を顧客が借り入れる形になるためです。つまり、間接金融において銀行は市場と顧客の仲介をするのです。

一方で、「直接金融」という手法は、企業が市場から直接お金を調達するしくみです。具体的には、株式市場や債券市場で、株式や債券を投資家に購入してもらって、資金調達をする方法です。なお、具体的なオペレーションは証券会社がサポートに入ります。

従来は、お金を借りる方法として間接金融が一般的だったため、銀行の存在感は強大でした。しかし、近年は直接金融や**クラウドファンディング**などもよく利用されるようになったため、"お金を借りる＝銀行で"という構図は薄れつつあります。

クラウドファンディング
群衆（crowd）と資金調達（funding）を組み合わせた造語。インターネットで、起案者がアイデアやプロジェクトを発表し、それに賛同した人から、広く資金を集めるしくみのこと。

銀行が資金調達するための市場がある

銀行は顧客から預金を預かり、その資金を元手に顧客に融資をしています。しかし、それだけではお金が不足してしまうため、銀行も市場からお金を調達しています。１年以内の資金をやり取りする市場のことを「短期金融市場」といい、金融機関はそのなかの「インターバンク市場」で、手形やコールなどを通じて、お金を調整しているのです。コールは短期金融市場でやり取りされる取引手法の１つで、よく利用されるのは「**無担保コール翌日物**」。この取引に適用される金利は「オーバーナイト・レート」と呼ばれ、日本銀行の政策金利としても機能している重要な金利です。

無担保コール翌日物
無担保で資金を借りて翌日に返済する取引のこと。

銀行が資金を調達する金融市場

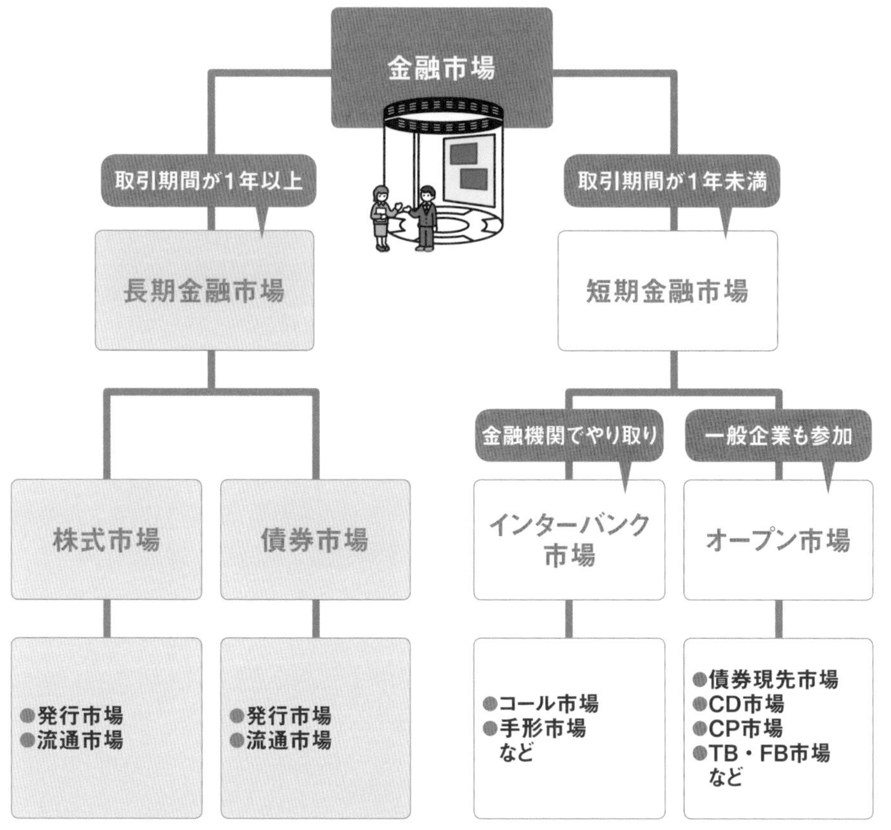

このインターバンク市場は、銀行や証券会社などの金融機関に限定された取引市場です。ただし、短期金融市場のなかには一般企業でも参加できる「オープン市場」があり、ここではCD（譲渡性預金）や**債券レポ**などが取引されています。

なお、企業や公共団体などが、株式や債券を発行することで資金調達する直接金融の場が「長期金融市場」です。ここでは、取引期間が1年以上の資金が扱われています。長期金融市場は株式市場と債券市場に分かれており、新規発行された株式・債券を扱う発行市場と、すでに発行された株式・債券を売買する流通市場という2つの市場があります。銀行はインターバンク市場だけでなく、この長期金融市場でも株式を売却して資金調達したり、お金を運用したりして利益を上げています。

債券レポ
現金担保付債券貸借取引現金のこと。現金を担保とした債券の相対取引である。

Chapter3
02

融資金利と預金金利の差が利益を生む

銀行の収益の柱となる融資からの金利差収入

従来から、銀行にとって最も大切な収益源といえば、融資業務から生まれる融資金利と預金金利との金利差（利ザヤ）収入です。そのしくみや現在の金利情勢を押さえておきましょう。

銀行が行う融資業務のしくみ

個人や法人は、銀行にお金を預けることで預金金利による利息収入をもらい、銀行から融資を受けたときには、融資金利による利子を支払います。これを銀行側からみると逆の動きになります。銀行は預金金利を支払うことで、顧客や市場からお金を集め、融資金利を提示してお金が必要な顧客に融資をしています。この融資金利と預金金利の差（利ザヤ）が、銀行の収益の柱です。

例えば、1年間の融資金利が1.5％、預金金利が0.01％のときの収益を計算してみましょう。預かった金額が1億円とすると、「1億円×（1.5％－0.01％）＝149万円」となります。ただし、このすべてが収益になるわけではありません。銀行は預かったお金に対して**預金保険料**という保険をかけるように義務付けられています。2019年度の保険料率（実効料率）は0.033％なので、「1億円×0.033％＝3.3万円」は預金保険料として差し引かれます。つまり、「149万円－3.3万円＝145.7万円」が融資をしたときの金利差収入、いわゆる銀行の収益になるのです。

預金保険料
銀行や信用金庫などの金融機関が預金残高に応じて国におさめる保険料のこと。金融機関が破たんした場合、一定額の顧客の預金を保護するための保険制度。

なお、1990年前後のバブル期においては、定期預金金利が約8％、普通預金金利でさえ約2％と、今では考えられないような高金利状態でした。預金金利と融資金利の差も非常に大きかったため、銀行は莫大な利ザヤ収入を得ていました。しかし、バブル崩壊後に日本の金利は急落し、現在の普通預金金利はたったの0.001％です。

当然ながら融資金利も低下したため、利ザヤは以前よりも大幅に縮小し、銀行は利ザヤ収入だけに頼って経営するわけにはいかなくなりました。それまで、融資一辺倒だった銀行は苦境にあえぎ、地方銀行を中心に合併や再編を選択する銀行も増加。手数料

金利差収入による銀行の収益

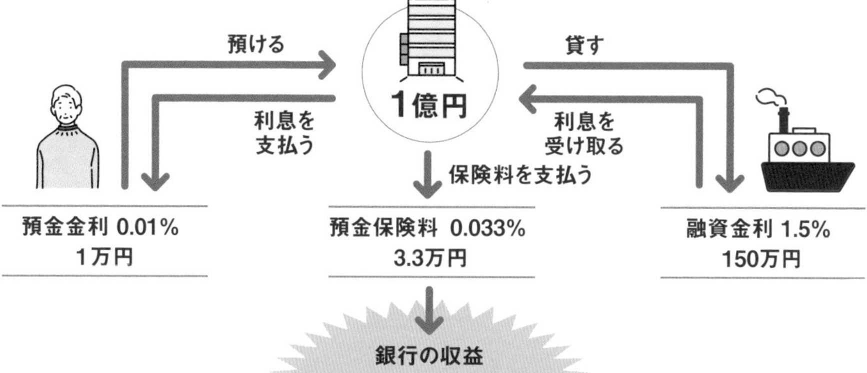

銀行預金の金利推移

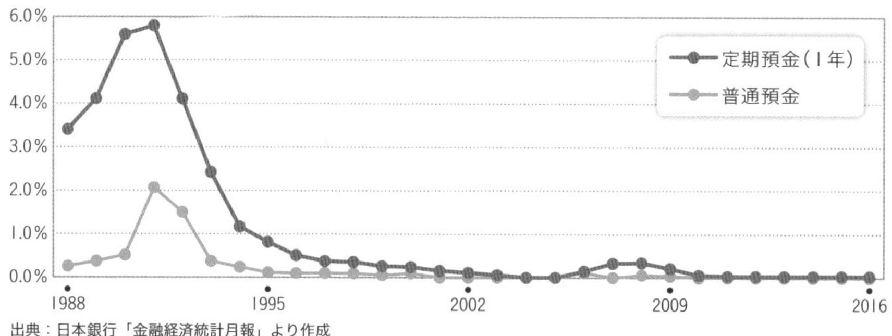

出典：日本銀行「金融経済統計月報」より作成

ビジネスや国際業務への注力など、銀行業界全体が大きな方向転換の渦中にあります。

ONE POINT

定期預金の金利のほうが、普通預金よりも高いのはなぜ？

銀行の普通預金よりも定期預金の金利が高い理由は、“銀行が長期間お金を預かることができるから”。銀行としては、預かったお金を融資に回したり、市場で運用するなどしたいのですが、普通預金のようにいつ引き出されるか分からないお金（要求払い）は、こうした融資や運用には不向きです。そのため、少しでも高い金利を提示することで、顧客に定期預金を組んでもらい、長期的に運用できる資金を調達しているのです。

Chapter3
03

振込手数料による収益

金利差による収益が減少している銀行業界は、景気に左右されない振込手数料などを初めとした、手数料からの収益を重視するようになりました。まずは、誰でも知っている振込手数料のしくみから確認しましょう。

振込手数料の定め方

実は、かつての振込手数料は、どの銀行も同じ料金設定でした。しかし、金融自由化によって振込手数料も銀行が独自で決めることができるようになったため、現在では銀行の種類や送金金額、受付窓口などによって手数料が異なっています。一般的には、窓口よりも人件費が安くすむため、ATMやインターネットバンキングからの振込のほうが手数料は低く設定されています。

最近では、コンビニにある**イーネット**やセブン銀行などのATMで、銀行のキャッシュカードを使って振込ができるケースも増えました。顧客がこれらのATMで振込できるのは、コンビニATMの運営企業に対して、銀行が委託手数料を支払っているからです。委託手数料は銀行にとってはコスト（経費）になりますが、その分を加味したやや高めの振込手数料が設定されることが多いので、振込手数料も銀行の大切な収益源の１つになっています。

イーネット
ATM「E-net」の設置やATM運営に関する業務を受託している、銀行やコンビニエンスストア、システム会社などが共同運営する企業。

銀行における振込手数料収益の割合

振込手数料やATM利用手数料、投資信託の販売手数料などを合わせて「役務取引収益」といいます。各銀行における振込手数料単独の収益はほとんど明らかにされていませんが、**粗利益**に対する役務取引収益の割合は、10～20％程度の銀行が多いようです。

例えば、三菱UFJ銀行では内国為替・外国為替手数料が10.2％、三井住友銀行は外為・為替手数料が13.7％、横浜銀行・東日本銀行が属するコンコルディア・フィナンシャルグループでは役務取引等利益が粗利益のうち18.6％を占めています。金利収入が減少している分、安定した役務取引収益を確保することが、銀行

粗利益
事業年度内における利益の合計額のことで、売上総利益ともいう。

ゆうちょ銀行の役務取引等利益の内訳

（億円）

	2017年度	2018年度	増減
役務取引等収益	591	612	+20
為替・決済関連手数料	964	964	964
ATM関連手数料	92	145	+53
投資信託関連手数料	190	222	+31
その他	90	87	△2

出典：ゆうちょ銀行　2019年3月期決算説明資料より

三菱UFJ銀行の窓口による振込手数料の比較

	窓口			ATM		
	同一支店宛	本支店宛	他行宛	同一支店宛	本支店宛	他行宛
3万円未満	330	330	660	220	220	440
3万円以上	550	550	880	440	440	660

	ATM（個人向けキャッシュカード）			ネットバンキング（個人向け）		
	同一支店宛	本支店宛	他行宛	同一支店宛	本支店宛	他行宛
3万円未満	0	110	275	0	0	220
3万円以上	0	110	440	0	0	330

業界で重要視されるようになってきたのです。

ONE POINT

銀行振込の裏では何が行われている？

銀行ATMを使って、A銀行にある口座からB銀行の口座へ振込手続きをすると、銀行の営業時間内なら即時にお金がA銀行からB銀行へ移動します。当たり前に使っている銀行振込ですが、銀行側ではどのような作業が行われているのでしょうか？　もちろん、取引ごとに銀行同士で現金そのものを搬送しているわけではありません。振込手続き時には「全国銀行データ通信システム（122ページ参照）」を使って、残高の数字だけを変更し、実際のお金のやり取りは一日1回、銀行が日本銀行に預けている預金口座の残高を増減させることによって決済しています。

海外との資金のやり取りでも大きな役割を担う

Chapter3 04

外国為替による収益

主な外国為替業務は、外国との送金・着金に関する「外国送金」、通貨交換する「通貨両替」、外貨預金の金利差を受け取る「外貨預金」、輸出入取引に関する「貿易取引」の4つ。銀行はどこで収益を生み出しているのでしょうか。

個人顧客も関わる外国為替取引の種類

外国とのお金のやり取りに関する外国為替からの収益は、大きく4つに分類されます。まず1つめの外国送金業務では、外国宛の送金を「仕向送金(しむけそうきん)」、外国から日本宛の送金を「被仕向送金(ひしむけそうきん)」といい、銀行はそれぞれの手続きに関して送金手数料や電信料などを得ています。国内振込の手数料は1件100～800円程度ですが、外国送金の手数料は銀行側の手続きが煩雑なため、1件3,000～7,000円程度と高めに設定されています。

日本円から米ドル、米ドルから日本円など通貨の両替をする両替業務の基本的な手数料は、米ドルやユーロなどメジャーな通貨では1ドル・1ユーロ当たり1～2円程度で、マイナーな通貨はそれ以上かかる場合もあります。銀行は、外国送金時にも両替手数料を受け取るほか、被仕向送金時において、外貨通貨のまま受け取るときには、両替手数料の代わりに「**リフティングチャージ**」を取るのが普通です。これが外国為替による2つめの収益です。

また、外貨建ての定期預金や普通預金は「外貨預金」と呼ばれ、その金利は通貨や預け入れる期間ごとに設定されています。外貨預金で預かったお金は融資や運用に回されて、その利ザヤは3つめの外国為替による収益源となります。

ちなみに外国為替取引が行われる外国為替市場には、金融機関が個人や企業と行う「対顧客取引」、金融機関同士もしくは**外為ブローカー**を通じて行う「インターバンク取引」という2つの市場があります。

リフティングチャージ
日本円を日本円のまま、外貨を外貨のまま外国送金したり受け取ったりするときにかかる手数料のこと。最低金額を1,500円前後に設定する銀行が多い。

外為ブローカー
インターバンク市場で外国為替取引の仲介を行う業者のこと。近年のブローキングはコンピュータが自動的に取引を成立させる「電子ブローキング」が大半。

主に法人向けの貿易取引業務

外国との輸出入取引は、商品とお金の移動に多くの時間と手間

外国送金のしくみと流れ

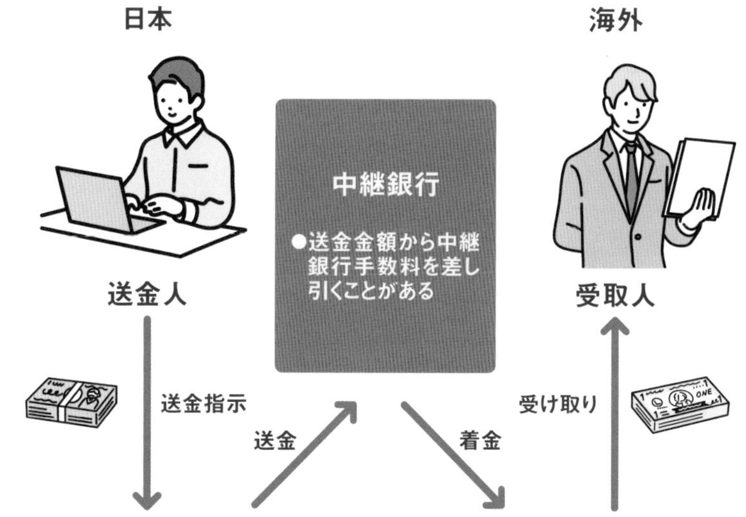

がかかるため、スムーズに取引できるよう銀行が仲介しています。その代表的な方法が「L/C（信用状）取引」です。これが4つめの外国為替による収益源です。

例えば、アメリカの企業と日本の企業とが売買契約を結び、アメリカから日本へ商品を輸出するとします。まず、日本企業が日本の銀行にて、輸出企業宛てのL/C発行（開設）を依頼します。このL/C発行には輸入会社の信用力に関する審査があり、時間を要します。手続きが完了したら日本の銀行はL/Cを発行し、アメリカ側の銀行を経由してアメリカ企業へその旨を通知します。こうして輸出が行われ、商品が輸入国に届くのです。

このL/C取引においては、輸入時の信用状発行手数料や輸出時の信用状通知手数料などが銀行側の収益となります。

L/C取引のメリットは、万が一輸入側の企業が倒産した場合でも、輸入国の銀行が代金支払いを保証してくれることです。そのため、発行した銀行の信用力が発揮される取引といえるでしょう。

L/C（信用状：Letter of Credit）
貿易取引において、支払いリスクを回避するために利用される保証書のこと。輸入者の取引銀行が、輸出者への支払いを保証するもの。

運用商品を提案してくる行員の意図

投資信託・保険販売による手数料収益

銀行の手数料収入で大きな割合を占めるのが、投資信託や保険などの販売による収入です。販売する商品によって収益率は異なるほか、信託銀行は商品の受託会社として手数料を受け取っています。

投資信託・保険が銀行で販売可能になった

投資信託とは、投資家から集めたお金を１つにまとめ、運用会社が投資・運用する商品のことで、運用成果に応じて投資家に収益が分配されるしくみになっています。投資信託はこれまで証券会社でのみ販売が許可されていましたが、金融自由化を受け、1998年12月から銀行や信託銀行などでも販売（窓口販売、通称「窓販」）できるようになりました。生命保険や**個人年金保険**などの保険商品の販売も、2001年から段階的に始まり、2007年12月に全面解禁されています。近年は定期預金など預金商品の金利が低迷していることから、投資信託や**貯蓄性のある保険商品**は新たな資産運用方法として紹介されています。

しかし、投資信託や保険商品には**元本保証**がないため、預けたお金がマイナスになる可能性があります。この不利益な事実を販売員が十分に説明しなかったり、顧客がよく理解しないまま購入したりして、トラブルに発展するケースも発生しています。

投資信託・保険商品と銀行の関わり方

投資信託は、販売会社、運用会社、受託会社という３つの機関が関わっている商品です。販売会社は証券会社や銀行などの金融機関、運用会社は投資信託会社、受託会社は信託銀行が担当しています。投資信託会社が設計・運用する投資信託を、販売会社が窓口などで販売し、集めたお金は受託会社が管理しています。

顧客は３％前後の販売手数料を払って投資信託を購入し、運用中は１～２％程度の信託報酬という手数料もかかります。このうち、販売手数料は販売会社の収益となり、信託報酬は３社で分配しています。

個人年金保険
老後資金の形成のために活用される年金保険。公的な年金保険と区別して"個人年金保険"といわれる。

貯蓄性のある保険商品
個人年金保険や終身生命保険など、一定期間以降に解約した際に払い込んだお金よりも増えて戻ってくる可能性のある商品。

元本保証
元本とは金融商品を購入した金額自体のこと。銀行預金のように、運用期間中ずっと元本が減らない保証があることを指す。運用期間中に元本が減ることを「元本割れ」という。

投資信託に関わるお金の流れ

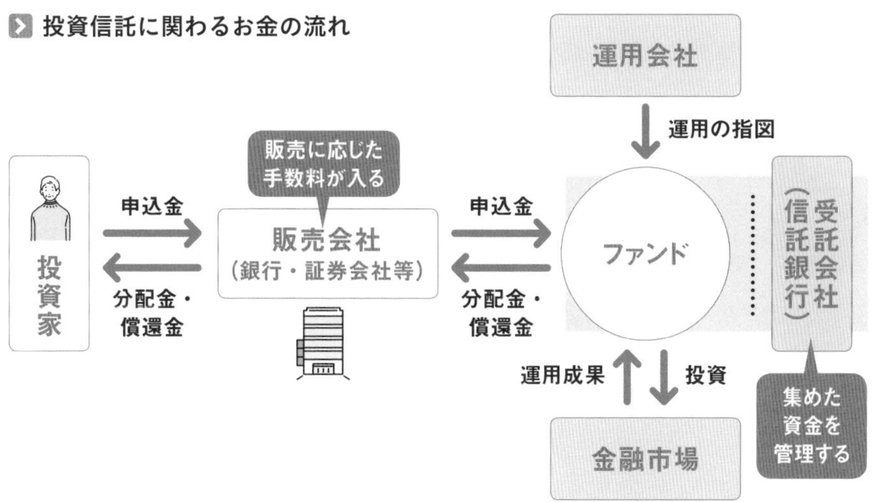

保険販売に関わるお金の流れ

なお、従来の保険商品は、設計・企画から販売、運用まですべて保険会社が行っていました。現在は銀行や信託銀行などが代理店として保険を販売し、加入以降は保険会社が関わるという体制が一般化しました。

保険を販売した銀行は、保険会社から代理店手数料を受け取ります。例えば、生命保険の販売で支払保険料の50％程度（１年目）、**医療保険**で支払保険料の40～60％程度（１年目）、個人年金保険で販売額の３～４％程度が銀行に入ります。

なお、代理店手数料を開示する法的な義務はありません。しかし「投資信託は販売手数料を開示しているのに、保険が代理店手数料を開示しないのはおかしい」という世論や金融庁の圧力から、2016年頃から一部の大手銀行が自主的に開示するようになり、そのほかの銀行も追従しています。

医療保険
疾病や負傷などに対して、被保険者の医療費などを保障する保険商品のこと。

Chapter3 06

バブル崩壊後、生き残った銀行の現状

現在の銀行の財務体質はどうなっているのか？

バブル崩壊やリーマン・ショック後の世界金融危機など、数々の波をくぐり抜けてきた現在の銀行。その財務体質は大手銀行を中心に良好になりつつありますが、地方銀行はいまだ苦しい局面が続いています。

ピンチは脱した大手銀行

バブル崩壊後に銀行が抱えていた不良債権額は2002年にピークを迎え、都市銀行分は合わせて約23兆円、地方銀行分は計約15兆円に達しました。しかし、その処理は2006年にはほぼ完了し、2008年には三菱UFJ銀行・三井住友銀行・みずほ銀行・りそな銀行の４行合わせて３兆円台まで減少。リーマン・ショック後の混乱で一時４兆円台まで増加しましたが、その後また３兆円台まで減少しています。

銀行の安全性や健全性は、**格付け機関**が発表している「格付け」によって表されます。なお、現在は３大メガバンクとも同水準で「ほぼ良好」という評価をされています。

格付け機関
金融機関の財務体質について、さまざまな観点から分析・公表している民間企業。信用力の高い格付け会社は、アメリカのMoody'sやStandard&Poor's、イギリス・アメリカに拠点をもつFitch Ratings、日本の格付投資情報センター（R&I）など。

銀行の健全性を示す自己資本比率

格付けとともに、銀行の財務体質の健全性を表すのが「自己資本比率」です。自己資本比率とは、総資本に対する自己資本（株主資本と評価・換算差額などを合わせた金額）の比率のことで、海外に営業拠点をもつ銀行は国際統一基準で計算しています。有名な国際統一基準は44ページで解説した「バーゼルⅢ」で、総自己資本比率を8.0％以上に保つよう求められています。

一方、国内拠点のみの銀行は4.0％以上を保つよう定められています。計算方法が国際基準と若干異なるものの、国際基準のハードルの高さが分かります。

さらに世界的に重要な銀行30行（G-SIBs）は、自己資本比率の積み上げや総損失吸収力規制（TLAC）も加わることで、より厳しい財務体質の健全化を求められています。このG-SIBsには日本の３大メガバンクも含まれているため、その対策が急務です。

3大メガバンクとりそな銀行の格付け

	三菱UFJ銀行	三井住友銀行	みずほ銀行	りそな銀行
スタンダード&プアーズ	A	A1	A	A
ムーディーズ・ジャパン	A1	AA+	A1	A2
日本格付研究所（JCR）	AA	AA	AA	AA−
格付投資情報センター（R&I）	AA−	AA−	AA−	A+

銀行の自己資本比率の重要性

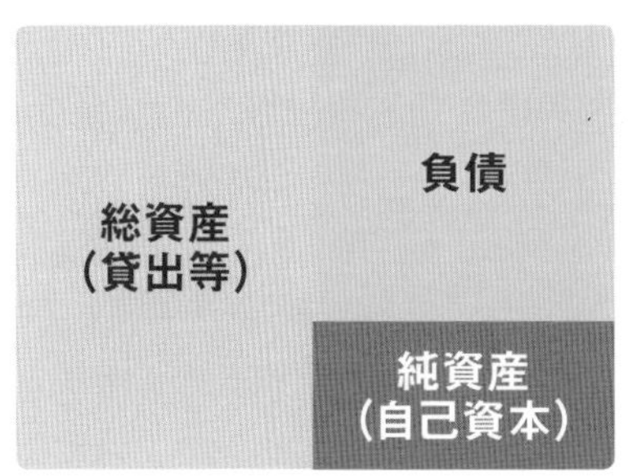

自己資本比率

$$= \frac{\text{自己資本}}{\text{総資産}} \times 100$$

貸付けした資金が不良債権化した場合、銀行は自己資本金から補てんする。そのため、高い自己資本率が求められる

財務体質の改善を急ぐ地方銀行

バブル崩壊後、地方銀行の不良債権処理はなかなか進まず、2004年には都市銀行よりも不良債権額が多くなり、2018年度決算でも約4.8兆円が残っています。その原因は、都市銀行のようにスピーディーな経営方針の転換ができなかったこと、国内の人口減少、地域の過疎化、地場企業の不活性化などさまざまで、合併や再編で消えた地方銀行もありました。

現在も、本業である銀行業務の**利益率**が実質マイナスの銀行も少なくなく、その不安定さは格付けにも表れています。横浜銀行や福岡銀行など体力のある地方銀行は安定的とされているのに対し、福島銀行や筑波銀行などはネガティブと判断されています。地方銀行にとっても、財務体質の改善は最優先事項の１つです。

利益率
（預貸金利回り差×貸出金残高＋役務取引等利益－経費）÷総預金で表わされる。

撤退した海外業務に、再度進出した理由

国際業務からの収益

銀行における国際業務には、海外融資業務やプロジェクトファイナンス、外国為替業務、海外進出支援などがあります。銀行はそこから利ザヤ収入や手数料収入、アドバイザリー報酬などを得ています。

海外融資業務やプロジェクトファイナンスによる収益

バブル崩壊後の不良債権処理のため、一度縮小した海外業務ですが、近年日本の国内市場だけでは収益が不足することから、国際業務に注力する銀行が増加しています。国際業務のメインプレイヤーといえば三菱UFJフィナンシャル・グループですが、ほかの都市銀行や地方銀行も戦略的に海外業務を行っています。

海外企業向けの融資は、現地の外国企業に向けて銀行の海外支店が融資するほか、日本企業が海外進出した際に、その企業の現地法人に向けて銀行の海外支店が融資をする方法もあります。融資によって利ザヤ収入を得るしくみは国内融資も同じですが、海外融資にはカントリーリスクや為替リスクなども関係するため、貸出の審査がさらにシビアになっています。

特定事業に対して融資を行う「**プロジェクトファイナンス**」も、銀行がリーダーシップを発揮できる国際業務です。銀行は主に、プロジェクトファイナンスに必要な助言（ファイナンシャル・アドバイザリーサービス）や、共同で融資をするシンジケートローン団の組成などを行い、そのはたらきに応じて手数料収入や利ザヤ収入を得ています。

プロジェクトファイナンス
特定の“事業”に対して融資を行うもの。その事業から生み出されるキャッシュフローで返済をするほか、融資の担保も対象事業の資産に限定できる。大規模なインフラ開発が対象になりやすい。

国内企業の海外進出支援による収益

国内企業が海外、特にアジア圏へ進出する機会が増えているのを受け、銀行は海外進出を支援することでコンサルティング報酬やアドバイザリー報酬などを得ています。その業務内容は、現地の情報提供や現地企業とのM&A、事業・財務戦略支援などとても幅広く、顧客企業のニーズに応じて柔軟なサービス提供をしています。

プロジェクトファイナンス業務のしくみ

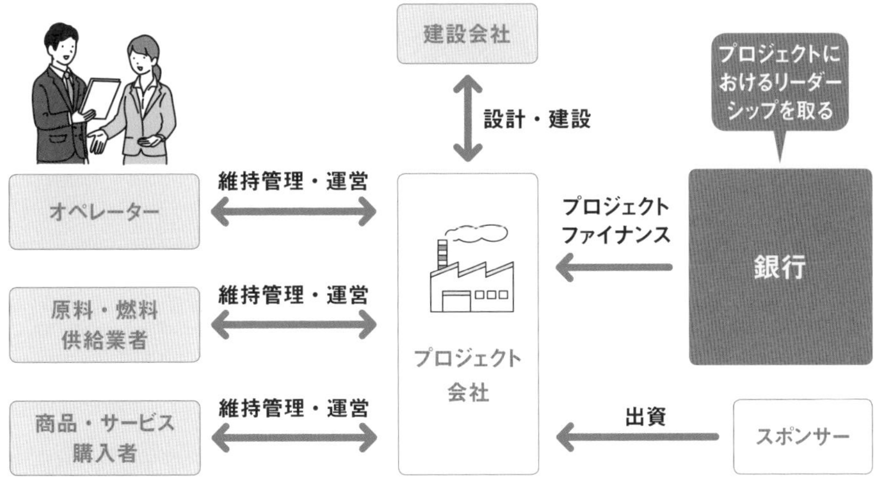

近年は地方銀行も海外進出支援やプロジェクトファイナンスに注力しており、新興国に進出する日本の中小企業に対して、地方銀行と**国際協力銀行（JBIC）**が協調して融資した例も、ここ4年間で約4倍に増えました。例えば、アメリカでの液化天然ガス（LNG）開発プロジェクトに千葉銀行や静岡銀行が参加、トルコで最大規模となる総合病院を設立した企業への協調融資に伊予銀行が加わっています。稼働後の海外プロジェクトの債権を地方銀行が買い取った事例もあり、何らかの形で海外案件に関わろうとする地方銀行の姿勢がみてとれます。

国際協力銀行（JBIC）
日本や国際経済社会の健全な発展のために、融資・投資を行う政策金融機関（政府系金融機関）。

外国為替業務からの収益

外国宛の送金や外国からの送金の受け取りなど、海外とお金のやり取りをする外国為替業務。外国の銀行と取引する際には、現地の銀行と必ずしも取引契約が結ばれているわけではないため、国際銀行（支払銀行やコルレス銀行という）を中継して手続きをしています。日本ではこの国際銀行業務を三菱UFJ銀行がほぼ独占しているので、同行には支払銀行手数料（コルレス手数料）が収益として入ってきます。

Chapter3
08

銀行の顔である支店は、お金がかかる？

支店運営に関する さまざまなコスト

銀行の支店運営には、店舗の賃料や人件費などさまざまなコストがかかっています。銀行では、その内容を適宜見直し、よりコストを削減できるよう工夫が続けられています。

支店運営を圧迫する賃料と人件費

支店運営コストの大部分を占めるのが、店舗の賃料と人件費です。銀行への来店を促進するためには、駅前やそのエリアの一等地など立地のよい場所に出店するのが理想ですが、その場合、建物の賃料が高額になります。また、銀行の建物には、窓口など顧客対応スペースよりも、行員が働く営業室や膨大な書類を保管する保管庫、厳重に現金を保管する金庫室など、バックヤード部分に広い面積が必要です。多くの行員を抱えるため、食堂や更衣室などの厚生設備を設けることも多く、さらに不動産コストが膨れ上がります。

人件費も多くのコストがかかる部分です。実際に給与を支払っているのは銀行本部ですが、その支出分を各支店の支出項目として割り当てています。つまり、人的サービスを充実させるために本部に要請して人材を確保すると、その分人件費がアップし店舗としての採算が悪くなってしまうのです。

銀行の業績が好調だった時期は賃料や人件費が多少高くても問題ありませんでしたが、収益が減少している昨今は真っ先にメスを入れたい支出項目になっています。

支店運営を支えるATMや機械のコスト

銀行の支店にはさまざまなシステムや機械が導入されています。顧客がよく利用するATMは、1台の初期導入費用に数百万円、月間コストに約30～40万円、業界全体で何と年間2兆円ものコストがかかっているといわれています。24時間利用できるので顧客にとっては大変便利ですが、そのためには24時間起動しておく必要があるため、全体では莫大な電気代や維持費用がかかっ

支店運営のコスト

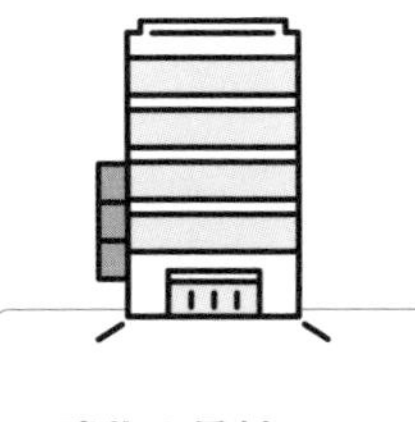

●建物の賃料
●警備費用
●水道光熱費

●ATM設置費
●ATM運営費
●警備費用

●人件費

●各種パンフレット費用
●各種伝票費用

●システム機器設置費用
●システム機器管理費

●印鑑照合等、管理・機器設置費用
●現金関連機器管理・設置費用

ているのです。

このほか、窓口にはお金をカウントする機械や、ペーパーレス化のためのタブレットなどが置かれています。窓口後方では預金や送金などの事務手続きをするため、パソコンや**オープン出納機**などが設置されています。このように、支店のさまざまな場所で多くの専用マシンが利用されています。これらの導入費・維持費も支店経営において必要なコストです。

しかし、業績を復調させるため、店舗経営コストを見直す銀行が非常に増えています。ある銀行では、スタッフ一人ひとりが営業や事務など複数の役割を掛けもちして人員を削減し、その分窓口やスタッフルームなどの店舗スペースをスリム化しました。ほかに、インターネットバンキングやキャッシュレス決済の普及によりATM利用が減少傾向であることに着目し、賃料の高い1階から、賃料の安い2階や3階でATMを置かずに運営する“空中店舗”も誕生しています。

オープン出納機
銀行のシステムとつながっている出納機のこと。現金を入金するだけで現金計算や精査をしてくれるが、銀行で導入するタイプは大型で非常に高額である。

Chapter3
09

財務データから導き出せること

3大メガバンクの最新収益

三菱UFJフィナンシャル・グループ、三井住友フィナンシャルグループ、みずほフィナンシャルグループの最新決算（2019年3月期）から、銀行業界をけん引する3大メガバンクの財務状況をみていきましょう。

3大メガバンクの事業規模を総資産から読み解く

三菱UFJフィナンシャル・グループ（三菱UFJ・FG）、三井住友フィナンシャルグループ（三井住友FG）、みずほフィナンシャルグループ（みずほFG）の最新決算をもとに、各銀行の財務状況を把握しておきましょう。

まず、事業規模は**総資産**から読み取ります。三菱UFJ・FGは約311兆円、三井住友FGは約203兆円、みずほFGは約200兆円と、三菱UFJ・FGが大きく抜け出ている状態で、このパワーバランスは近年ほぼ変化がありません。

総資産
流動資産や固定資産、繰延資産など、会社のすべての資産を合算したもの。

次に、全体的な収益力は粗利益を参考にします。各銀行の粗利益（連結業務粗利益）は、三菱UFJ・FGが約3.7兆円（前年度▲3.3%）、三井住友FGが約2.8兆円（前年度▲4.5%）、みずほFGが約1.8兆円（前年度▲8.4%）でした。3行とも収益の増加した業務はあったものの、市場関連収益が伸び悩み前年度マイナスという結果になりました。

経営の安全性を示す自己資本比率（総自己資本比率）は、三菱UFJ・FGが16.03%、三井住友FGが20.76%、みずほFGが18.85%でした。そのうち、バーゼルIIIで2019年より規制された「**普通株等Tier1比率**」は、三菱UFJ・FGが12.23%、三井住友FGが10.3%、みずほFG10.71%と、3行とも新基準となる7%をクリアしています。

普通株等Tier 1（ティア ワン）
バーゼルIIIにおいて、質・量の向上を求める新たな自己資本比率規制として導入された指標で、7%を超えることが求められている。CET1比率ともいう。

また、投資家へのアピールにもなる株式の配当金・**配当性向**は、三菱UFJ・FGが22円・32.9%、三井住友FGが180円・34.6%、みずほFGが7.5円・30%程度でした。

三菱UFJ・FGのみ2019年度の増配を見込んでおり、その結果が期待されています。

配当性向（はいとうせいこう）
その期の純利益（税引後利益）の中から、配当金をどのくらい支払っているかを示した数値。

3大メガバンクの財務データ（2019年3月期）

	三菱 UFJ・FG	三井住友 FG	みずほ FG
総資産（億円）	3,111,389	2,036591	2,007,922
預金（億円）	1,801,712	1,223,250	1,243,110
貸出金（億円）	1,077,731	779,292	784,569
自己資本比率	16.03%	20.76%	18.85%
普通株式等 Tier 1 比率	12.23%	10.3%	10.71%
不良債権比率（%）	0.49%	0.76%	0.62%
連結業務粗利益（億円）	37,257	28,462	18,277
役務収益額（億円）	14,293 （信託報酬＋役務取引等利益）	10,599	4,711
業務純益（億円）	10,785	11,923	3,933
親会社持株純利益（億円）	8,726	7,267	965
配当金（円）	22	180	7.5
配当性向（%）	32.90%	34.60%	30%

COLUMN3

銀行収益を支える富裕層

銀行のVIPルームでは何が起きている？

「銀行にはVIPルームがある」という噂を聞いたことはないでしょうか？飛行機のファーストクラスサービスと同様、たしかに銀行には、顧客を接待するための応接室や、応接室よりも豪華な調度品のあるVIPルームが存在します。

銀行で口座を開設をすると、銀行の“顧客”になります。銀行には、膨大な顧客情報を集約した“顧客リスト”があり、銀行の営業担当者は、顧客の居住するエリアや預金の預かり金額で分けられた顧客リストの一部を渡され、そこに記載された顧客に営業をかけています。預金額1,000万円以上など一定金額以上を預けている個人の大口顧客には、外回りをする渉外担当者が顧客の家まで営業に行ったり、銀行にあるVIPルームや応接室で対応したりするのです。また、法人融資業務のある支店では、商談を応接室やVIPルームで行うのが一般的でしょう。

大きな資産をもつ個人の富裕層や、取引額の大きい法人への待遇を厚くする理由は、もちろん、顧客とのリレーションを強化して商談を成功させたいからです。例えば、投資信託の販売手数料収入が３％だったとします。10万円分しか購入しない顧客の場合は、収益はたった３千円ですが、1,000万円分の取引を成功させれば、その100倍の30万円が収益になります。つまり、多くの人に少額で販売するよりも、預金額の多い顧客に販売したほうが、銀行にとって営業効率がよいのです。

そのため、「ここは外せない！」という商談には、渉外担当者に加えて先輩や上司がサポートに入ることも多く、法人取引では支店長が登場するケースもあります。VIPルームではお茶を出されるのはもちろん、サービス品を進呈されることも。銀行はあの手この手で、顧客を掴んで離さないようにしているのです。

主な富裕層向けのサービス

・各種送金手数料等の優遇
・大口定期等の金利優遇
・貸金庫の無料サービス
・電話での無料健康診断
・イベント等への招待

第 4 章

銀行で取り扱うさまざまな金融商品

金融自由化以降、銀行はさまざまな金融商品を販売できるようになりました。そして今や、金融商品の販売による手数料収入は、銀行の収益の柱の１つとして考えられています。銀行が取り扱っている金融商品はどういったものなのでしょうか。その種類としくみを知っておきましょう。

Chapter4
01

同じ金融でも、まったく異なる業務体制

銀行と証券会社の違い

証券会社は銀行と同じように投資商品を販売する金融機関と認識している人もいますが、実は、その成り立ちや業務内容はまったくの別物です。銀行と証券会社の違いについて知っておきましょう。

証券会社誕生までの歴史

証券会社で売買される「株式」は株式会社が発行しています。その、株式を発行する「株式会社」の起源は、1602年にオランダで設立された**東インド会社**だといわれています。ヨーロッパからアジア圏への航路が開かれ、その貿易のために作られた“世界最初の株式会社”で、貿易に必要な船を作ったり、船員を雇ったりと多くのお金を扱っていました。このため、大勢の人から出資を受け、それで得た収益を分配するという株式のしくみが誕生しました。

東インド会社
貿易目的として設立された株式会社だったが、インドネシアの植民地化の重要機関でもあった。1798年解散を宣言した。

株式取引のため世界初の証券取引所は、1602年にオランダで設立された**アムステルダム証券取引所**です。その後、次第に他国でも株式の売買が始まり、取引は活発化していきました。株式売買はコーヒーハウス（コーヒースタンド）など売買仲介者たちの溜まり場で行われるようになり、1773年にはジョナサンズ・コーヒーハウスがロンドン証券取引所に、株式の売買を仲介していた人たちが証券会社へと変貌しました。

アムステルダム証券取引所
東インド会社によって設立された。2000年9月に、パリ証券取引所、ブリュッセル証券取引所と合併し、ユーロネクストが設立されたことで、単独の証券取引所ではなくなった。

その後、1817年にニューヨーク証券取引所、1878年に東京と大阪に株式取引所が開設されます。なお、日本最古の証券会社は同年に創業した黒川幸七商店（現：あかつき証券）です。

なお、現在の証券会社の主な業務内容は、①委託売買（ブローカー）：投資家から株式や債券などの売買注文を受けて市場へ取り次ぐ業務、②自己売買（**ディーラー**）：集めた投資家のお金を集約して運用する、③引き受け・売出し（アンダーライター）：企業が新規発行する株式や債券を引き受けて代わりに販売したり、売れ残ったものを買い取ったりする業務、④募集・売出し（セリング）：新規発行される株式や発行済み株式の購入を、投資家に

ディーラー
銀行自身の自己資金を運用するのがディーラー業務。対してトレーダーは、自己資金を使わずに顧客資金の仲介業務を行う。

証券会社のしくみ

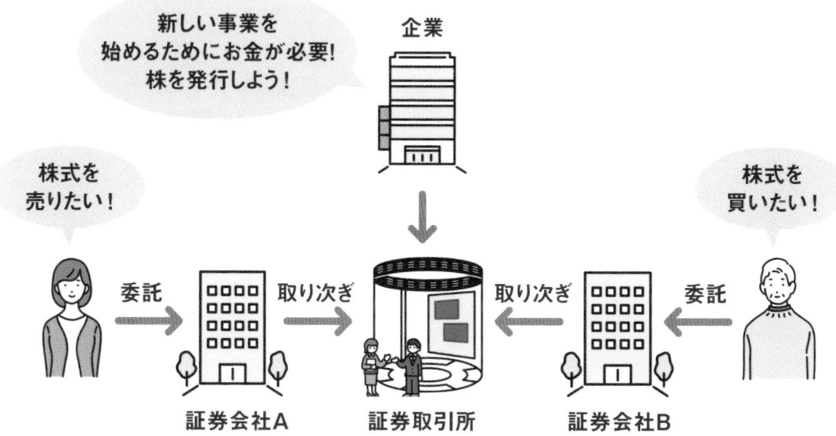

案内する業務、の4種類です。

これらの業務による委託手数料や運用収益、投資信託の信託報酬などが証券会社の利益になります。

証券会社は証券売買の業務のみを担う

銀行と証券会社の最大の違いは、一般的な銀行業務が融資・預金・為替の三本柱で成り立っているのに対し、証券会社業務は証券売買一本に集約されていることです。銀行は証券会社のように**リスク資産**とされる株式や**FX**を扱えない一方で、より幅広い業務をカバーする必要があるのです。

この業務範囲の違いは、顧客に対するサービスのとらえ方が影響しています。銀行は預金業務の延長として、投資信託などの投資商品を提案しています。よって比較的値動きが少なく安定性のある資産形成を観めるのが普通です。一方、証券会社は株式・債券投資などで積極的に資産を増やすことを求められます。そのため、損失のリスクがあっても収益(リターン)を期待できる商品を提案するのが一般的です。

ちなみに、適用される法律も異なり、銀行は主に銀行法、証券会社は証券取引法が改正された金融商品取引法により規制されています。しかし、銀行は銀行法以外にも多数の法律で規制されているため、銀行に対する規制のほうが厳しいといえるでしょう。

リスク資産
株式やコモディティ、不動産など、元本変動が大きい投資商品のこと。ハイリターンが期待できる半面、大きな損失を被る可能性(ハイリスク)もある。

FX
Foreign Exchangeの略。日本円と外国通貨を売買し、その差益を狙う取引のこと。

Chapter4 02

すべての人が利用したことがある銀行のサービス

円預金と預金を保護する制度のしくみ

日頃から多くの人が利用している円建ての預金。円建ての預金といっても普通預金や当座預金など、その商品性はさまざまです。顧客の預金を安全に預かるための預金保険制度については、必ず理解しておきましょう。

利便性の高い普通預金と当座預金

銀行で新規の口座開設をすると、まず「普通預金」から作成することが多いでしょう。普通預金とはいつでも出し入れできる預金のことで、預金商品のなかで金利は一番低いものの、その利便性の高さが利点です。預金額に応じて各種手数料などの優遇サービスがつく「スーパー普通預金」や、学生客の囲い込みを狙った「学生向け普通預金」など、銀行によって独自の商品もあります。

20歳以上の成人が口座を作る場合、口座の種類を指定しない限り、普通預金と定期預金が一体となった口座が開設されます。この口座は「総合口座」と呼ばれ、普通預金や定期預金、**公共債**などの預金と当座貸越機能が一体になった口座です。そのため、総合口座通帳は1冊のなかで、普通預金と定期預金のページに分かれており、それぞれ別々に記帳できるようになっています。

総合口座の特徴は、総合口座貸越（自動借入）ができることです。総合口座貸越とは、普通預金の残高が不足したとき、同じ口座の定期預金を担保にして不足額を自動借入れできるサービスで、銀行によって限度額は異なりますが、基本的には定期預金額の90％、公共債の80％が借入可能です。急遽お金が不足したときに便利なサービスですが、借りている期間と金額に応じて利子が発生します。一方で、法人や個人事業主がよく利用するのが、**決済用口座**の「当座預金」です。普通預金と違って当座預金は手形や小切手が利用でき、銀行と**当座貸越契約**を結ぶことで、残高がなくても支払いができるようになります。また、万が一銀行が破たんした場合でも預金が全額保護されるため、企業間の商取引でよく利用されています。ただし、金利がつかないほか、ATMによる入金・出金はできません。

公共債
国や地方団体が発行している国債や地方債のこと。銀行でも購入できる。

決済用口座
法人や個人事業主が、小切手・手形の支払いを目的として開設した口座。

当座貸越契約
事前に審査を受けておくことで、制限の範囲以内であればいつでも融資を受けられるしくみのこと。

預金保険の保護範囲

	預金の分類	保護の範囲
決済用預金	当座預金・利息のつかない普通預金（無利息・要求払い・決済サービスを提供できる）など	全額保護
一般預金等	利息のつく普通預金・円定期預金・定期積金・元本補てん契約のある金銭信託（ビッグなどの貸付信託を含む）・金融債（保護預り専用商品に限る）など	合算して元本1,000万円までと破綻日までの利息等を保護 1,000万円を超える部分は、破綻金融機関の財産の状況に応じて支払われる（一部カットされる場合がある）
預金保険の対象外預金等	外貨預金、譲渡性預金、金融債（募集債及び保護預り契約が終了したもの）など	保護対象外 破綻金融機関の財産の状況に応じて支払われる（一部カットされる場合がある）

顧客の預金を守る預金保険制度

預金保険制度とは、万が一金融機関が破たんした際に、顧客への被害を最小限にとどめるためにできた制度です。日頃から、金融機関は**預金保険機構**に預金保険料を支払っています。もし制度に加盟する金融機関が破たんした際は、そこからお金を出して損失分を補てんするのです。

預金保険制度で保護されている預金は、当座預金や普通預金、定期預金などで、リスクがある外貨預金や譲渡性預金、投資信託などの運用商品は対象になりません。また、当初は、預金保険制度によって顧客の預金が全額保護されていましたが、2005年4月以降は、当座預金などの無利息預金は全額保護されるものの、普通預金と定期預金などは、1金融機関当たり元本1,000万円＋利息部分しか保護されなくなりました。この「**ペイオフ**」対策として、資産家はいくつかの銀行に分けて預金することが一般的になっています。

預金保険機構
1971年に制定された預金保険法で定められた組織。政府・日本銀行・民間金融機関の出資により設立された。

ペイオフ
破たんした金融機関に代わって預金保護機構が顧客に預金を払い戻すこと。

Chapter4
03

円の定期預金にもさまざまな種類がある

円定期預金の種類と金利

近年、金利は低くなっていますが、資産を安全に増やす方法として利用する人が多い円の定期預金。その種類や金利の決まり方について学びましょう。また、金利部分を再投資するかどうかで、資産の増え方も変わります。

定期預金の概要と種類

定期預金は、一定期間預け入れる約束をする代わりにあらかじめ決められた金利（利息）収入を得られる預金で、リテール商品の基本中の基本です。定期預金の預け入れ期間は1ヶ月〜10年などさまざまで、長期で契約する商品ほど最終的に得られる利息が高くなります。定期預金は約束した「満期」まで保有するのが原則ですが、満期までもたず途中で解約（中途解約）することも可能です。中途解約しても元本割れすることはないものの、受け取れる利息は予定よりも減少します。

多くの場合、一般的な定期預金は「スーパー定期」と呼ばれます。これ以外に、1,000万円以上など大口の預金に適用される「大口定期」や、毎月一定額を積み立てる「積立定期」などもあり、銀行独自のユニークな商品も発売されています。

なお、定期預金の金利には、適宜変更される「変動金利」と、一定期間金利が変わらない「固定金利」の２種類があります。ちなみに普通預金は変動金利、定期預金は固定金利の商品です。

定期預金の金利は各銀行が独自に設定していますが、ベースになるのは市場での取引に使われる「市場金利」です。市場では一日・１ヶ月・６ヶ月など期間の違う商品が取引されており、その金利をもとに預金商品の金利が決められています。そのため、各銀行で提示する金利が同じような数字になるのです。

一方で、たまに金利が高い“特別金利の定期預金”をみかけますが、これは新規顧客や富裕層を集めるために銀行がコストを払って金利を上乗せしたものです。このように戦略的に金利が決められるケースもあるので、各銀行は常に互いの情報を収集をして、顧客獲得の方法を探っているのです。

リテール
個人向け営業のことを指す。対して、法人向け営業のことはホールセールという。

満期
定期預金を預けたときに定めた満了日のこと。満期を迎えた後は、同じ期間また預ける「自動継続」や、普通預金や現金に変える「払戻し」などが選択できる。

積立定期
毎月決まった積立日に、決まった積立金額を、普通預金口座から自動で積立し、１つの定期預金にする預金商品。

2種類の金利計算方法

●単利式

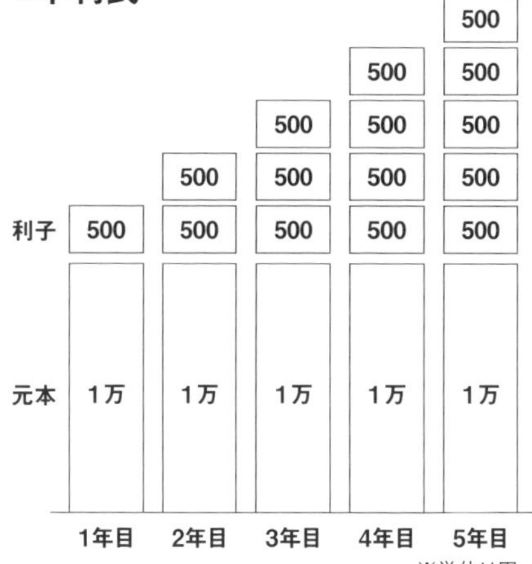

運用した元本に対してのみ利子がつく

5年間、単利で定期預金を組んでいたら、最終的に1万2,500円になった！

●複利式

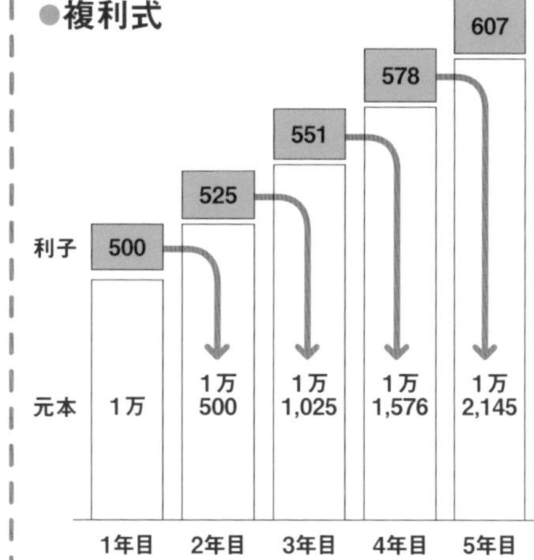

運用する元本に増えた利子を組み入れていく。元本が増えると、その分利子も増える

5年間、複利で定期預金を組んでいたら、最終的に1万2,752円になった！

※年利5％　税引き前の利息額

ONE POINT

覚えておきたい！　単利と複利の違い

定期預金の満期時、利息部分を含めず元本のみを再契約することを「元金継続」、利息部分を含めて再契約にすることを「元利継続」といいます。なお、元本のみ継続する場合の利息の計算方法は「単利」、元利継続の場合の利息計算は「複利」といわれます。

複利を選択すると、再契約した定期預金の元本が「元の元本＋利息部分」と増えるので、複利のほうが預金の増え方は大きくなります。この法則は定期預金だけでなく、株式投資や投資信託にもあてはまるため、多くの人が"複利の力"を活用して預金を増やしています。

Chapter4

04

24時間動き続ける為替相場

外国為替のしくみと外貨預金の制度

近年、円に対する不安や、低金利が続くことに不満を覚えた顧客が、高金利な外国通貨で銀行に預けるケースも増えてきました。この日本円と外国通貨を交換する為替のしくみは、どのようになっているのでしょうか。

各国の通貨が取引される外国為替市場

「外国為替相場」とは、各国の通貨の交換比率（相場）のことで、その通貨を取引する市場を「外国為替市場」といいます。外国為替相場はその需要と供給によって、外国為替市場で取引されて交換比率が決まります。その結果決まった「1ドル＝100円」などの通貨交換比率が、いわゆる為替レート（為替相場）です。

為替取引をみていると、「円高」「円安」という言葉をよく耳にします。円高とは、ある外国通貨に対して円の価値が高い状態、円安は円の価値が低い状態を意味します。なお、円高・円安は対象となる外国通貨との“相対評価”なので、基準の金額が決まっているわけではありません。その通貨の価値が上がると思う人が多いと為替相場は上昇し、下がると思う人が多ければ為替相場は下降します。

為替の変動に大きな影響を与える3つの要因は、経済的要因、政治的要因、気候的要因といわれています。経済的要因は、その国の株価や金利変動、景気などです。政治的要因とは、その国の政府の重要人物の発言や経済政策、戦争やテロなどによる影響のことです。気候的要因とは、地震や火災などの自然災害による被害状況のことです。このような、ある国の情勢による値動きのことをまとめて「カントリーリスク」といい、取引相場でとても重要視されています。また、為替取引は**世界中の外国為替市場**で取引されているため、24時間常に値動きしているという特徴もあります。ちなみに、外国為替市場という場所は存在しておらず、電話やコンピュータを使って売買が行われています。取扱高の多い外国為替市場は、ニューヨーク、ロンドン、そして日本で、「三大市場」と呼ばれています。

世界中の外国為替市場

世界の主要な外国為替市場は、ニューヨーク（米国）、ウエリントン（ニュージーランド）、シドニー（オーストラリア）、東京（日本）、香港（香港）、シンガポール（シンガポール）、フランクフルト（ドイツ）、パリ（フランス）、ロンドン（イギリス）の9箇所。

外国為替市場は24時間動いている

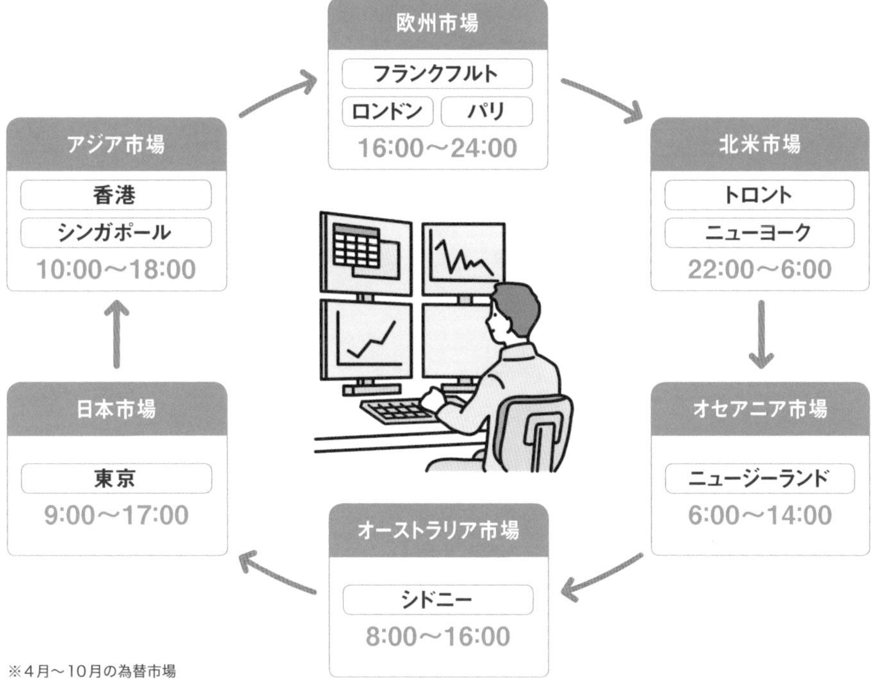

※4月〜10月の為替市場

外貨預金の特徴

外貨預金とは、日本円以外の外貨による預金のことで、「外貨建預金」とも呼ばれます。外貨預金の特徴は、そのときの為替相場によって常に資産価値が変わることです。

例えば、1米ドル＝100円のときに、米ドル預金に100ドルを預けたとします。このときの価値を日本円に直すと100ドル×100円＝1万円です。しかし、その後は円高に振れて1米ドル＝90円になったとしましょう。このときに預金を引き出すと、100ドル×90円＝9,000円と価値が下がった状態で換金することになります。この逆に、円安に振れて1米ドル＝110円になったときには、100ドル×110円＝1万1千円と資産価値は増加します。為替を予測することは難しいため、損をするか得をするかは不確定です。外貨預金は、このような値動きがあるというリスクを知ったうえで保有することが大切です。

Chapter4
05

高い金利がつく人気商品

外貨定期預金のしくみと特徴

外貨建ての定期預金は、通常の円建て定期預金と金利が異なるほか、為替手数料というコストもかかります。銀行の営業員は、為替変動リスクや元本割れの可能性などを顧客にしっかりと説明する責任があります。

外貨定期預金のしくみと金利

日本円以外の通貨を預け入れる定期預金のことを、外貨定期預金（外貨建て定期預金）といいます。扱っている通貨は銀行によって異なりますが、米ドル、ユーロ、オーストラリアドル、ニュージーランドドル、イギリスポンドなどが代表的です。

円預金の金利と同様、外貨定期預金の金利はその国の金利情勢に影響されるため、国によって金利設定が異なります。現在、日本よりも低金利な国は珍しいため、外貨定期預金の金利はいずれも円定期預金よりも高くなっています。

円定期預金との大きな違いは、円から外貨通貨に交換する際に「為替手数料」がかかること。米ドルやユーロなど主要通貨では１ドル当たり１～２円程度、それ以外の通貨では、主要通貨の場合よりも高い手数料が引かれることが多いようです。

為替レートが1米ドル＝100円のとき、10万円を米ドル建て定期預金に入金した場合を試算してみましょう。購入時に適用される為替レートは**TTSレート**（1米ドル＝101円とする）のため、1米ドル＝101円で計算されます。すると、入金できるのは1,000米ドルではなく990.09米ドルになります。その後１年間預けて３％の金利がついたとすると、29.7ドルの利息がついて1019.79ドルになります。それを日本円で出金すると、**TTBレート**（1米ドル＝99円とする）で計算して最終的に100,959円が戻ってくることになります。

なお、利息分に対しても税金がかかるため、実際に顧客に戻る金額は上記の試算よりも少なくなります。このように、外貨定期預金は損益の計算が複雑なため、銀行員は顧客が理解できるよう、より丁寧に説明する必要があります。

TTSレート
Telegraphic Transfer Selling rateの略。対象の外貨を銀行が顧客へ販売するときのレートのこと。

TTBレート
Telegraphic Transfer Buying rateの略。対象の外貨を銀行が顧客から買い取るときに適用されるレートのこと。

各国政策金利の10年間（2006年4月〜2016年3月）の平均

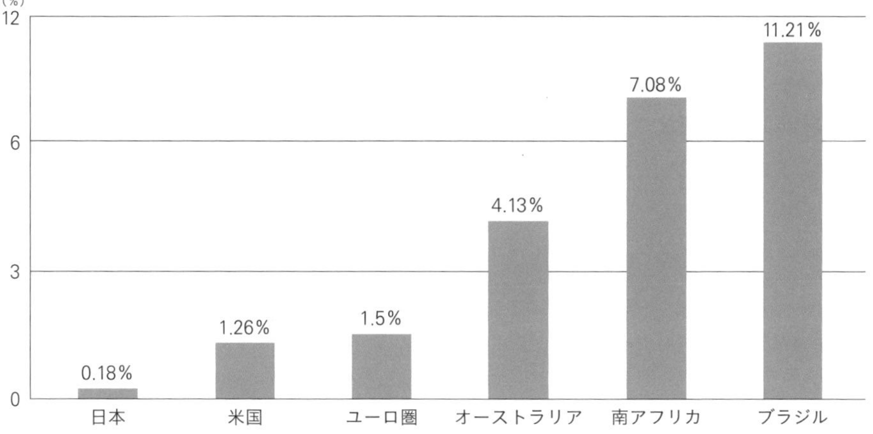

出典：Bloomberg L.Pのデータに基づき作成

外貨定期預金の計算式（1米ドル＝100円）

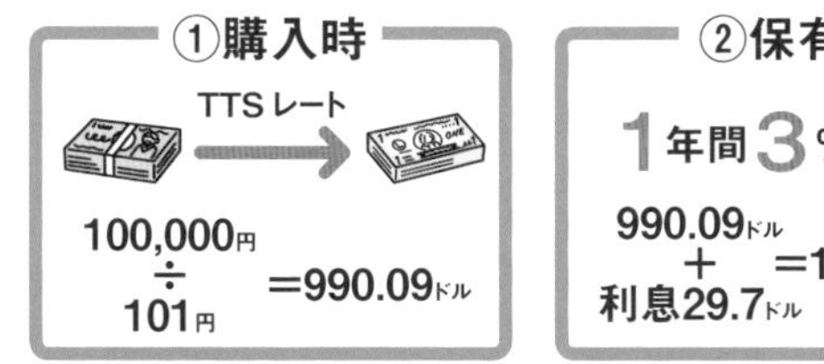

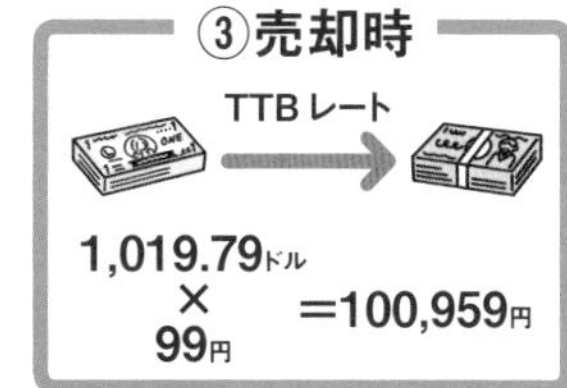

外貨定期預金の為替リスク

外貨定期預金にも当然、元本割れのリスクがあります。預けている間は特に損をすることはありませんが、満期を迎えて引き出す際に、預けたときより円高になっていたら損失が、円安になっていたら利益が出ます。このように、預け入れた時点では満期時に得られる金額が分からない点が外貨定期預金のデメリットといえるでしょう。この点をカバーするため、銀行によっては引き出し時の為替レートを予約できるところもあります。しかし、為替レートを顧客が自由に設定できるわけではなく、予約時の**先物相場**に応じて決定されるしくみになっています。

また、外貨預金は預金保険制度の対象外のため、万が一銀行が破たんした際には、預け入れた金額が返って来ない可能性もあります。銀行が外貨定期預金を販売する際には、これらのリスクや注意点を正確に伝えることが法律でも定められています。

先物相場
契約日（成約日）から2営業日目以降に受け渡しをするときに適用される為替レートのこと。

Chapter4
06

ハイリスク・ハイリターンの複雑な商品性

高度な金融商品 デリバティブ取引のしくみ

デリバティブ（金融派生商品）取引は、将来の価値や権利を取引することで、リスクヘッジや収益の増加を実現することが目的です。難解な金融商品ではありますが、銀行窓口で取り扱われることもあります。

デリバティブとは？

デリバティブとは、株式や債券、外国為替、預金、ローンなどの金融商品から派生した商品のことで、金融派生商品ともいいます。そもそも、デリバティブ取引が生まれた目的は、元となる金融商品のリスクを低下させたり、逆にリスクを増幅させて収益性を追求したりすることです。そのため複雑な構造の商品が多く、ある程度の金融知識がないと取引するのは難しいでしょう。

デリバティブには２つの特徴があります。１つは、**リスクヘッジ**ができることです。市場で取引される金融商品には、価格・為替・金利が変動するリスクが常にあり、最終的に損をするのか得をするのかは商品を手放すときまで分かりません。デリバティブ取引は将来的な商品の価値や権利を事前に取引することで、この「不確実性」を軽減し、リスクヘッジが可能となるのです。

リスクヘッジ
一般的には、危険を避けることを意味する。金融商品においては、相場変動などによる損失の危険を回避することを指す。

もう１つは、収益を増大させることで、スペキュレーション（投機）ともいいます。スペキュレーションとは、デリバティブ価格の値上がりや値下がりを見込んで取引し、短期間で利益を得ようとする取引のことで、通常得られる収益を数倍や数十倍にすることができます。このしくみにより、少ない元手でも収益を上げることが可能になりました。

主なデリバティブ取引の種類と役割

デリバティブ取引の主な種類は、先物・オプション・スワップの３つです。先物取引とは、決められた期日に、その商品を取引時の価格で売買するという契約です。例えば、現在の価値が100円の株の先物を購入したとします。将来、期日を迎えたときの価値が100円を超えれば利益が出て、100円を下回れば損をします。

デリバティブ商品の種類

株式、債権、金利、為替などの金融商品

先物取引
将来における売買の約束を現状の価格で行う取引
●株価指数先物 ●商品先物
●為替予約など

オプション取引
株価や為替などを、将来のある時期に売買する「権利」の取引
●株価オプション ●金利オプション
●通貨オプションなど

スワップ取引
将来の金利や支払いなどを交換する取引
●金利スワップ
●通貨スワップなど

先物取引のしくみ

契約日

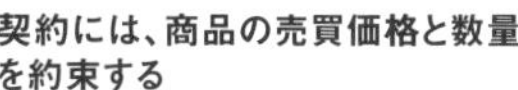
契約には、商品の売買価格と数量を約束する

将来

将来の価格がいくらであっても、約束した価格で売買する

契約日よりも、価格が上がっていれば利益が出る

契約日より価格が下がっていれば損が出る

株の価格が購入時より下がると予測される場合、先物取引では期日前に株を売却して、損失を回避することが可能です。

オプション取引とは、将来のある日付や期間に、商品を一定の価格で取引できる権利を売買することです。例えば、現在50万円の商品が将来値上がりしそうなとき、5,000円でオプションを購入すれば、将来値上がりしたとしても50万円で買えるようになります。ポイントは、権利を行使するかどうかを将来選べることです。もし、購入後に50万円よりも価格が下がったとしたら、オプションを行使しなくてよいのです。この点が先物取引との大きな違いでしょう。

スワップ取引とは、あらかじめ決められた条件に基づいて、将来の一定期間にわたるキャッシュフローを交換する取引のことで、金利スワップや**通貨スワップ**、**クーポンスワップ**などがあります。例えば、変動金利でお金を借りている企業が、将来の金利上昇リスクをヘッジするために「変動金利受け取り、固定金利支払い」と契約します。すると、今後支払う金利が固定されるので、金利が上昇したとしても、そのリスクを回避できるのです。

通貨スワップ
異なる通貨同士で将来の金利と元本を交換する取引。

クーポンスワップ
将来にわたって異なる通貨の金利のみを交換する、通貨スワップの一種。

Chapter4
07

企業がお金を調達する手段の1つ

社債取引のしくみと銀行の関わり方

社債は企業がお金を集める手段の1つで、株式と違って金利や償還期日があらかじめ決まっていることがその特徴です。企業が社債を発行する目的とそのメリット、そして銀行が発行に伴って行う業務は何でしょうか。

企業が社債を発行するメリット

社債とは、企業が発行する債券のことです。同じような商品として、国が発行する国債や、地方自治体が発行する地方債があります。

かんたんにいうと、債券は借用証書やローンのようなものです。投資家から資金を預かる期間（２年〜７年ものが一般的）と金利（クーポン）があらかじめ決められており、多くは6ヶ月ごとにクーポンを出し、最終償還日には、投資家に元本を返還するしくみになっています。

債券と株式の違いは、投資されたお金を返す義務があるか否かです。株式にはお金の返還義務はありませんが、債券には返還義務があります。

企業が社債を発行するメリットは、償還期日と金利が固定されているため、一定期間は安定して資金が集められることです。また、債券と株式は反対の値動きをする傾向があるので、資産調達方法を多様化し、資産価値の変動リスクを分散できるのも利点です。社債を購入する側にとっては、株式に比べて受け取れるクーポンは低いものの、期日が到来したら元本が返ってくるという安心感が魅力になっています。

銀行は社債発行業務を請け負っており、銀行が保証して社債を発行する際は、企業から受け取る保証料が収益となります。さらに、社債の受託会社になれば、引受手数料や償還手数料などの手数料収入も得られます。社債に投資家の資金が流れてしまうと、銀行からの融資が不要になる可能性もありますが、こうした手数料が得られることや、企業との関係性の強化を目的に、銀行は社債発行業務を請け負っているのです。

最終償還日
債券の場合は、投資家に額面金額を払い戻す満期日のこと。投資信託の場合は、運用が終了する日のこと。

返還義務
株式は会社に「出資」、債券は「お金を貸す」という違いがあるため、会社が倒産しても株主に対して出資金を返す義務はないとされている。

保証料
万が一企業が破たんした際、社債の償還を銀行が保証するための料金。保証料を払えば一定金額の社債を無担保で発行できることが多い。

債券のしくみとお金の流れ

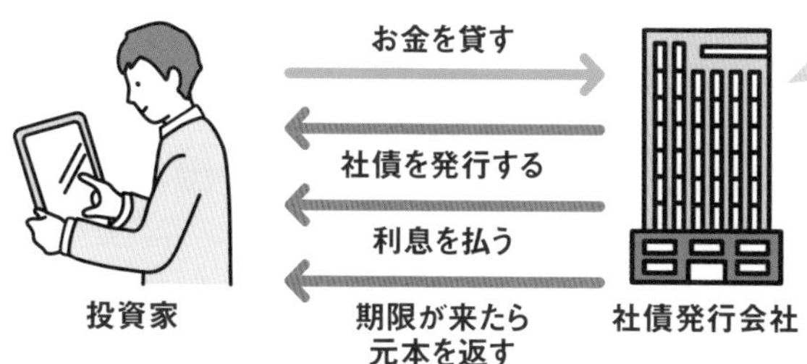

企業の信用力によって社債の利息は異なります。

銀行と社債発行会社の関係

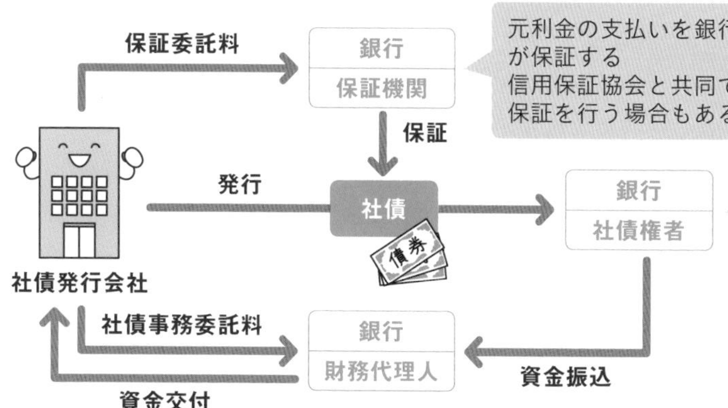

さまざまな社債の種類

社債は大きく分けて「公募債」と「私募債」の２種類があります。公募債は金融機関を通じて多くの投資家に向けて発行する社債で、私募債は少数かつ特定の投資家へ発行する社債です。公募債はさらに数種類に分かれ、普通社債、**転換社債**、**ワラント債**、**劣後債**などがあります。

社債は信用力のある会社しか発行できません。なかでも公募債は発行のハードルが高めですが、発行することで企業の安定性をアピールする材料にもなります。銀行が企業に提案する際は、まずハードルが低めの私募債発行から提案し、それが成功したら公募債発行を検討するケースが多いようです。

社債を購入する顧客には、会社が倒産するリスク（デフォルトリスク）や価格変動リスクがあることを伝える義務があります。特に中途解約時には元本割れの可能性もあるので、満期まで資金を動かすことなく保有できる人に販売するのがセオリーです。

転換社債
一定条件を満たせば株式と交換できる社債のこと。その点がメリットになるため、普通社債よりも金利は低く設定されやすい。

ワラント債
新株予約権付き社債ともいう。通常の社債に加えて、“その企業の株式を一定金額で購入できる権利”も付帯している。権利だけ売却することもできる。

劣後債（れつごさい）
投資家に対する債務の弁済順位が低い代わりに、金利が比較的高く設定されている社債のこと。

Chapter4
08

プロがさまざまな商品に分散して投資してくれる

銀行で取り扱う投資信託の種類としくみ

投資信託には、株式投資信託や債券投資信託などさまざまな種類があります。銀行員はそれぞれの特徴を理解したうえで、顧客にとって最適な商品を提案することが求められています。

投資信託は大きく分けると4種類

投資信託は、ファンドマネージャーというプロが、顧客の代わりに複数の投資先を組み合わせて運用してくれる商品です。少額から投資が始められることや、分散投資でリスクを軽減できるといったメリットをもつ反面、コストがかかり、元本保証がないという特徴もあります。その種類は大きく分けて、株式投信、債券投信、不動産投信、バランス型投信の4種類で、さらに国内ものと海外ものに区別されます。

株式投信は国内株式もしくは海外株式によって運用される商品です。基準価額の動きは比較的大きめで、海外ものは外国為替の影響も受けるため、さらに値動きが激しくなります。元本割れのリスクをある程度許容できて、大きな収益を狙いたい顧客に向いている投信です。

債券投信は国内債券または海外債券で運用される商品で、株式投信に比べて値動きがおだやかな傾向があります。海外もののほうが、値動きが大きくなりやすい一方で、金利が高い債券に投資しているので分配金も増えやすいのが特徴です。

不動産投信は「REIT（リート）」と呼ばれ、不動産の賃貸料収入や売買益から収益が分配される投信です。このうち、日本の不動産だけで組み合わされたものをJ-REITといいます。REITやJ-REITは値動きが比較的激しいため、価格変動リスクを避けたい人には不向きでしょう。

株式や債券など、種類の異なる投資先を組み合わせて運用するのがバランス型投信です。基本的に、株式と債券は逆の値動きをするといわれています。つまり、株式価格が上昇すると債券価格が下がり、株式価格が下がると債券価格が上がりやすいのです。

ファンドマネージャー
投資信託などの投資計画、組み入れ銘柄の選定などを行う、運用における責任者。非常に高度な金融知識が必要とされる。

基準価額
投資信託の値段のこと。どの商品も1万円からスタートする。

分配金
投資信託から収益を定期的に還元するお金のこと。分配金を元本に組み入れる再投資も選択可能。

投資信託の種類による投資対象の違い

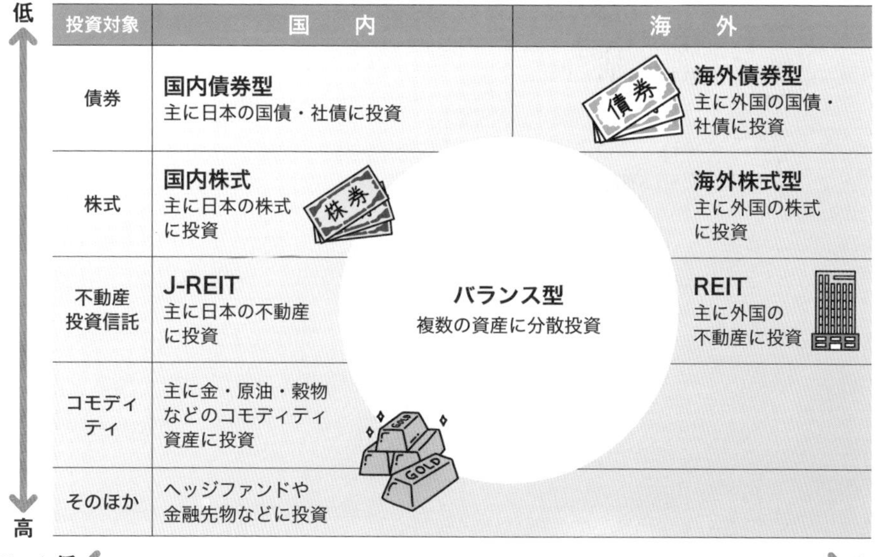

投資対象	国内	海外
債券	**国内債券型** 主に日本の国債・社債に投資	**海外債券型** 主に外国の国債・社債に投資
株式	**国内株式** 主に日本の株式に投資	**海外株式型** 主に外国の株式に投資
不動産投資信託	**J-REIT** 主に日本の不動産に投資	**REIT** 主に外国の不動産に投資
コモディティ	主に金・原油・穀物などのコモディティ資産に投資	
そのほか	ヘッジファンドや金融先物などに投資	

バランス型投信はこの性質を活かし、値動きを抑える効果を期待して作られています。

これら以外にも、日経平均株価やNYダウなどと連動する**インデックスファンド**など、さまざまな種類が販売されています。

インデックスファンド
特定の指標をベンチマーク（連動対象）に値動きをする投資信託。販売手数料がかからないノーロード商品も多い。

外貨で運用されている外貨建て投資信託

日本円ではなく、米ドルやオーストラリアドルなどの外貨で計算・運用されているのが外貨建て投資信託です。外貨建て投信の基準価額や分配金は外貨で表示されます。外貨建て投信は海外債券や海外株式などに投資するため、当然ながら為替変動リスクを伴います。

代表的な商品は「外貨建て**MMF**」で、特定の国の国債など短期債券を中心に運用されています。毎日分配が行われ、その月の分配金を月末にまとめて元本に再投資する点が特徴です。

MMF
MMFとは“マネー・マーケット・ファンド”のこと。格付けの高い公社債などに限定して運用することで、元本の維持や安定的な運用を目指した商品。

なお、円で投資した場合でも、為替変動リスクを負うことがあります。投資対象が海外であれば、円建て投信でも為替変動が関わってくるのです。投資信託の中身に注目して、顧客へ分かりやすく説明することが重要です。

Chapter4 09

金融自由化により、銀行窓口での販売が解禁

銀行で販売する保険商品の種類

銀行では、生命保険や医療保険、個人年金保険など幅広い保険商品を取り扱っており、窓口での保険販売件数も年々増え続けています。保険商品の種類や、円建て保険と外貨建て保険の違いを理解しておきましょう。

取り扱う保険商品の特徴

従来は保険会社でのみ販売していた保険商品ですが、金融自由化により、2001年4月から**団体信用生命保険**や火災保険、2002年10月には個人年金保険、2005年12月には**一時払い終身保険**など、銀行における窓口販売が順次解禁されていきました。そして2007年12月からは、すべての生命保険商品や損害保険商品が銀行で販売可能になっています。

そもそも、保険は「相互扶助」の精神で成り立つ商品です。多くの保険加入者が、万が一のトラブルに備えて保険料をプールしておき、実際に保険金を受け取る条件を満たした人が、事前に決められたお金を受け取れるよう設計されているのです。

銀行では、預金商品や投資信託に代わる資産運用の手段として、一時払い終身保険や個人年金保険を顧客に提案することがあります。これらの商品は、保険金や解約返戻金(へんれいきん)があらかじめ決められている定額型保険と、運用の成果によって金額が変動する変額型保険に分けられます。なお、定額型保険は一定期間保険を解約せずにいれば、元本よりも増える可能性があります。一方、変額型保険は、その運用成績によって受け取れる金額が変動します。変額型保険は、日本や外国の株式型・債券型の投資信託を使って運用されることが多いため、円建て保険だったとしても、価格変動リスクや為替変動リスクがある点に注意が必要です。

団体信用生命保険
通称「団信」。住宅ローンを契約した人が万が一死亡・高度障害になった場合、その後の住宅ローン返済を肩代わりする保険。

一時払い終身保険
一生涯保障が続く生命保険のことで、保険料を一括で支払うものを一時払いという。

外貨建て保険と円建て保険の違い

外貨建て保険とは、米ドルやオーストラリアドルなど外貨で運用する保険商品のことです。外貨建て保険の金額や運用状況は外貨で計算・表示され、受け取り時には外貨もしくは日本円での受

外貨建て保険のお金の流れ

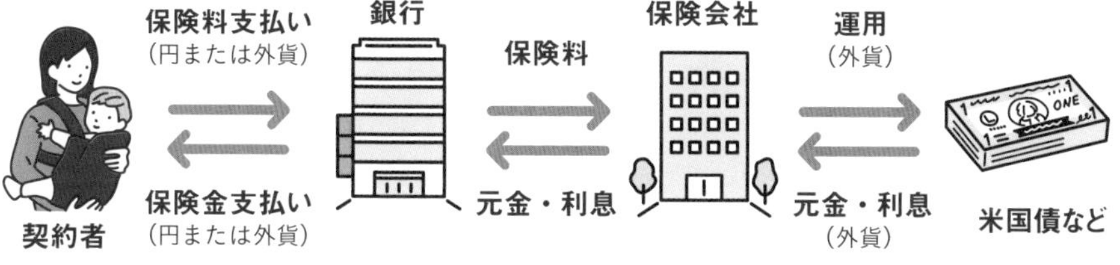

銀行等の代理店で発生した外貨建て保険・年金の新契約に関する苦情件数

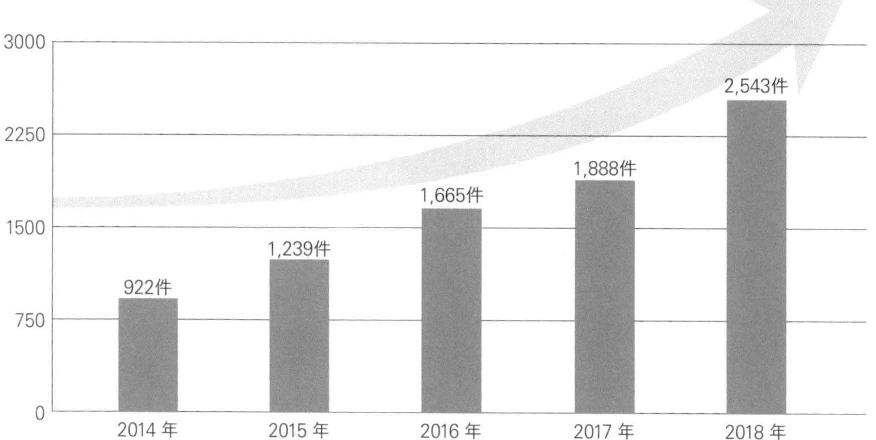

出典：https://www.seiho.or.jp/member/complaint/index.phpより作成

け取りを選択できます。日本円で受け取る場合、投資通貨から円への両替をするため、そのときの為替レートの影響を受けます。例えば、５万ドルの保険金を受け取る場合、１ドル＝90円であれば450万円ですが、１ドル＝110円のときに受け取ると550万円になるのです。

外貨建て保険は、日本の円建て保険に比べて**予定利率**が高いことが多く、より収益を得たい顧客向けの商品です。一方で、外貨が変動する為替変動リスクや、日本円と外貨を交換する際の為替手数料がかかる点に注意が必要です。しかし、顧客からの「契約時にリスクや為替手数料についての説明がなかった」という苦情が多く、直近の６年間で4.3倍にも増加しています。預金者の保護のためにも、銀行側の早急な対策が必要です。

予定利率
保険の契約者に対して約束する運用利回りのことで、保険料を設定する基準の１つでもある。

Chapter4
10

近年、ニーズが増加中の金融商品

信託銀行特有の“信託商品”とは何か？

主に信託銀行が取り扱っている信託商品には、個人向け、法人向け、そして公益や福祉のための商品があります。近年、ニーズが高まっている遺言信託や、そのほかの商品の種類としくみについて理解しましょう。

財産を管理・運用してもらう信託商品

信託商品の基本的なしくみは、ある財産をもっている人が信託銀行にその財産を預け、希望どおりに運用・管理してもらうという構造になっています。例えば、障がい者の家族が信託銀行にお金や有価証券などを信託することで、その受取人である障がい者に対して、一生涯にわたって生活費・医療費などを定期的に渡すことができるのです。信託銀行はこのような信託契約を結ぶことで手数料収入を得ています。

信託商品は個人向け・法人向け・公益や福祉目的の３種類に大別できます。個人向け商品の代表格は、遺言信託や不動産管理信託で、どちらも資産家の個人顧客がその財産を後の世代に残すために活用されます。

法人向け信託には、証券代行業務や**顧客分別金信託**、**担保権の信託**（セキュリティ・トラスト）などがあります。法人が投資家から預かったお金を自社の財産と分けて管理する場合や、企業がもつ財産を流動化して、さらに資産を生み出す場合などに信託商品が利用されています。

公益・福祉目的の信託商品は、個人や法人がその財産を学術や慈善事業、祭祀（さいし）など公益目的のために預け、信託銀行がこれを管理・運用して公益的な活動を行う公益信託や、公益法人やNPO法人などに寄付をし、社会貢献活動を支援する特定寄付信託などがあります。公益団体を立ち上げるよりもかんたんに、公益的な活動ができる点がメリットです。

顧客分別金信託
企業が投資家から預かったお金のうち、投資家に返却すべき分のお金を信託銀行に預け、企業の資産と明確に分けて管理する信託のこと。

担保権の信託
担保権の管理のために設定される信託のこと。担保権を信託していれば、もとの債権だけを譲渡できるようになるので、債権の流通性が向上する。

市場の拡大が見込める相続関連業務・家族信託

人口の多い団塊の世代が退職を迎えた昨今、その財産や遺言を

特定贈与信託のしくみ

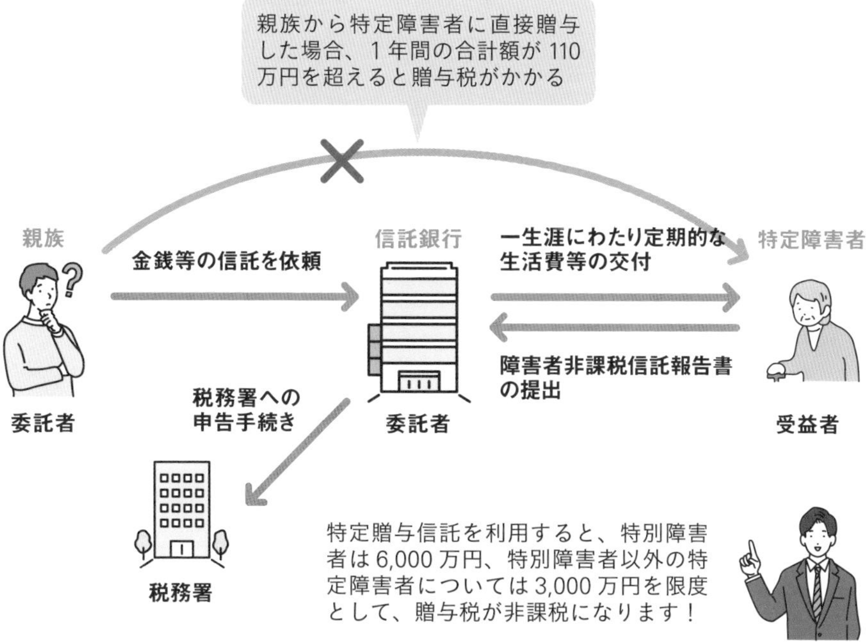

扱う遺言・相続関連業務の件数が増加しています。信託銀行全体での遺言書の保管件数は、2008年3月時点では61,644件でしたが、2019年3月には138,951件と11年で約2倍に増加しています。また、2013年9月時点では41,192件だった**教育資金贈与信託**の受託件数も、2019年3月には220,598件と5年半で約5倍に増加しました。遺言・相続分野で信託商品や併営業務が認知されるようになったことで、利用が増えたとみられています。

教育資金贈与信託
祖父母などが孫の教育資金として信託銀行に財産を信託するもの。1,500万円（学校等以外の教育資金の支払いに充てられる場合は500万円）を限度として、贈与税が課税されない。

今後、注目したいのが「家族信託」です。これは高齢者などが財産の管理・処分を自身の家族に任せる制度で、家族内で契約が完結します。その際、信託銀行は関与せず手数料も発生しないため、資産が少なめの家庭でも利用しやすいのが特徴です。

一方、家族信託には「家族にできる範囲の管理・処分しか行われない」という課題があります。このため、家族信託が普及することで、この制度に満足できない人が信託銀行の信託商品へ切り替えるケースが増え、相乗的に知名度が上がる（＝利益につながる）ことが期待できます。

Chapter4
11

顧客の人生と長く寄り添うための基本

ライフプランニングを重視する営業体制へ

近年、商品単体を提案するのではなく、顧客のライフプランを把握したうえで、必要な商品を提示していく営業スタイルが重視されるようになりました。そのため、銀行員は資産運用に関する総合的な知識が求められています。

ライフプランニングを重視する背景

ライフプランニングとは、一生涯を通じて個人の希望や理想を叶えるための生活設計のことです。「こんな家に住みたい」「こんな生活をしたい」といった希望はお金によって解決することも多いため、ライフプランニングをするときには、生涯にわたる必要資金の計算や貯蓄計画がメインとなります。また、信託銀行の顧客層は比較的高年齢のため、定年退職後の生活について考える**リタイアメントプラン**を作成する機会も多いようです。

リタイアメントプラン
退職後、ゆとりがある老後生活を実現するために、経済的な観点から将来を設計すること。

以前は、銀行や信託銀行に来店する顧客は、預金を目的とした定期預金や金銭信託などの利用がメインでした。しかし、1990年代のバブル崩壊と金融ビッグバン、2008年のリーマン・ショックによる金融危機などの影響で日本は超低金利時代へ突入し、定期預金などの金利が軒並み低下しました。このため、お金をより増やせる金融商品のニーズが生じ、顧客に対して複数の金融商品を提案するようになりました。

しかし、さまざまな商品をむやみに提案するだけでは、真に顧客のニーズに応えているとはいえません。そこで、専門知識を活かして、顧客のライフプランニングをしながら必要な金融商品を提案するという営業スタイルが誕生しました。ライフプランニングには顧客の家族を含めた将来設計を考える必要があるため、必然的に家族単位での相談や長期的な関わりが増加し、結果的に銀行が収益を上げる機会も増加したのです。

顧客保護のためのコンプライアンス遵守

近年、銀行ではさまざまな金融商品を扱うようになり、外貨預金や投資信託など元本割れリスクがある商品も増えています。こ

顧客のライフプランをふまえた提案

結婚

マイホーム購入・出産資金等、家族構成の変動に伴うライフプランの再設計をサポート

就職

人によっては、住宅購入資金・結婚準備資金が必要になる。今後の中長期のライフプラン形成をサポート

子育て期間

学資保険、ジュニアNISAなど、今後の教育費・養育費の資産形成をサポート

家族成熟期間

子どもの結婚資金・住宅リフォーム代金等、充実したセカンドライフが送れるようにサポート

老齢期

退職後の収入減に関わらず安心した老後生活・相続対策ができるようにサポート

のとき、顧客が十分に理解しないまま商品を購入させたり、顧客が必要としない商品なのに銀行員が悪意をもって購入させたりすると、顧客の利益を損ねてトラブルに発展する可能性があります。このような事態を防ぐため、2005年に新設された会社法で、金融機関を含む大手企業に対して**コンプライアンス組織体制**の構築が義務付けられました。さらに、2006年に施行された金融商品取引法にて、投資性の高い商品に対する説明義務が定められました。そのため、銀行はコンプライアンス（法令遵守）に対して特に配慮するようになったのです。

ライフプランニングを行うリテール部門では、元本割れリスクがある商品を提案する際に、顧客を守るためのさまざまな取り組みをしています。「**適合性の原則**」に基づき、顧客の投資経験や投資への考え方をチェックし、購入手続きの際はヒアリングした内容を記述で残す、などがその例です。

コンプライアンス組織体制
内部統制システムともいう。銀行においては、経営の最重要課題としているところも多い。

適合性の原則
金融商品を販売する際に、販売する側が顧客の知識、経験、財産の状況や金融商品を締結する目的と照らして、不適当な勧誘を行ってはならないという規制のこと。

COLUMN 4

毎月分配型投資信託の落とし穴

毎月分配型の投資信託は人気が高い売れ筋商品

銀行で販売している投資信託で人気が高いのは、毎月分配型の商品でした。所有していると一口当たり数十円～数百円の分配金が毎月受け取れるため、「預金の金利や株式の配当を毎月受け取っているような気分になれる」という顧客からの声をよく耳にします。

かつて絶大な人気を誇ったのが、グローバル・ソブリン・オープン（毎月決算型）という投資信託です。この商品は1997年12月から運用をスタート、金融自由化後の2002年頃から認知され始め、2006年12月には5.6兆円もの投資額を集める巨大ファンドになりました。当時は“投資信託＝グロソブ（愛称）”といわれるほど広く認知され、投資初心者からも人気がありました。

しかし2008年のリーマン・ショック後に基準価額が急落、初めて「マイナス」や「損切り」を経験した人も多かったようです。

分配金は運用による利益？

現在も毎月分配型の投資信託は人気ですが、ぜひ知っておいてほしいのは、“分配金＝利益”ではないということです。

分配金とは、投資信託の純資産から支払っているお金です。分配金支払日にはその金額の分だけ、基準価額が下落します。

投資信託の運用成果がプラスの場合は、分配金を出したとしても元本への影響は少なめです。しかし、かつて急落したグロソブのように、運用成果がよくないにも関わらず無理やり分配金を出していると、元本はどんどん目減りします。そして結果的には、分配金込みで計算しても、トータルの収益がマイナスになるという危険性があるのです。

たしかに毎月、分配金がもらえるのは魅力的にみえます。しかし購入する際は一歩踏みとどまり、ファンドの内容や運用成績を確認してから購入しても遅くはないでしょう。

第5章

融資のしくみ

融資業務は、銀行の収益の大半を生み出す重要な業務の1つです。そのため、銀行では個人向け融資から法人向け融資まで、さまざまな種類の融資商品を取り扱っています。銀行が信用の担い手となるために欠かせない業務ですが、そのしくみはどうなっているのでしょうか。

Chapter5 01

法人融資のしくみとプロセス

銀行業務の柱でもある法人融資。融資取引は、法人と銀行が互いに必要性を感じたときに成立します。法人営業担当者と企業の間で融資が実現するまでの流れについて押さえておきましょう。

法人融資取引がスタートするきっかけ

銀行３大業務の１つである融資。その中心は法人への融資業務です。法人融資取引は、すでに銀行に預金用の法人口座をもっている顧客に銀行側から営業をかけることもあれば、融資を受けたい企業側から銀行に依頼することもあります。その際は、融資の基本原則である「公共性・安全性・流動性・収益性・成長性」に基づいて、銀行が審査を行い、双方のニーズを満たす条件で合意ができれば、融資が実行されます。

すでに口座をもっている企業が相手ならば、その企業の経営状況や資金計画を把握していることもあり、融資の提案をスムーズに行いやすいのです。

また、営業担当者が担当エリア内の企業を訪問し、企業の経理・財務担当者とのパイプを作るところから取り組む「新規開拓」も行われています。何度も顔を合わせるうちに信頼関係が構築され、企業側の管理職や決定権をもつ人と商談できるようになると、融資案件の話がまとまりやすくなります。なお、新規開拓営業をする際には、事前に**帝国データバンク**など企業情報を提供している業者に問い合わせ、業績のよい企業から当たると効率的です。

法人融資を実行するまでの手順

法人営業担当者は融資話をつかんだら、その企業の決算書や**財務諸表**を提出してもらったり、企業の担当者から売上額や現在の借入残高など細かい内容をヒアリングするなどして、企業の経営状況や財務状況を分析・確認し、融資の**稟議書**を作成します。

それと同時に、周囲の外堀をうめていく必要があります。法人融資は個人に対する融資よりも貸出額が大きく、使途も複雑なた

帝国データバンク
企業の信用調査を行っている企業。調査した企業ごとに点数をつけているため、「〇〇点以上の会社を回る」といった営業が可能になる。

財務諸表
会社経営における財務上の結果を報告するための書類で、貸借対照表・損益計算書・利益処分計算書・附属明細表で構成される。

稟議書
案件の内容を説明し、会社の承認を得るための書類のこと。銀行においては、融資部や審査部等に書類を下ろすことが一般的。なお、実際に承認を下ろすことを「決裁」という。

▶ 融資を実行するまでの基本プロセス

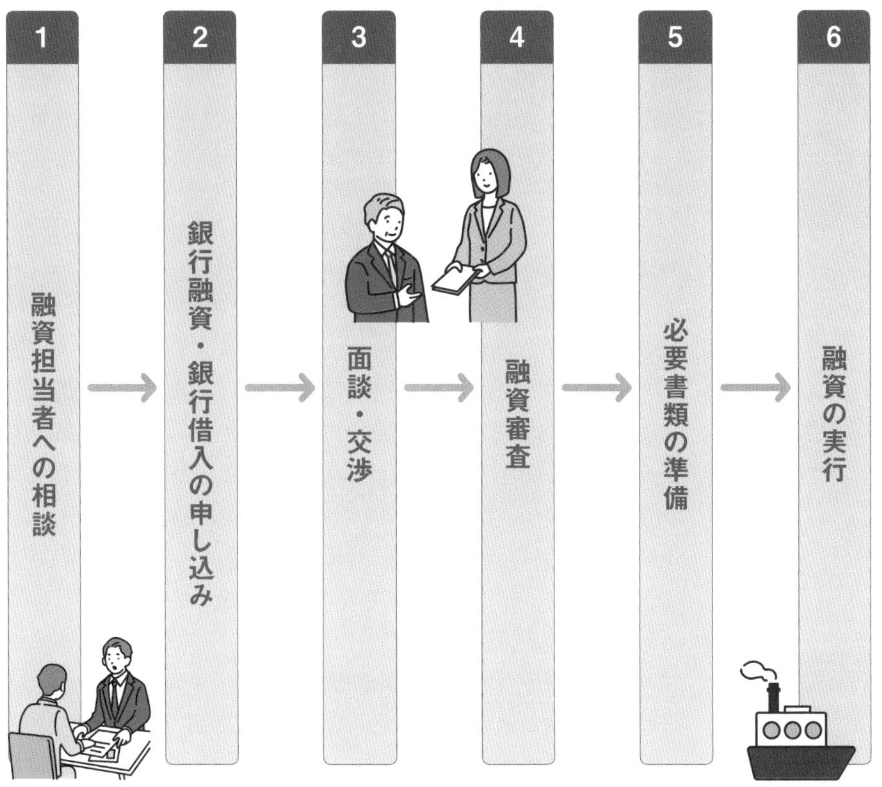

め、審査が厳密で検討する事項が非常に多いのです。融資審査でよい結果を出すには、稟議書を回す前に上司や審査担当に根回しをして、意見を聞いておくことも大切です。

稟議書を作成して根回しも完了したら、いよいよ稟議書を回付します。銀行によって、あるいは案件によって異なりますが、多くの場合、最終的な**決裁権者**は支店長または審査担当部署の部長です。無事に決裁が下りれば融資が可能になります。謝絶された場合は、企業に貸せない旨を連絡するか、条件を変えて再審査を行います。

稟議が決裁されたら、実際に融資を実行します。その形式は手形貸付や証書貸付、商業手形割引、当座貸越などがあります。融資を出した後は、企業側からの返済が始まります。ここから銀行と企業の長い付き合いが始まるのです。

決裁権者
支店長の権限で決める稟議を「支店長専決稟議」、銀行本部の権限で決める稟議を「本部稟議」という。支店長権限が決められており、それを超えるものは本部稟議で決済を得る。

Chapter5
02

顧客に応じて融資方法を変える

さまざまな法人融資の種類と役割

銀行で取り扱っている法人融資には、銀行のプロパー融資と、信用保証協会の保証をつけて貸し出す信用保証協会保証付き融資（通称「マル保」）があり、そのなかでもさらに数種類の融資方法に分かれています。

銀行で扱う法人融資の種類

銀行で扱っている法人融資は大きく分けて２種類あります。銀行単独で貸し出す「**プロパー融資**」と、信用保証協会の保証つきで貸し出す「信用保証協会保証付き融資」です。プロパー融資はすべての責任やリスクを銀行で負います。その種類は、返済期間の取り決めのない専用（特別）当座貸越や一般当座貸越、１年超の長期貸付に利用される証書貸付、１年以内の短期貸出に利用される手形貸付、支払期日になったら銀行に回収される手形割引などさまざまです。

プロパー融資
保証協会などを使わず、銀行が直接融資をおこなうこと。あくまでも、金融用語であって「プロパー融資」という商品があるわけではない。

一方、**信用保証協会**保証付き融資は通称「マル保」と呼ばれ、信用保証協会が８割・銀行が２割の保証をする「部分保証方式」と、信用保証協会が10割保証し、銀行が保証利用状況に応じて負担金を支払う「負担金方式」の２種類があります。両方とも比較的長期の貸出に向いていますが、企業による保証協会への保証料の一括払いが必要です。

信用保証協会
中小企業や小規模事業者の金融円滑化のために設立された公的機関。47都道府県と４市（横浜市、川崎市、名古屋市、岐阜市）にある。

銀行で行われる融資形態

銀行が行う融資形態を勘定科目による分類方法からもう少し詳しく解説していきます。まず「当座貸越」とは、企業の信用力に応じて**極度額**（融資限度額）を設定し、その範囲内で自由に借入れ・返済できる方法です。当座貸越のうち、「専用（特別）当座貸越」は当座預金口座がなくても利用できます。借入れの都度かんたんな手続きをするだけで借入れができたり、専用キャッシュカードでATMから借入れができたりする銀行もあります。

極度額
ここまでなら借りられる、という限度額のこと。一部でも返済したら、またその極度額まで借入可能。

一方、一般当座貸越は当座預金口座を作成をしないと利用できません。この当座預金口座に融資の極度額が設定され、手形の支

当座貸越と専用（特別）当座貸越の違い

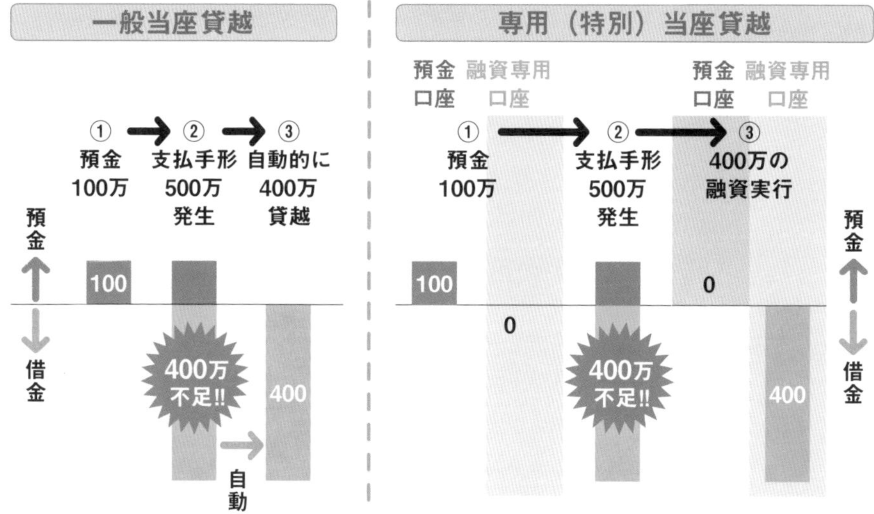

払いなどで当座預金の残高が不足していても、極度額分まで残高がマイナスになってもよいという柔軟性があります。当座貸越による融資は返済期間の取り決めがないので、顧客企業にとって利便性の高い融資方法です。その代わり、銀行の審査もかなり厳しくなるので、信用力の高い企業だけが利用できるサービスです。

「証書貸付」は、専用の書類「金銭消費貸借契約証書」に借入れ金額や期間、返済方法などを記載し、銀行と顧客企業の署名・捺印をして契約を締結する方法です。細かい取り決めがすべて記載されているので、比較的長期かつ金額の大きな融資をする際に利用されます。なお、返済方法は基本的に毎月返済になります。

「手形貸付」は、企業が銀行に対して約束手形を差し入れて融資を受ける方法です。取引に関する情報を記載した別紙を用意することも可能です。手形は証書よりも印紙代が安いので、比較的手軽に利用できます。また、2011年より電子手形制度もスタートし、紙と電子のどちらの手形でも利用できるようになりました。

これ以外の法人融資には、**商業手形割引**や中小企業向けの**スモールビジネスローン**、大規模貸付向けのシンジケートローンなどもあります。企業の信用力と融資内容に最適な形で、さまざまな融資方法・制度が利用されているのです。

商業手形割引
事業の売掛金で他企業から得た手形を、その支払い期日より前に銀行にもち込み、金利（割引料）を差し引いて買い取ってもらう方法。銀行はその手形の商取引による資金の流れを調査すると同時に、手形を振り出した企業も審査している。

スモールビジネスローン
中小企業向けの小口、短期融資のこと。地方銀行がよく扱っている。

Chapter5
03

保障をつけて企業の倒産によるリスクを軽減

信用保証協会の保証付き融資（マル保）

中小企業が銀行に融資相談をすると、内容によっては、信用保証協会保証付き融資「マル保」を案内されることがります。企業にとっては、融資条件にあてはまれば利用しやすい制度になっています。

マル保融資に対する考え方とメリット

信用保証協会の保証がついた融資のことを、信用保証協会保証付き融資、通称「マル保」または「信保」といいます。マル保は長期的な借入れができることや、連帯保証人や担保なしでの借入れが可能であるなどのメリットがあります。

制度を利用できる中小企業は、業種ごとに資本金もしくは従業員数で決められています。例えば、製造業は資本金３億円以下、または従業員数300人以下（**小規模企業者**は20人以下）であれば利用できます。ほとんどの業種はこの融資を利用できますが、農林漁業や金融業など一部の業種は保証対象外です。

小規模企業者
常時雇用する従業員数が、卸売業・小売業・サービス業は５人以下、それ以外の業種は20人以下である企業のこと。

借入可能な限度額は、保証制度を利用した２億円（組合は４億円）と無担保で借りられる8,000万円（組合も同額）を合わせた計２億8,000万円（組合は４億8,000万円）です。

銀行の法人営業担当者と融資相談をすると、マル保を利用するよう提案されることがあります。その理由は、会社規模や融資額がマル保の融資基準にあてはまれば、基本的に利用できるからです。まだ業績が上がっていない信用力の低い中小企業でも借入れできるのは、マル保の大きな利点です。銀行にとっては、万が一融資先が倒産し、資金が回収不能になったとしても、保証協会による**代位弁済**を受けられるというメリットがあります。そのため銀行全体の方針として、マル保での融資額を増やすようにしているところもあります。

代位弁済
保証会社などの利害関係のある第三者や、親族など利害関係のない第三者が債務者に代わって金融機関に返済すること。

なお、マル保を利用する際は、銀行は事前に保証協会に連絡して、その企業の融資枠を確認できるほか、場合によっては事前審査を行うことも可能です。スムーズに手続きが進むよう根回しするのは、営業担当者の腕の見せ所でもあります。

信用保証協会による融資

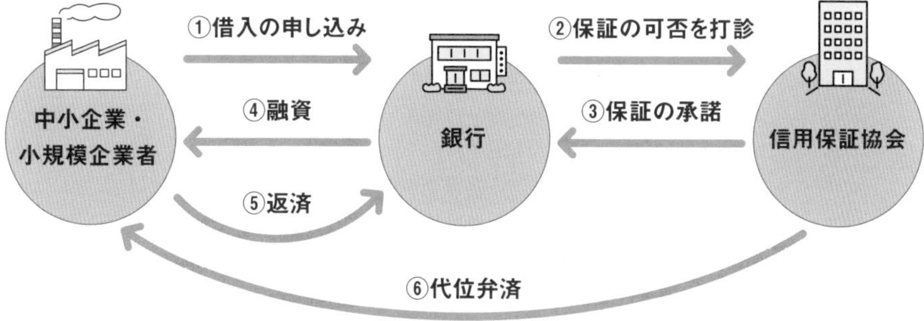

利用できる事業者とその規模

業　種	資 本 金	従業員数（小規模事業者）
製造業等（製造業・運送業・不動産業を含む）	3億円以下	300人以下（20人以下）
ゴム製品製造業（一部製造業を除く）	3億円以下	900人以下（20人以下）
卸売業	1億円以下	100人以下（5人以下）
小売業・飲食業	5千万円以下	50人以下（5人以下）
サービス業	5千万円以下	100人以下（5人以下）
ソフトウェア業・情報処理サービス業	3億円以下	300人以下（20人以下）
旅館業	5千万円以下	200人以下（20人以下）
医業を主たる事業とする法人	—	300人以下（20人以下）

出典：http://www.zenshinhoren.or.jp/guarantee-system/riyojoken.html

マル保制度の歴史と保証の変遷

従来は融資額の全額を保証協会が保証してきましたが、中小企業の倒産などにより代位弁済（上図参照）が増え、協会自体の財政状況が悪化してしまいます。その一因はずさんな審査をしていた銀行にもあったことから、2007年から責任共有制度が導入されました。

なお、マル保の保証分担は2種類あり、保証協会による保証部分を80%、銀行による保証部分を20%とする部分保証方式と、保証時点では100%を保証協会が保証し、代位弁済時点でその20%を銀行からの負担金でまかなう負担金方式があります。

企業の信頼によって、金利や融資額は変化する

Chapter5 04

融資審査で重要視される法人の信用格付け

法人融資の審査に大きな影響を与えるスコアが「信用格付け」です。格付けは新規貸出時以外にも定期的に行われており、経営状況が悪化すると、銀行が融資方針を見直すことで、融資できる金額や金利が変化します。

銀行による法人の信用格付け

法人融資の審査では、各融資先について銀行独自の信用格付けをしています。この格付けは法人取引店と本部の審査部・融資部によって行われ、「債務履行の可能性が極めて高い」から「破綻先」まで10〜20段階に分類されることが多く、その格付けに応じて貸出金額・金利や担保の有無を決めています。

債務履行
受けた融資を返済する、などの約束を守ること。

格付けの判断材料は、決算書や担保明細、過去の取引履歴などで、新規貸出時だけでなく、すでに融資をしている企業であっても、1年間の決算月から4ヶ月以内に再更新されています。このため、貸出先の多い銀行の該当支店と本部の審査部・融資部は、7月頃に多忙を極めることになります。

銀行による格付けのベースには、金融庁が発表している「金融検査マニュアル」があります。このマニュアルでは融資先を正常先、要注意先、破綻懸念先、実質破綻先、破綻先の5つに区分し、それぞれ貸倒引当金を準備するよう指導する内容も含まれています。

貸倒引当金（かしだおれひきあてきん）
貸倒損失によるリスクに備え、予想できる損失分の金額をあらかじめ計上したお金のこと。

信用格付けが融資に与える影響

信用格付けの要素は、定量評価と定性評価の2つがあります。定量評価は、決算書における自己資本比率や売上高、ROEといった指標などあらゆる数値データから算出され、経営や事業の安定性、成長性、収益性などが判断ポイントになります。また、保有している不動産や株式など資産の実質的な価値も正確に試算されます。

ROE
Return On Equityの略。その株に投資したとき、どれだけ利益を効率よく得られるかを示す指標。株主資本利益率ともいう。

定性評価は、数字では表せない部分を評価するものです。企業の属する業界の動向や市場の拡張性、企業の後継者の有無など、

格付けと融資の関係性

債務者区分		内容	金利	担保	融資方針
正常先		業績のよい会社	低金利	無担保	積極的
要注意先	要注意先	業績が悪化していて注意が必要な会社	高金利	担保必須	消極的
	要管理先	返済条件を緩和している会社	融資対象外		
破綻懸念先		融資の返済が滞っている会社			
実質破綻先		融資の返済が長期間滞っていて、再建の見込みが薄い会社			
破綻先		倒産・民事再生・会社更生法適用または破産宣告した会社			

その判断材料は多岐にわたります。定量評価は決算書からはじき出される数値が主なので、誰が審査しても似たような結果になりますが、定性評価は審査者の主観も入るので、格付けに対してどこまで反映させるかは銀行によって分かれています。ちなみに、決算書や勘定明細を明らかにしない企業に対する審査は、不明な要素が増えるので格付けもシビアになる傾向があります。

なお、銀行内の信用格付けに基づき、企業への融資条件が決められます。当然ですが、格付けランクが高い企業ほど低金利・高額の融資が可能になり、格付けランクが下がるほど高金利・低額な融資しかできません。

特に、日本全体の景気停滞により企業業績が悪化している時期は、銀行による格付けが下がるため、企業への融資も厳しくなる傾向があります。リーマン・ショック後は銀行の経営が悪化していたため、多くの銀行が「貸し渋り」をしていました。

また、金融庁のガイドラインで「要注意先（要管理先）」以下に当たるランクまで下がると、新規の融資は難しくなります。業績が悪化しているときほど銀行からの融資をあてにしたくなりますが、現実はそうもいかず、高金利な***ノンバンク***のビジネスローンを利用する企業も見受けられます。

ノンバンク
預金業務がなく、貸付業務だけを行う銀行。都市銀行や地方銀行に比べて貸出金利が高め。

AI技術の活用による「融資審査の未来」

企業融資の審査にAI技術が活用され始め、決算書などの書類なしでスピーディーな審査が可能になる時代が到来しつつあります。AIによる融資審査が普及したら、将来の融資業務はどうなるのでしょうか。

融資審査にAIを活用し始めた銀行

AI（人工知能）を用いて融資審査を行うしくみのことを「AIスコアレンディング」といいます。この技術はAIの「プロファイリング」という、**ビッグデータ**を分析して個人や企業の信用度を解析する技術を応用したものです。

ビッグデータ
さまざまな種類や形式が含まれる非構造・非定型的データのこと。従来は記録や保管、解析が難しかったが、近年は解析技術が向上し、ビジネスや社会に有用な知見を得たり、新たなしくみやシステムを産み出したりする可能性が高まっている。

みずほ銀行は2019年５月より、みずほ第一フィナンシャルテクノロジー、FinTech企業のクレジットエンジンと連携して、AIを活用した中小企業向けのオンライン融資「みずほスマートビジネスローン」の提供を始めました。申し込みから融資実行まですべてオンラインで完結し、AIやビッグデータを利用して、融資が可能か否かを判断しているのが特徴です。通常の法人融資との大きな違いは決算書が不要な点ですが、銀行への来店が不要で審査期間は最短で２日程度ですむなど、従来より手続きがかんたんなことも魅力です。

伊予銀行でも、法人向けの融資審査業務にAIを適用する実証実験を始めています。2005年から導入した融資支援システムに蓄積している稟議書や財務分析、審査担当者の評価といったデータを、AIにより融資審査業務へ活用するもので、稟議書の品質向上や案件審査サポート、財務データや外部データを利用した信用リスク分析の実証などを予定しています。

なお、個人向けローンの審査は、法人融資の審査よりも項目が少ないため、AIスコアレンディングが一足早く広まりつつあります。その先駆けは、2016年にみずほ銀行とソフトバンクが共同設立したJ.Scoreが提供する「AIスコア・レンディング」です。AIとビッグデータを使ったスピーディーな審査により、最短即日融資を実現しています。

AIスコアレンディングのしくみ

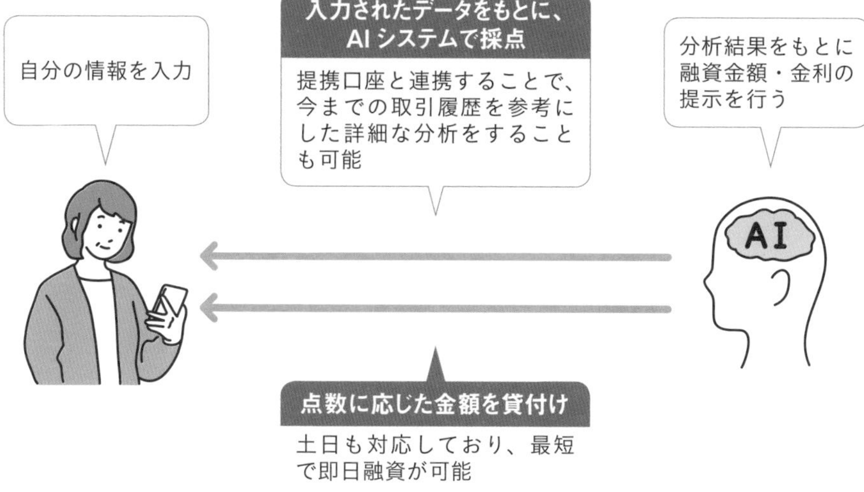

融資審査におけるAI活用のメリットと課題

現状、融資審査にAIを活用すると、定量的な判断は可能ですが、定性的な判断がやや難しいのではないかという意見もあります。しかし、これは解析技術の進歩により改善されていくとみられています。

AIの活用によって融資審査の精度が向上すれば、企業の**デフォルトリスク**も正確に判断できるようになるので、担保に頼る必要がなくなり、融資金利の低下も期待できます。さらに、現在では貸しにくい新規事業・**スタートアップ企業**に対しても、積極的な融資が促進される可能性が高まります。世界に目を移しても、アメリカのベンチャー企業や中国の大手IT企業アリババの子会社でもAIスコアレンディングの開発が進んでおり、今後は世界的に融資業務にAIを活用する動きが活発化するでしょう。

一方で、昔から銀行のメイン業務だった融資審査がAIに取って代わると、大規模なリストラにつながるのではないか、という懸念もあります。AIに業務を明け渡した後、行員がどのように生き残っていくのかは、銀行全体のこれからの課題です。

デフォルトリスク
企業が倒産して融資が焦げ付くリスクのこと。

スタートアップ企業
起業から間もないベンチャー企業のこと。

個人でも申し込める銀行融資

Chapter5 06

代表的な個人ローンの種類と役割

マイホーム購入に利用される住宅ローンは低金利で融資を受けられるため、利用率が非常に高い商品です。また、銀行が発行するカードローンも一時急増しましたが、現在は規制を強化して、過度な利用を制限しています。

住宅ローンのしくみ

住宅ローンは、低金利の個人向けローンで、土地や建物の購入代金や建設費用を目的として利用されています。マイホームを購入する際は、頭金として住宅価格の20%程度を現金で用意するのが一般的ですが、近年は住宅ローン金利の低下や労働者層の年収低下から、住宅価格の100%を借入れるフルローンや、住宅購入にかかる諸費用分まで借りるオーバーローンを組む人も増加しています。

現在は、銀行や信託銀行が貸し出す住宅ローンのほかにも、**住宅金融支援機構**が支援する固定金利型の住宅ローン「フラット35」などもあり、個人顧客からみた借入先の選択肢は非常に多くなりました。

以前は、ローンを借りる際には連帯保証人が必要でしたが、現在は、銀行子会社の保証会社が保証するしくみに変化しています。なお、住宅ローンを借りると、購入した住宅には借入先により抵当権が設定され、返済が不可能になった場合、住宅は借入先のものになります。また、銀行の住宅ローンは「団体信用生命保険」への加入義務があり、死亡時などに残された家族の負担を軽減するセーフティーネットになっています。

住宅ローンの金利には、「固定金利」と「変動金利」があります。固定金利には、一部期間の金利を固定する「期間固定型」と、借入期間中ずっと金利を固定する「全期間固定型」があります。一方、変動金利は**短期プライムレート**に沿って変動します。そして、変動金利型には、途中で固定金利に変更できる「固定期間選択型」がついているので、金利が大幅に変動したときの救済措置として活用されています。

住宅金融支援機構
国の支援を得て比較的低利な住宅ローンを貸し出していた住宅金融公庫の解散により、2007年に設立された団体。

短期プライムレート
銀行などの金融機関が優良企業向けに短期貸出しをする際に適用する、最優遇貸出金利（プライムレート）のこと。

2種類の返済方法のしくみ

元利均等返済

メリット 返済額が一定になる

デメリット 総返済利息が多い

元金均等返済

返済額

利息

元金

返済期間

メリット 総返済利息が少なくなる

デメリット 当初の返済額が多い

住宅ローンの返済方法は2種類あり、そのうち「元利均等返済」は毎月の支払額が同じです。「**元金均等返済**」は初期支払額が多く、次第に支払額が減っていきます。

元金均等返済
毎月の返済時に、元本部分を一定額返していく返済方法のこと。元本部分の残高を先に支払うことで、次第に支払う利息が減少していき、元利均等返済よりも総返済額が少なくなるのが特徴。

自主規制が必要になった銀行カードローン

消費者金融やノンバンクなどの貸金業者が発行していたカードローンは、即日審査・即日融資が可能な点から非常に人気です。しかし、金利が最高18.00％と高く、多重債務や自己破産に陥る人、債務を苦にした自殺者が増加したため、2006年から貸金業法に基づき「**総量規制制度**」が導入されました。その結果、消費者金融などによる融資額は減少し、多重債務者や自殺者数も減少していきました。

総量規制制度
カードローンやキャッシングなどの利用額を年収の3分の1を超えない範囲に限定する規制のこと。

銀行も、1990年代後半からカードローンを発行していましたが、審査がやや厳しかったため、当初は利用者が増えませんでした。しかし、総量規制が完全実施された2010年頃から利用者が増え、2014年には貸金業者の貸付額を抜きました。その背景には、銀行は貸金業者とは異なるため、総量規制の対象外だったことがあります。しかし、銀行カードローンが普及したことで、再び自殺者数や自己破産者数が増加に転じました。そこで銀行は、自主的に総量規制と同じような規制を行うようになり、利用者による過度な利用を制限しようとしています。

Chapter5
07

日本人以外のさまざまなニーズに対応する

増える外国人への融資と安全性の管理

改正出入国管理法の施行により、外国人労働者の増加が見込まれます。そのため、銀行によっては永住権のない外国人にも、住宅ローンや不動産投資用ローンを貸し付ける動きが始まっています。

増える外国人労働者と外国人向け融資

かつては移民がごく少数だった日本ですが、現在、人口減少や労働力減少の改善などを目的に外国人の受け入れを推進しています。2018年10月時点での国内の外国人労働者数は約146万人で、届出を義務化した1997年以降で過去最高を更新。2019年4月には**新在留資格**「特定技能」を盛り込んだ改正出入国管理法が施行され、製造業やサービス業を中心に外国人労働者の姿をよく目にするようになりました。

そんな外国人労働者向けに、住宅ローンや**不動産投資用ローン**といった多額の融資をする銀行が増えつつあります。しかし、その対応はさまざまです。メガバンクや地方銀行、信託銀行の多くは、永住権のある人または配偶者が日本人であること、日本で就業し納税していること、日本に住民登録をしていることなどを条件としています。

外国人労働者へ融資をするうえでの最大のリスクは、勝手に出国しローンが焦げ付いてしまうことです。そのリスクを防ぐため、永住権の取得や配偶者が日本国籍であることを規定に盛り込んでいるのです。しかし、これらは一時的に就労している外国人には非常に難しい条件でしょう。

一方で、東京スター銀行やPRESTIA（現：SMBC信託銀行）などは、永住権がなくても住宅ローンを借入れできるよう条件を緩和しています。その代わり、日本語の理解力や、日本で正社員もしくは自営業で1～2年の勤務実績、年収が500～600万円あることなどを条件にし、貸し倒れリスクを軽減しています。これらの銀行はもともと外国送金や外貨両替業務にも強く、外国人にも開かれた銀行を目指しています。

新在留資格
特定産業分野において相当の知識や経験を要する外国人が、業務に従事することを条件に、5年を上限に在留できる資格のこと。

不動産投資用ローン
特定産業分野において、居住用ではなく、購入した不動産を他人に貸すことで家賃収入を得るという目的のために組まれるローン。

外国人に対する融資条件の比較

銀行	限度額	備考
三菱UFJ銀行	1億	永住権がない場合でも、以下の条件で相談が可能 ●日本の居住期間５年以上 ●頭金20%以上の支払い ●同一勤務先で3年以上の勤務経験 ●日本人配偶者の連帯保証など
新生銀行	1,500万 〜 1億	永住権がない場合でも、以下の条件を満たせば相談可能 ●日本に居住している ●正規社員 ●同一勤務先で2年以上の勤務経験 ●年収300万以上など
SMBC信託銀行 (PRESTIA)	審査による	永住権がない場合でも、定住性が確認できれば相談可能 ●日本に居住している ●年収500万円以上 ●完済時の年齢が満80歳の誕生日までの人 ●日本語または英語での意思疎通が必要など

※2019年12月時点の情報

国内不動産の「爆買い」に対する融資が加速

もう１つ加速しているのが、投資目的で日本の不動産を購入する外国人に対する融資です。日本銀行がマイナス金利政策を取った2016年頃から、特に中国人による日本不動産の「爆買い」が加速しました。中国では上海を中心に不動産バブルが続いているので、それに比べると日本の不動産は相対的に安く、さらに2020年の東京オリンピックに向けて時価の上昇も期待できるからです。通常、メガバンクやそのほかの銀行は永住権のない外国人には融資を行いません。しかし、超低金利による国内市場の縮小に伴い、各銀行が条件を緩和し、こうした投機的な案件に対しても貸し付けを行うようになりました。実際、こういった投資目的で物件を購入する外国人は富裕層が多く、多額の頭金を出せるため、融資は滞りなく進んでいます。銀行も営利団体なので利益の拡大が重要ですが、一方で「ここまで貸していいものか」と頭を抱える銀行員もいるようです。

COLUMN 5

銀行員とインサイダー取引

銀行員は個人的な投資に要注意！

日々、金融情報や企業情報にふれる銀行員。その知識と経験を活かして株式投資やFXに取り組めば、さぞ利益が出るだろうと考える人も多いのではないでしょうか。ですが、「よし、銀行に入社したから、勉強のためにも副業で投資を始めよう！」と思った人はちょっと待ってください。インサイダー取引で捕まるかもしれません。

インサイダー取引とは、上場会社などの株価に影響するような重要事実を知った会社関係者が、その重要事実の公表前にその株式などを売買することです。これは金融商品取引法により禁止されていて、違反をすると5年以下の懲役もしくは500万円以下の罰金、もしくはその両方の厳罰を受けてしまいます。個人ではなく法人がインサイダー取引をしたら、その罰金額は何と5億円にもなります。

一般の投資家と比べて有利な立場にある関係者が不正な取引をすることは、市場に対する信頼を著しく損ねてしまいます。これは、とても重大な犯罪行為なのです。

銀行の社員がインサイダー取引に抵触すると、銀行にとっても顧客からの信用を失う大きな事件になります。そこで各銀行は、銀行員による取引制限を定めています。行員全員もしくは資産運用部門に関わる行員に株式取引を制限して、毎年特定口座の詳細を報告するよう定める銀行が多いようです。

銀行によっては、家族が保有している株式でさえ報告の対象になります。ただし、自社株については例外として、持株会などで購入できる銀行もあります。

なお、退職後も1年以内は会社関係者として罰せられる可能性があるため、気を緩めるのは禁物です。また、口座を開設する証券会社の多くは、トラブル防止のため、金融機関関係者の投機的な取引（信用取引や先物取引など）を認めていません。

それでも投資をしたければ、唯一認められている投資信託で運用するようにしましょう。

第6章

銀行システムのしくみ

銀行で行われるさまざまな業務は、たくさんのシステムによって支えられています。銀行が取り扱う情報は膨大かつ、万が一にも情報漏えいがあってはいけないため、セキュリティも強固なものが使われています。それゆえ、銀行はシステム設備への投資が非常に大きい業界の1つです。銀行業務を支えるシステムの裏側を知っておきましょう。

Chapter6 01

お金が振り込まれるしくみ

内国為替取引を担う全銀システム

銀行間の資金決済を行っているのが全国銀行データ通信システム、通称「全銀システム」です。この共通のシステムを使うことにより、顧客が依頼する膨大な数の内国為替取引を迅速に処理できるのです。

全銀システムとは？

「全国銀行データ通信システム（全銀システム）」とは、銀行間の内国為替取引をオンライン・リアルタイムで中継し、取引に伴う資金決済を行うための銀行間における共通ネットワークシステムです。これは、日本にあるほぼすべての金融機関が利用している“為替業務の要”といえるシステムで、**全国銀行資金決済ネットワーク**（全銀ネット）により運営されています。全銀システムを利用して行う振込等の取引や、振込に伴って発生する銀行間の資金決済の方法は、全銀ネットが制定した為替制度の規則において定められています。なお、全銀システムの維持費は利用する金融機関が共同で負担しています。

全国銀行資金決済ネットワーク
「資金決済に関する法律」に基づく、日本初の資金清算機関（一般社団法人）。

以前は、15時以降の銀行振込の依頼は、翌営業日の「**着金**」とするのが一般的でした。これは、かつての全銀システムの稼働時間が「8時30分～15時30分」だったため、「オンラインバンキングや窓口での振込の当日扱いは15時（または14時30分）まで」と決められていたことに由来します。

着金
ほかのところからの資金が口座に入ること。内国為替の場合、全銀システムの締め時間以降は、翌営業日に相手先に資金が入る。

世界に先駆けて整備されたこのネットワークシステムは、1973年の発足当初は画期的なものでした。また、随時システムの更新が行われており、現在は第7次システムが稼働中です。以前のシステムと比べて、安全性・信頼性向上のための収容能力・処理能力の増強、サイバーセキュリティ対策の強化や省電力化などを実現しています。

2018年10月9日からは、モアタイムシステムが導入されました。これは、全銀システムを24時間365日稼動させる取り組みで、これによりいつ振込をしても、相手の口座に即時着金するシステムに変わったのです。しかし、すべての銀行が参加しているわけ

全銀システムのしくみ

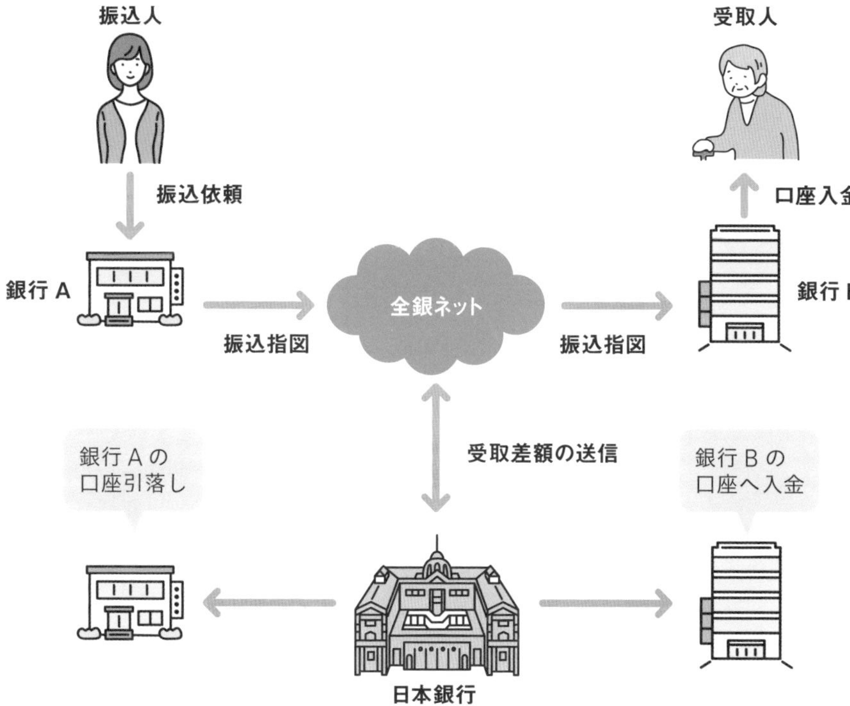

ではありません。また、モアタイムシステムへの接続時間については、各金融機関の判断に委ねられています。

全銀システムのはたらき

全銀システムの主な役割は2つです。1つは、銀行から送金などの内国為替取引のデータを受け取り、それを全銀システムのコンピュータセンター（全銀センター）で即時に処理をして、受取側の銀行へ送信（送金）することです。

もう1つは、銀行からの支払指図を集中計算して、一日の業務終了後に各銀行の受払差額（決済尻）を、日本銀行にオンライン送信することです。日本銀行ではこの送信内容に基づき、各銀行の当座預金で入金や引落しを行い、銀行間の最終的な為替決済を完了させます。この各銀行と日本銀行を結んでいるネットワークは「日本銀行金融ネットワークシステム（日銀ネット）」と呼ばれています。

支払指図
送金における指示や命令のこと。

決済尻（けっさいじり）
銀行間で行われた為替取引を集計した差額のこと。為替尻ともいう。

Chapter6
02

日本は世界でも有数のATM普及国

ATMが24時間稼動するしくみ

いつでも現金を入出金できる銀行ATMは生活に欠かせないサービスです。入出金以外にも、振込や暗証番号の変更、各種支払いがスムーズにできるATMの裏側を知っておきましょう。

ATMとは？

銀行のATM（Automatic Teller Machine）は、窓口で対応する行員（テラー）の役割をする機械という位置づけです。ATMの前身は、イギリスやアメリカで1970年代から普及したCD（Cash Dispenser）で、当時は預金引き出しやカードローンの借入れだけができるしくみでした。なお、日本では、1971年に三井住友銀行が初めてCDを導入しました。CD導入のきっかけは、銀行の週休2日制を実現するためだったそうです。つまり、土日でも稼働している機械があれば、銀行員も土日に休めるという発想から生まれたのです。

現在と同じようなATMは1980年代頃に登場し、今ではCDに代わって利用されています。日本は世界有数のATM普及国で、都市銀行や地方銀行、ゆうちょ銀行などに設置されているものだけでも約13.6万台ものATMが稼働しています。日本のATMは、海外と比べて高性能なものが多いため、銀行のなかでも高価格な機械の1つです。

ATMが24時間稼働するしくみ

銀行のATMはどのようなしくみで24時間動いているのでしょうか。同じ銀行内で完結する取引の場合は、まずATMで操作された内容を中継するためのコンピュータが認識し、つながっている勘定系システムに情報を送ります。すると、勘定系システムが対応し、中継コンピュータに指示を返します。そして、中継コンピュータがATMへ必要な指示を送り、手続きが完了します。預金残高に動きがあれば、同時に情報を更新しています。

ほかの銀行とやり取りをする振込などの手続きの場合は、全国

勘定系システム
銀行の預金勘定を処理する基幹システムのこと。為替やATMネットワーク、そのほかのシステムとの接続を制御している。

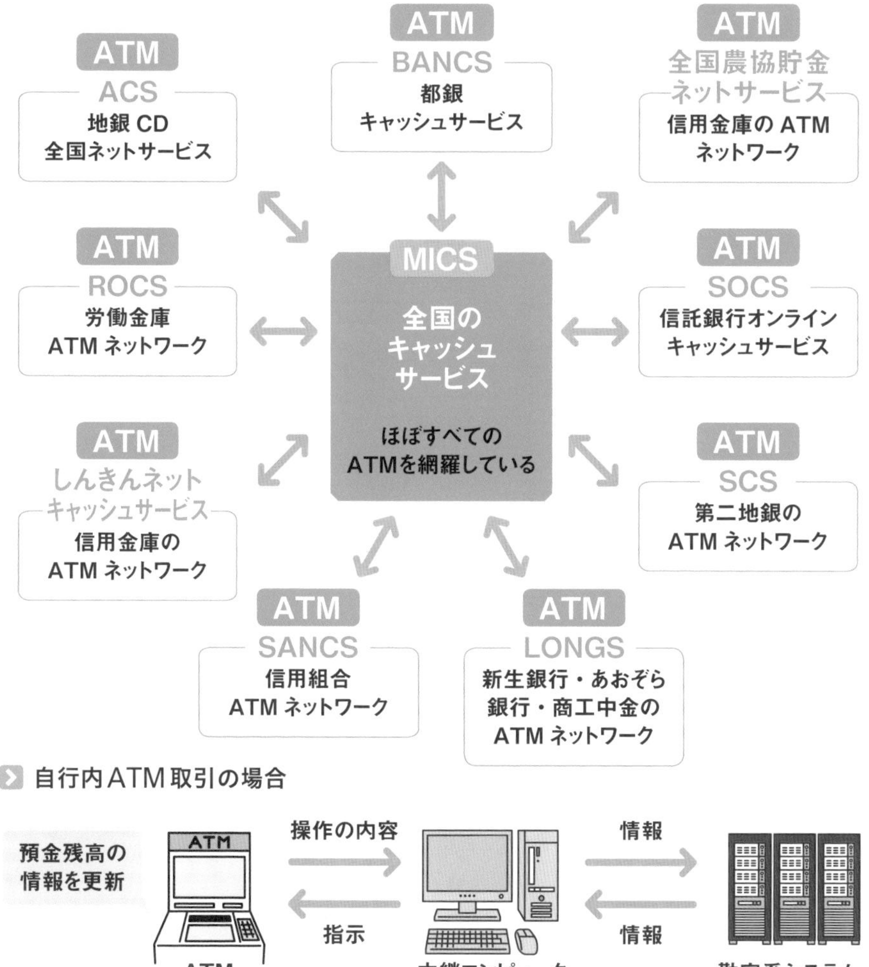

キャッシュサービス・「MICS（Multi Integrated Cash Service）」というATMすべてを網羅するネットワークシステムに接続します。金融機関は、都市銀行は「BANCS」、信託銀行は「SOCS」というように、銀行の業態ごとに**ATMネットワーク**があります。このグループを超えて取引をする場合は、MICSが中継して、取引ができるようにしているのです。なお、セブン銀行やイオン銀行などのコンビニATMやゆうちょ銀行ATMなどとは、個別に提携して接続しています。

ATMネットワーク
ほかにも、地方銀行「ACS」、第二地銀「SCS」、信用組合「SANCS」、労働金庫「ROCS」などがある。

Chapter6
03

常にセキュリティの向上が求められる

キャッシュカードのしくみとシステム

キャッシュカードの歴史は、キャッシュカード情報を悪用する犯罪との戦いの歴史でもあります。そのため、銀行では、セキュリティ機能が向上したICチップや生体情報認証つきキャッシュカードの利用を推奨しています。

キャッシュカードの情報認証

ATM利用に欠かせないキャッシュカードは、CDとともに誕生しました。当時はカードに穴を開けた「パンチカード」のようなものでしたが、1960年代に磁気テープと暗証番号が導入され、現在のキャッシュカードの基礎ができあがりました。

パンチカード
厚手の紙に穴を開け、その位置や有無によって情報を記録する記録媒体のこと。

ATMにキャッシュカードを入れると、4桁の暗証番号を入れるよう表示されます。正しい数字を入れたら認証は完了。磁気テープやICチップを機械が読み取ることで、その契約者の口座情報を特定し、預金の引き出しや振込などが可能になります。

なお、国内銀行のキャッシュカードには、実はJ-Debitというデビット機能がついており、Jデビットの加盟店でデビットカードとして利用することも可能です。しかし、加盟店の少なさから利用率はそれほど高くありません。ただし、消費税増税に伴う2020年6月までの「ポイント還元」制度の対象であるため、それが目的の利用者が増える可能性はあります。

デビットカード
銀行口座とに連動していて、支払いで利用すると、即時に銀行口座から利用額が引き落とされるカードのこと。

キャッシュカードとセキュリティの発達

キャッシュカードと切っても切り離せないのが、キャッシュカード情報を悪用した犯罪です。基本的に、キャッシュカードが盗まれ、暗証番号がばれてしまえば、誰でも預金を引き出すことができてしまうのです。特に有名なのは、スキマーという機械でカード内の情報を盗み取る「スキミング」という手口で、一時期は爆発的な被害が出ました。ほかにも、メールや電話などでカードの情報を巧妙に盗み出す「フィッシング詐欺」や、カード番号を無作為に作成し、実際に利用可能なカード番号から悪用される「クレジットマスター」という手口もあります。

クレジットカードとJ-Debitの比較

	クレジットカード	J-Debit
支払いのタイミング	後日まとめて引落とし	利用したら即座に引落とし
ポイント制度	各社独自のポイント制度あり	なし
年会費	カードによって異なる	年会費無料
入手審査	審査あり	審査なし

偽造キャッシュカードによる預金等の不正払戻しの総被害額

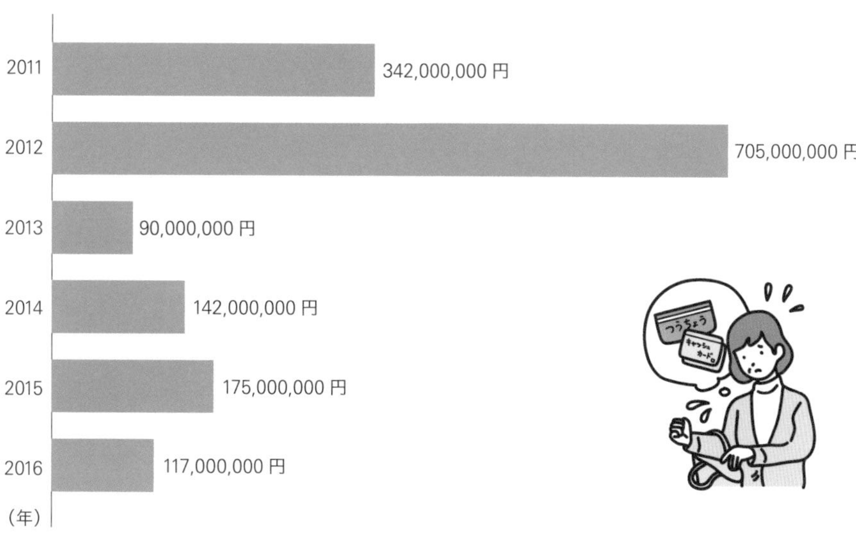

出典：https://www.fsa.go.jp/news/30/ginkou/20190614-1.htmlより作成

これらの犯罪に対抗するため、キャッシュカード自体のセキュリティが強化されています。従来の磁気テープに比べて情報が読み取られにくいICチップを内蔵してスキミング被害を防ぎ、ATM利用の際には、手や指の静脈パターンを登録する**生体認証情報**（指静脈認証）を利用して、本人しか取引ができない工夫をしています。また、自身の生年月日や電話番号のように、第三者が推測しやすい数字を暗証番号にできないよう、登録時にもシステム制限をかけています。

生体認証情報
手の平や指の中の血流中に赤外線をあてて、静脈のパターンを照合する認証方法。偽造が非常に困難である。

Chapter6
04

いつでも、どこでも銀行にアクセスできる

利用者増加中のインターネットバンキングのしくみ

銀行に行かなくても、自分で好きなときに手続きができるインターネットバンキングは、インターネットの普及とともに広く利用されるようになりました。また、課題であるセキュリティ面も年々厳格化しています。

インターネットバンキングのしくみと課題

インターネットバンキングは24時間いつでも振込などの取引ができ、銀行の窓口に行かなくても手続きできるなど、その利便性の高さが魅力です。銀行側にとっても店舗の賃料・維持費や行員の人件費を削減できるため、インターネットの広がりとともに急速に普及しました。ある調査によると、約７割の人がインターネットバンキングを現在もしくは過去に利用経験があり、主に口座情報の照会や振込・送金といったサービスがよく使われているようです。

パソコンやスマートフォンからインターネットバンキング用サイトにアクセスし、事前に登録したID・パスワードを入力すると、インターネットバンキング用のサーバに接続されて個人の専用ページが閲覧できます。このサーバは銀行の勘定系システムにもつながっているため、インターネットバンキング画面を操作すればオンライン上で取引が行えるのです。

インターネットバンキングは、銀行の窓口と同じように高額取引なども行えるため、セキュリティ面が課題です。現状の対策はまず、インターネットバンキング用サーバに対し、監視システムや**ファイアーウォール**を設置して、外部からの侵入を防止・監視しています。次に、インターネットバンキングのログインID・パスワードを複雑化し、さらに利用者本人が「秘密のパスワード」を設定することもあります。また、ログインするパソコンなどの端末やインターネット回線が変わった場合には、再ログインを求めるなど、使用される機器や回線にもシビアに対応しています。このようなログイン時のセキュリティを万が一突破された場合でも、振込や送金時に別の取引パスワードを要求したり、同じ

ファイアーウォール
外部ネットワークからのアクセスを常に監視し、侵入してくる不正なアクセスをブロックするセキュリティ対策の１つ。パソコン用OSやセキュリティソフトにも組み込まれている。

インターネットバンキングによる不正送金状況

期　間	件　数	被害額（被害実額）
2013年	1,315件	約14億600万円 （約13億3,000万円）
2014年	1,876件	約29億1,000万円 （約24億3,600万円）
2015年	1,495件	約30億7,300万円 （約26億4,600万円）
2016年	1,291件	約16億8,700万円 （約14億6,300万円）
2017年	425件	約10億8,100万円 （約8億9,900万円）

出典：警察庁『平成29年中におけるサイバー空間をめぐる脅威の情勢等について（平成30年3月22日）』より作成

銀行のスマホアプリにワンタイムパスワードを送ってその数字を入力させたりして、取引が完了する直前にも不正防止策が設けられています。

ワンタイムパスワード
一定時間ごとに、自動的に新しいものに変更されるパスワード。各取引につき一度しか使えないものが多い。

衰退するテレフォンバンキングサービス

テレフォンバンキングはインターネットバンキングがない時代から使われているサービスです。ただの問い合わせ窓口ではなく、自動音声やオペレーターによって、さまざまな取引を電話で行えるのがメリットです。顧客の電話回線は、テレフォンバンキング用サーバやコールセンターにつながっており、その先には銀行側の勘定系システムがあります。自動音声の案内に従って電話のボタン操作で出した指示は、テレフォンバンキング用サーバで処理され、オペレーターと通話している場合は、オペレーターが直接勘定系システムの端末を操作して処理を実行しています。

窓口に行けない顧客を中心に利用されたテレフォンバンキングですが、インターネットバンキングの普及により衰退しており、最近では新規申し込みを停止している銀行も見受けられます。

Chapter6
05

お金の移動を支えるシステムの根幹

預金手続きを支える勘定系システム

銀行の根幹である預金手続きを支えているのが勘定系システムです。このシステムは非常に複雑かつ巨大です。近年は勘定系システムの共同開発や、パブリッククラウドを利用した最新システムの開発もみられます。

勘定系システムとは？

銀行での手続きは紙媒体が多いため、“銀行＝アナログ”というイメージがあるかもしれませんが、窓口をはじめ窓口後方や事務集中センターなどではさまざまな業務をオンラインで処理しています。実は、銀行業界は、システムへの設備投資額が多い業界の１つです。数あるシステムのうち、預金勘定元帳を処理し、為替やATMネットワーク、そのほかのシステムとの接続を制御している基幹システムが「勘定系システム」です。

勘定系システムで処理する情報量が非常に膨大なため、一般的には大型のメインフレームシステムで作られています。メインフレームシステムとは大型のコンピュータシステムのことで、後からソフトウェアを追加・構築できる汎用性が特徴です。銀行の勘定系システムは、1960年代に開発された第一次オンラインシステム以降、何度も機能を追加・整備しています。そのため、システム体系が非常に複雑化しており、その全容を把握するのが難しいという問題もあります。

平成は銀行の合併や再編が進んだ時代です。合併作業のなかで、多くの時間とコストを割かれたのがシステム統合です。古くからのシステムを利用している地方銀行や信託銀行と、膨大な容量のシステムを抱えるメガバンクのシステム統合は困難を極めました。大問題となったのは2002年４月、みずほ銀行誕生の日に生じた大規模なシステム障害です。ATMが利用不能になり、口座振替の処理も遅延、口座から二重引落しをするトラブルも発生し、みずほFGの社長が国会に招致されるほど深刻な事態となりました。この事故は銀行システムの複雑さが一因でしょう。

コンピュータサーバの信頼性の向上により、オープン系の勘定

事務集中センター
各支店や顧客から郵送された事務手続きを一手に引き受けるセンターのこと。

預金勘定元帳
預金の増減や残高を管理する帳簿を意味する。

オープン系
さまざまな開発元のソフトウェアや機器を組み合わせて構築されたシステムを指す。メインフレームシステムよりも柔軟性が高い。

勘定系システムとの関わり

SWIFT　全銀システム　他銀行

外部ネットワーク

勘定系システム

融資業務	預金業務	為替業務
●手形貸付	●普通預金	●内国為替
●当座貸越	●当座預金	●海外送金など
●電子債権	●定期預金	
●カードローンなど	●積立定期など	

顧客管理
- ●取引履歴
- ●顧客の残高管理

銀行内のネットワーク

支店　ATM　事務集中センター

系システムも登場しています。しかし、メインフレームシステムの信頼性には及ばず、依然メインフレームシステムを使用する銀行が多数派です。

ONE POINT

勘定系システムにも共同開発の流れ

2000年代、特にリーマン・ショック以降は大きな設備投資を避ける銀行が増えたため、複数銀行の勘定系システムのソフトウェアを共同開発する動きも広がっており、運用コストなども含めて費用削減を見込んでいます。この動きは特に地方銀行で顕著になっており、青森銀行や秋田銀行、岩手銀行など14行が参加している「地銀共同センター」や、荘内銀行や北都銀行、福岡中央銀行など9行が参加している「BeSTAcloud」がその代表です（2017年時点）。地方銀行同士の合併も加速しているため、この勘定系システムを開発するNTTデータや日立製作所などのベンダーの“陣取り合戦”にも発展しています。

Chapter6
06

膨大な顧客情報を管理し、分析する

MCIFを管理する情報系システム

銀行の情報系システムの中心には、顧客情報が詰まった「MCIF」があり、そのデータベースにある情報を活用して営業戦略やマーケティング戦略が練られています。また、近年ではMCIFをめぐる新しい動きもみられます。

銀行の情報系システムのしくみ

銀行の情報系システムとは、勘定系システム（124ページ参照）にある元帳情報や取引情報などを集計・蓄積するシステムのことです。この集計データは、経営管理やマーケティングなどに活用する際のデータ加工・分析支援に使われています。

情報系システムと勘定系システムで最も異なる点は、勘定系システムがリアルタイムで稼働しているのに対し、情報系システムは必要な際に呼び出したり、集計結果を月１回確認したりと、あまり即時性がないことです。しかし、扱う情報はやはり膨大なため、情報系システムのホストコンピュータは大型です。

古くから使われている情報系システムには、このホストコンピュータに「MCIF」というデータベース（データシェアハウス）が接続されています。そしてMCIFを中心にコスト管理システムや収益管理システム、渉外支援システムなどのサブコンピュータが接続されていて、営業店やコールセンターにあるパソコン端末につながり、情報を引き出せるようになっています。

そもそも、「CIF」とは顧客の氏名、年齢、住所などの個人情報を登録したファイルのことで、顧客が銀行口座を開設する際に作成されます。同じ銀行内に複数の口座をもつ顧客がいても、CIF番号は顧客一人につき１つしか配布されません。このCIF番号を情報系システムに入力すれば、顧客ごとの属性や、預金、融資などの取引情報が一覧できるのです。

各銀行はこのMCIFにある情報をもとに、営業戦略やキャンペーン施策などを考えて展開し、収益の向上に取り組んでいるのです。この情報系システムを使いこなせるかどうかが、行員の腕の見せ所でしょう。

MCIF
Marketing Customer Information Fileの略。マーケティング用の顧客情報データベースのこと。

キャンペーン
定期預金の特別金利キャンペーンや、カードローン加入キャンペーンなど、顧客獲得のために行う施策のこと。

▶ 情報系システムのしくみ

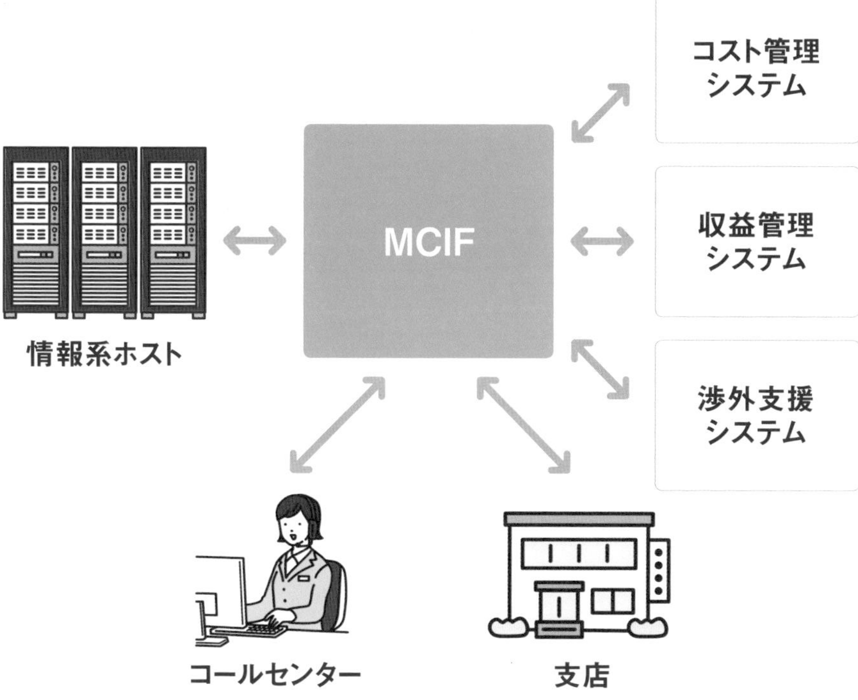

最近の情報系システム

テクノロジーの発達により、近年ではこの情報系システムの構造にも変化が表れています。まず地方銀行業界では、共通のMCIFを利用する共同利用型マーケティングサービス「共同MICFセンター」が2013年から稼働し、2017年4月時点で横浜銀行や西日本シティ銀行など10行が参加しています。これには、MCIFの開発コストを大幅に削減し、マーケティング専門家の相互育成も図れるなど、さまざまなメリットがあります。

また、情報系システムは勘定系システムよりも早くオープンシステム化が進んでいます。りそな銀行は2015年1月に、MCIFを含む情報系システムをオープンシステム化しました。その際に別システムだった「CRM」を「MCIF」と統合し、すべての情報を新しいデータベースに集約。各端末から直接データベースにアクセスしてすぐアクションを起こせるよう改善しました。

CRM
Customer Relationship Managementの略。企業が顧客と親密な信頼関係を作り、顧客をリピーター化させ利益を向上させるための手法のこと。または、そのシステムを指す。

銀行のセキュリティシステムは最強!?

銀行システムのセキュリティ管理

銀行では大切な個人情報や、そのほか膨大な情報を扱っています。銀行にとって、システムへの不正アクセスや不正利用、情報漏えいなどを防ぐための強固なセキュリティ対策が不可欠です。

銀行システムを守るセキュリティのしくみ

銀行では勘定系システムや情報系システムなどでさまざまな情報を扱っており、そのなかには大切な顧客の個人情報も含まれるため、強固なセキュリティのしくみを構築しています。まず、銀行内のコンピュータの周りにはファイアーウォールなどの不正侵入防止システムを設置して、インターネットなど外部からの不正アクセスを防止しています。また、サイバー攻撃を24時間監視するほか、その攻撃を想定したセキュリティテストも定期的に実施して、攻撃への対応に万全を期しています。

顧客情報を送受信する際は「SSL」で情報を暗号化して、かんたんに読み取れないようにしています。これにより、もしファイアーウォールを突破された場合でも、インターネット上の盗聴や情報漏えいを防止できます。

SSL
Secure Socket Layerの略。ウェブサイトとそれを閲覧するユーザーとのやり取り（通信）を暗号化するしくみのこと。

例えば、現在りそな銀行で使われているSSLは「128ビット暗号化システム」です。128ビット暗号システムは、2の128乗とおりの符号を組み合わせてできており、現時点で解読は不可能とされている、最強のセキュリティ暗号システムです。

なお、銀行で個人情報の漏えいが発生した際は、ただちに金融庁への報告、顧客本人への通知、二次被害の防止・再発防止策の早急な公表を実施しなければなりません。銀行の信用力も低下してしまうため、銀行員は常日頃から、徹底した個人情報の管理を求められます。

ただし、銀行システムを守るためには、そこにアクセスする顧客側にもセキュリティ意識の高さが必要です。そのため、主に顧客側からアクセスするインターネットバンキングでは、ログインや取引時に高いハードルが設けられています。

銀行におけるセキュリティ対策

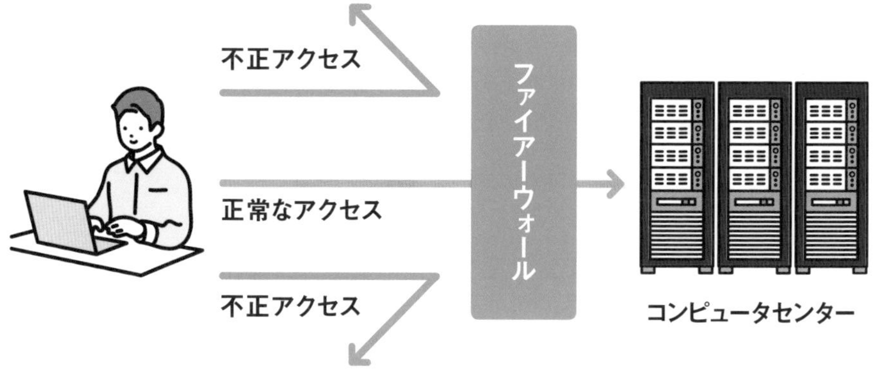

個人情報漏えい時の対応

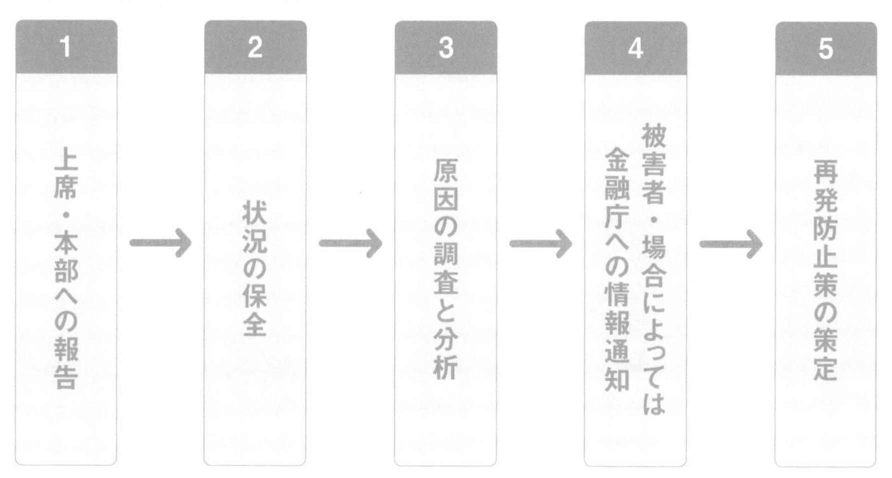

ONE POINT

厳しすぎ？ このくらい当然？ 支店内の情報管理

2005年に個人情報保護法が施行され、多くの個人情報を扱う銀行では、コンプライアンスがより重視されています。その規制はときに「厳しすぎ」と感じるほどです。例えば、銀行によっては、外訪営業の担当者は顧客から受け取った書類を自宅にもち帰るどころか、訪問予定の顧客の住所・氏名を手帳にメモすることも許されません。個人情報はすべてロックのかかったPC端末に格納し、その情報も一日で消える仕様にして、個人情報漏えいを徹底的に防止する銀行もあります。

Chapter6
08

AIを使った最新の不正防止策

不正送金やマネーロンダリング、不適切な営業などを防止するために、一部の銀行や金融機関はAIを導入しています。例えば、東京証券取引所では、すでにAIによる摘発の実績を挙げています。

AIによる不正利用防止の研究が進む

AIを不正利用防止で活用するための研究が、各銀行やベンダーなどで進められています。

現在AIの主な利用先は、不正送金の防止、マネーロンダリング対策、不正な営業活動の検知などです。つまりAIは、なりすましによる不正な送金を阻止する、犯罪やテロ行為への資金供与が疑われる取引を発見して通報する、営業担当者の記録を分析して不適正な勧誘・販売が行われていないか調べる、などのはたらきを期待されているのです。

銀行に近い業界では、2017年に東京金融取引所が富士通と共同で、AIを使ったFX取引の異常や不正を検知するための研究を開始しています。また、2018年4月から東京証券取引所にAIによる不正監視システムが導入され、同年6月、日本の証券取引等監視委員会が中国人投資家の不正投資を発見し、摘発しています。

金融取引における不正は、銀行の経営や財政に大きな影響を及ぼします。実際、ヨーロッパでは銀行による金利操作の不正が発覚し、1,000億円を超える課徴金が課されました。このように、銀行の内部で犯罪行為があった場合の罰則や制裁も、銀行経営の脅威となります。銀行の安定経営のためには、AIの力を借りて不正へ対抗することが必要不可欠となっていくしょう。

マネーロンダリング
麻薬取引や脱税、粉飾決算などの犯罪行為によって得た資金を、架空や他人名義の口座などを利用して送金を繰り返し、出どころを分からなくすること。資金洗浄ともいう。

東京金融取引所
株式会社東京金融取引所。あらゆる金融商品を取り扱う金融商品取引所の1つ。

AI活用に積極的な住信SBIネット銀行

AI活用に特に力を入れているのが、インターネット銀行の住信SBIネット銀行です。2017年11月に、送金業務における不正をAIで監視・検知するシステムを導入することを決定し、その業界初の取り組みに注目が集まりました。このシステムはNEC

AIを利用した不正の摘発のしくみ

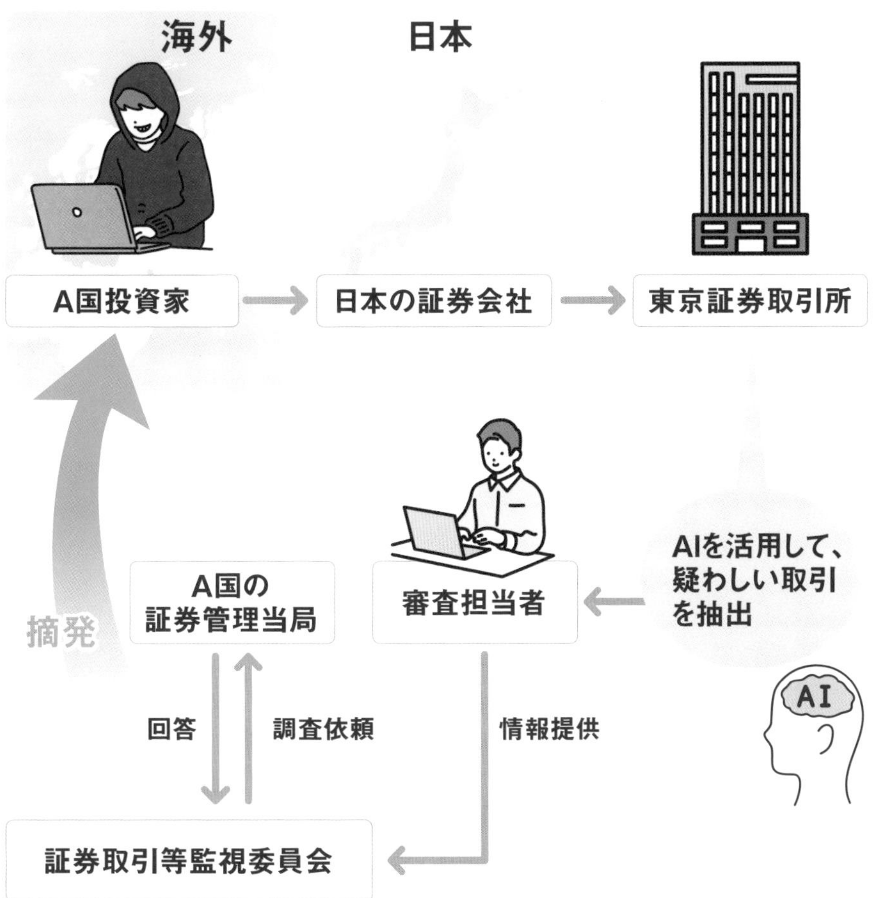

が開発したAI技術「異種混合学習技術」を利用しています。検出した規則を学習して将来のデータ値を予測するので、規則から外れたデータを発見すると「異常」として認識・検出できるシステムになっています。

また、2019年10月には、住宅ローンの不正利用検知アルゴリズム「Dayta Eyes」を構築、稼働をさせました。このAIに過去十数年間の住宅ローンの審査情報などを学習させることで、住宅ローンを不正利用する疑いのある申し込みを高確率で発見することが可能です。

異種混合学習
大量のデータのなかから、人間では発見しにくい複数の規則を検出する技術のこと。

COLUMN 6

金庫の秘密を知りたい！

金庫へアクセスできるのは、決められた人のみ

銀行の設備といえば「金庫」を想像する人は多いでしょう。実際に、古くからある銀行の本支店には、昔ながらの巨大金庫が残っているところもあります。金庫はさまざまな財産を安全に格納・保管するため、盗難などの人災や地震・火災などの自然災害にも強い堅牢なつくりになっています。

金庫には多量の現金が保管してあるイメージですが、最近は銀行輸送システムが発達しているので、実はそこまで多くの現金は用意されていません。意外に幅を利かせているのは、保管義務のある重要書類です。一般的に、金庫は書類の保管庫としても利用されているため、顧客が手続きしたさまざまな書類がたくさん保管されています。書類によって保管期限が決められているので、書類を保管しておく場所が必要なのです。

日中、金庫の大扉を開閉できるのは、役職者や実務者など限られた人物だけで、専用のICカードやキーで出入りをします。つまり、自分の職場に設置されている金庫の大扉の開け方を知らない、という銀行員は多いのです。さらに、死角がないように、さまざまな角度から24時間防犯カメラによる監視もされています。銀行はさまざまな人がはたらいているので、念には念を入れてセキュリティを強化しているのです。

貸金庫は顧客専用の金庫

顧客が利用できる「貸金庫」が併設されている店舗もあります。貸金庫の大きさは小型から大型までさまざまで、そこに入るものなら何でも保管できます。利用料金は小型のもので年間１万円〜２万５千円程度です。顧客の取引内容に応じて、貸金庫代の割引制度を設けている銀行もあります。貸金庫は、顧客が配布されたICカードや暗証番号などで貸金庫を呼び出す「自動型」と、行員が顧客と一緒に入室して解錠する「手動型」があります。実は、貸金庫に何が入っているのかは、銀行員でさえもみることはできません。

第7章

銀行員の人事制度

近年、各銀行は新卒の採用人数を絞っており、今後はAIやITの進化によって、銀行員は不要になるのではといった懸念も出てきています。しかし、銀行業界が今でも人気の高い就職先の１つであることは事実です。そんな銀行業界の人事制度はどういった特徴があるのでしょうか。銀行業界の人事制度をみてみましょう。

Chapter7
01

かんたんな資格から国家資格を取得する人も

銀行員に必要な資格と能力

銀行員は、業務上、必ず取得しなければならない資格と、ファイナンスの知識を深めるために取得を推奨される資格があります。資格の取得も大切ですが、まずはすべての業務につながる事務の３基本を理解しましょう。

銀行員が取得すべき資格

金融ほど資格の取得を求められる業界はないでしょう。その理由の１つは、金融機関が「信用・信頼」を大切にしているからです。顧客からの信用を得るためにも、金融の専門的知識を習得し業務に活かす姿勢が大切です。特に、預金・融資・為替の３業務をすべて行うフルラインの銀行は、就職後に数々の金融系資格を取得することになります。これらの資格は業務上必須のものと、ファイナンスの知識を深めるためのものがあります。

まず業務上、必須の資格には、投資信託や債券など元本割れリスクのある商品を販売するのに必要な証券外務員資格（一種外務員、二種外務員）、保険商品の販売に必要な生命保険募集人資格、損害保険募集人資格などがあります。これらの資格がないと投資信託や保険などを販売できないため、営業担当者として独り立ちするために不可欠な資格です。

ファイナンスの知識を深めるための資格は、ファイナンシャルプランナー（FP）３級〜１級や**AFP**、法務・財務・税務などの銀行業務検定４級〜１級、金融コンプライアンス・オフィサー２〜１級などです。これらの資格がなくても業務はできますが、銀行員として働くうえで間接的に必要な知識や情報が詰まっています。仕事にプラスにはたらくため、これらの資格の取得を銀行側から義務化、もしくは推奨されています。

ほかにも、各銀行や部署特有の必要資格もあります。信託銀行では不動産業務も行うため**宅建**や不動産鑑定士、アセットマネジメント部門では**証券アナリスト**や**DCプランナー**の取得を推奨しています。これらの資格は難易度が高いですが、転職やキャリアアップにも活用できる資格です。

AFP
NPO法人日本FP協会が認定するファイナンシャルプランナーの民間資格のこと。

宅建
宅地建物取引士資格のこと。取得すると、不動産の売買や賃貸物件の斡旋ができる。

証券アナリスト
証券投資の分野における専門知識と分析技術を応用し、投資助言や投資管理サービスを提供できる資格。

DCプランナー
確定拠出年金や年金制度全般に関する資格。年金設計業務などの助けになる。

銀行員に求められる資格

証券外務員（一種・二種）

投資信託や債券、デリバティブ取引を販売するための資格。法律や計算などの問題も出題される。

生命保険募集人（専門・変額課程）

生命保険を販売するための資格。専門課程に合格しないと変額課程を受けることができない。比較的かんたんである。

損害保険募集人

損害保険を販売するための資格。比較的かんたんである。

銀行業務検定

銀行業務検定には、法務・財務・税務の３種類がある。

ファイナンシャル・プランニング技能士２級／AFP

級数はいくつかあるが、FP２級やAFPを取得することが望ましいとされている。AFPはNPO日本FP協会が認定する民間資格。

金融コンプライアンス・オフィサー

銀行員が知っておくべき法令や、倫理観・社会的常識などが問われる資格。コンプライアンス遵守の必要性が高まるとともに受験者数も増加している。

宅地建物取引士

宅地または建物の売買などに対して、事務手続きを行う不動産取引法務の専門資格（国家資格）。

不動産鑑定士

不動産の価格やその適正な利用について判断するための資格（国家資格）。不動産業務におけるエキスパートとして活躍できる。

ファイナンシャル・プランニング技能士１級

ファイナンシャル・プランニング技能士の最上位。難易度も高く、合格率は10％程度。難関な資格だからこそ、取得すれば評価が上がる。

証券アナリスト

難易度が非常に高い資格。銀行の投資方針を決めるマーケット調査部などで必要となる。

ONE POINT

すべての基礎である“銀行事務の３基本”

銀行員として働くうえで必要な能力は、部署によって異なります。しかし、すべての銀行員に必要な能力が“銀行事務の３基本”です。
銀行事務の３基本とは、“正確・迅速・丁寧”を意味します。銀行業務は公共性が高いこと、ミスにより顧客に多大なる迷惑をかけてしまうことから「正確」であることが大前提です。また、顧客を待たせないことが信用力アップにつながるため、事務処理のスピードも大切です。そして、どれほど忙しいときでもぞんざいでなく、丁寧な仕事が求められます。
必要な能力は、業務を経験することで身につくので、まずはこの３基本をしっかり理解しましょう。

Chapter7
02

大量採用がなくなりつつある!?

銀行の新卒採用人数の変化と動向

銀行は新卒の大量採用が有名で、メガバンクでは毎年1,000～2,000人もの人材を獲得していた時代もありました。しかし、近年は採用を減しており、2020年の春採用はピーク時の３分の１程度に絞られたようです。

新卒大量採用が基本の銀行業界

青田買い
企業が新入社員の採用を行う場合に、人材確保のため、卒業予定の学生に早くから内定を出すこと。

銀行業界は新卒での大量採用が基本です。これはバブル期に優秀な学生を青田買いしていた過去からの慣例で、採用人数に多少の波はありますが、現在もこの傾向は続いています。銀行の採用人数が比較的多いのは、人の手で行う仕事が多いからです。預金・融資・為替の３業務において、すべてシステム化している業務はなく、営業から事務処理までどこかに必ず人手がかかっています。また、顧客の大切なお金を扱うため手続きミスは許されず、手続き担当者と上席によるダブルチェックも日常的に行われます。近年はシステム化も進んでいますが、いまだにアナログな部分が多い業界なのです。

銀行にとって、ビジネス拡大期は大量採用の時期でもあります。ある時期には１つのメガバンクだけで1,000人、2,000人もの人数を採用していたこともあります。採用した人員は、銀行が今後伸ばしたい分野に集中して配置されていました。近年では海外で戦えるグローバル人材や、リテール分野での人材育成を課題としていたので、新入行員や若手行員を国際部やリテール部署へ優先的に割り当てていました。

一方、バブル崩壊やリーマン・ショックなど銀行経営が悪化した時期は、どの銀行も新卒の採用人数を減らして人件費の削減に努めていました。また、2016年に日本銀行がマイナス金利政策を導入してからは、本業の伸びが鈍化していることを受けて、採用人数を絞る傾向が目立ちます。

減少する銀行の新卒採用数

３大メガバンクの2019年入社の新卒採用数は、三菱UFJ銀行

3大メガバンクの春採用（新卒）の推移

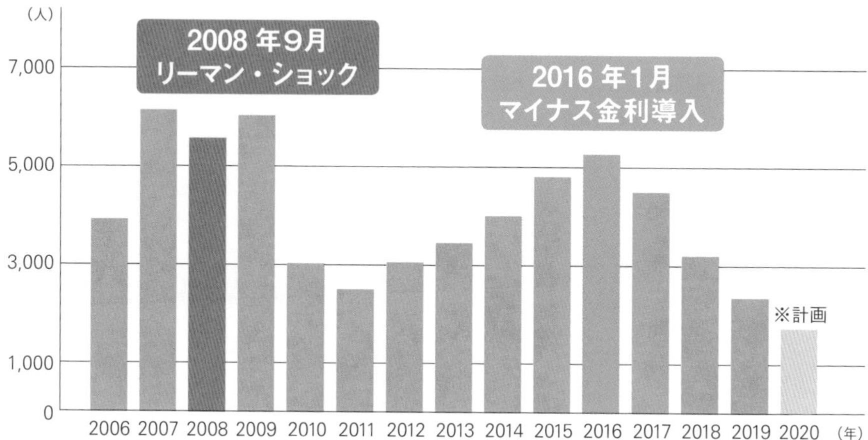

出典：https://www3.nhk.or.jp/news/special/sakusakukeizai/articles/20190402.htmlより作成

3大メガバンクの2020年春採用計画

	2019年春実績	2020年春計画
三菱UFJ銀行	959	530
三井住友銀行	667	600
みずほFG	700	550
合計	2,326	1,680

27.8%減少

※みずほFGは信託銀行も含む

出典：https://www3.nhk.or.jp/news/special/sakusakukeizai/articles/20190402.htmlより作成

が約960人、三井住友銀行が約660人、みずほ銀行が約700人で、計2,320人程度でした。他企業と比較するといまだに大人数を採用しているのですが、過去から比べると大幅に減少しています。2020年春の新卒採用数はさらに削減し、それぞれ530人・600人・550人の計1,680人を予定しているといわれ、ピーク時の3分の1になる見込みです。

銀行が採用人数を減らしている理由は、超低金利状態が長引いているため収益環境がなかなか好転しないことや、ITを活用した銀行業務の自動化が進んでいることが挙げられます。しかし、学生にとっては、FinTechの流行によって金融関連企業が増加し、ベンチャー企業でも金融業務に取り組めるといった選択肢が増えています。もちろん、メガバンクやメガ信託など大企業の安定性は魅力的ですが、新たな土俵で戦うチャンスでもあります。

Chapter7
03

一番知りたい！　もらえるお金の事情

気になる銀行業界の給与・収入差

各銀行の基本給与は最初こそ平準的ですが、年々昇給し、役職者になれば年収1,000万円を超えることも。一方で、50歳を超えると出向や社内規則により年収が下がることがあるので、生涯年収はそれほど高くありません。

銀行員の給与体系

新卒入社した銀行員の初年度給与は、大卒・総合職で20万円程度とほかの業界とほぼ同じか、若干低い水準です。その後は年に１、２回給与査定があり、年間で１～２万円ずつ上昇していくのが一般的です。ある銀行では、基本**給与額のテーブル**が社内で公開されていて、昇格した場合の昇給額や目標の給与水準の目安がわかるようになっています。

入社４、５年目になると**主任**などの役職につく人も多く、役職手当によって年収が数十万円単位で増えます。30代後半から40代にかけて課長職につく人も出てきますが、課長クラスになると年収1,000万円の大台がみえてきます。40代後半から50歳にかけては、支店長や副支店長、部長や次長といった役職につく人もいます。ここまで来ると年収1,000～1,500万円程度の年収が期待できます。加えて、銀行の経営状況に左右されますが、ボーナスを比較的安定して受け取れるのも、銀行員の大きなメリットです。

銀行員の職種は、転居を伴う転勤のある総合職と、店舗異動はあるものの基本的に同じエリアではたらき続ける地域総合職・**一般職**などがあります。このうち地域総合職や一般職は、総合職よりも給与水準が低く、大卒の初年度給与は月18～20万円程度です。収入が低くても、好きなエリアでずっと働けるのが、この職種の魅力的なポイントです。

昇進するにつれて高収入になっていく銀行員ですが、50歳頃になると支店長や部長など役職者の多くは子会社へ出向になったり、役職から外れて一般社員に戻ったりすることで、年収が半減することが多いようです。そのため、銀行員の生涯年収で考えると、他業種と比べても高いわけではないのです。

給与額のテーブル
職種や等級によって、どのくらいの給与をもらえるかがわかるようになっているもの。

主任
一般的には、管理職には該当しない、従業員のなかでのベテランを指す役職のこと。

一般職
特定の部署で継続的に特定の業務を行う職種。銀行では、口座の作成や振込・両替などの業務に従事することが多い。

業界別の年収とボーナスの比較

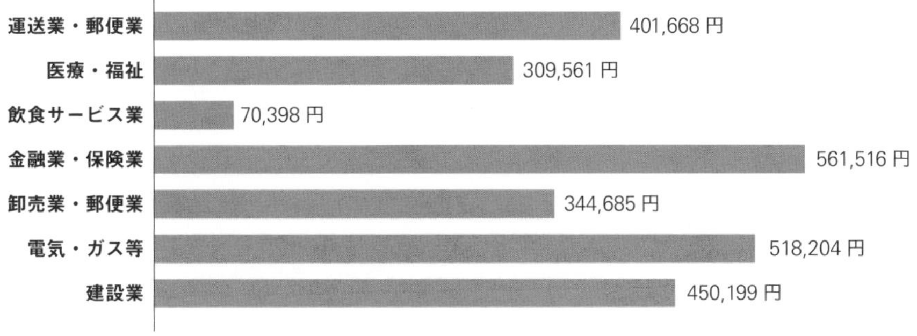

出典：厚生労働省「毎月勤労統計調査 平成31年2月分結果速報等」より作成

銀行別の平均年間給与トップ5（2019年度3月期決算）

順位	前年順位	銀行名	2019年	2018年
1	3	東京スター銀行	9,266	7,964
2	1	三井住友銀行	8,203	8,105
3	4	あおぞら銀行	8,037	7,913
4	6	三菱UFJ銀行	7,715	7,733
5	5	新生銀行	7,677	7,756

（千円）

出典：https://www.tsr-net.co.jp/news/analysis/20190724_01.htmlより作成

業態別・銀行別の収入状況

東京商工リサーチの調査によると、国内銀行81行の2019年3月期における平均年間給与は約610万円で、2016年3月期以来3年ぶりに前年を上回りました。各業態別の平均年収は、大手銀行で約760万円、地方銀行で約620万円、第二地方銀行で約555万円と、大手銀行の給与水準の高さがうかがえます。

銀行別の平均年間給与ランキングでは、1位は東京スター銀行の926万円、2位は三井住友銀行の820万円、3位はあおぞら銀行の803万円でした。また、前年より平均給与が増加したのは81行中46行で、過半数を超えています。超低金利時代が続いて採算が悪化している銀行も目立ちますが、FinTechの流行により競合企業が増えたため、優秀な人材確保のために給与アップや福利厚生の改善に取り組む銀行が多いようです。

Chapter7
04

銀行に入った後は、どういう道をたどる？

新卒行員のための キャリアプラン

銀行でキャリアを積んでいく際、若手のうちは同期と揃って昇進していきますが、課長クラス以降はポストが減少するため、出世争いが激化していきます。また、自分が希望する部署に入るための準備が大切です。

銀行における昇格と役職

銀行業界は基本的に「年功序列」で、年次が上がるほど高い役職や職位につきやすくなります。役職の名称は銀行によって異なりますが、役職の構造はほぼ同じです。

まず、行員の大半が新卒で入社（入行）し、一般行員からキャリアをスタートします。20代の入社５年目前後から「主任」や「課長代理」「**調査役**」など最初の役職につきますが、この頃はほかの同期社員との差はほとんどありません。

調査役
銀行によって異なるが、定められた資格（国家資格や金融関係の認定試験）を取得できた人が、入行３年目以降につく役職。

しかし、35歳前後から、「支店長代理」や「課長」「主席調査役」など管理職への仲間入りをする人があらわれます。このあたりから昇進に差が出るようになります。

そして、40歳を超えると「副支店長」や「次長」など、店舗や部門の二番手まで昇進するようになります。さらに、45歳を超えると「支店長」や「本部長」「事業部長」など、店舗・部門のトップに抜擢される人もいます。

課長より上の役職はポストがとても少なく、支店長クラスまで出世できるのは同期のうち２割程度といわれています。そして50歳前後になると役員まで昇りつめる人があらわれ、銀行経営にダイレクトに関わるようになります。

なお、役員は「取締役」と「執行役員」に分かれています。取締役は会社法上の役員で、会社の重要事項を決定する役割を担っています。一方の執行役員は、会社法上では従業員に分類され、会社の重要事項を遂行する立場にあります。この執行役員や取締役まで昇りつめるのはかなり難易度が高く、多くの管理職は道半ばで出向してしまいます。採用人数が多い分、銀行での出世レースは激戦になるのです。

銀行員の一般的なキャリアプラン

●60歳前後　役員

●40歳前後　支店長

副支店長・次長

課長

●30歳前後　支店長代理・課長代理

係長

主任

●22歳　一般

上司とのキャリア面談や職種の転換試験がある

　多くの銀行では年２回程度、上司とのキャリア面談の機会が設けられます。その直接的な目的は給与査定とボーナス査定で、現在の業務に対する意欲や実績見込み、資格取得やe-ラーニングなどの自己啓発の状況などがヒアリングされたり、上司から日頃のフィードバックをされたりします。合わせて将来のキャリアプランについて聞かれることが多いので、やりたい仕事や異動したい部署を伝えておくと、今後の異動の参考にしてもらえます。ただし、銀行は多くの行員を抱えるため、実際に希望どおりの部署に異動できるかどうかは未知数です。そのため、まずは現在の業務成績をしっかり上げて、希望部署から「この人が欲しい」といわれるよう活躍することが大切です。

　また、一般職から総合職へ、総合職から一般職へのキャリアチェンジも可能です。一般職から総合職を希望する場合「転換試験」を受ける必要があり、合格した行員だけがキャリアチェンジできるしくみになっています。

Chapter7
05

顧客を守るための、銀行のルール

人事異動が多いのも銀行員の特徴

銀行員にさまざまな経験を積ませるため、そして不正や癒着を防ぐため、銀行業界は他業界に比べ異動や転勤が多いという特徴があります。しかし金融庁の方針転換により、今後は中長期的なキャリア形成が叶うかもしれません。

銀行員が定期的に異動する理由

銀行業界では約３～５年ごとに別部署や他店舗への異動があり、他業界よりも転勤が多いという特徴があります。その主な理由は２つあります。

１つは、銀行の業務が幅広く、あらゆる部署で異なる知識や経験を積み、バランス力を身につける必要があるからです。預金・融資・為替の３業務だけでも多くの係に分かれているのに加え、銀行によっては不動産や年金業務なども行います。銀行の管理職や支店長・部長などのトップ層は、銀行の全体像をつかんでおく必要があるため、若手の頃からさまざまな部門・部署を**ローテーション**して、あらゆる経験を蓄えていくのです。

ローテーション
総合職は全国規模の転勤があり、地域総合職や一般職は家から１時間半以内など、通える範囲での異動がある。また、同じ店舗内で預金部署から融資部署へなど、店舗内異動も行われている。

なお、同じ部署でも、都心などの大規模店と地方都市の小規模店では、求められる役割や営業環境が異なります。そのため、メガバンクの総合職は全国に転勤して複数の店舗を経験することで、地域の特性を学ぶのが一般的です。

もう１つの理由は、顧客との癒着や不正の防止です。銀行員は顧客の大切なお金を扱っていますが、その価値に目がくらんで横領するなどの事件が発生することがあります。また、営業担当者が自分の成績を上げるために、顧客と癒着して不正をはたらく恐れもあります。このような不祥事を防ぐために、定期的に担当者の配置換えをして銀行の信用・信頼性をキープするよう、金融庁から指導されています。

しかし、2019年、金融庁のこの方針が方向転換されるという報道がありました。銀行員による不正や癒着防止は、抜き打ちでの内部監査などで対策する模様です。これにより、今後は総合職を中心とした過度な転勤や異動がなくなるかもしれません。

銀行員の一般的なキャリアパス

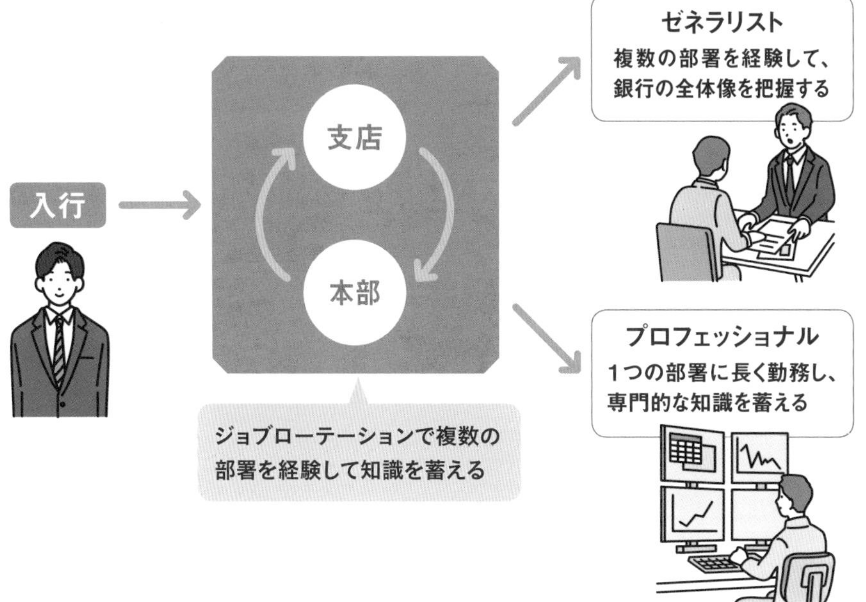

分かれるゼネラリストとプロフェッショナルへの道

銀行でのキャリアパス（出世・昇進への道）は、ゼネラリストとプロフェッショナルの２通りがあります。ゼネラリストは融資や預金の営業や企画などいくつかの部門を経験して、銀行の全体像を学びながら昇進していくタイプ。プロフェッショナルは、融資や預金、不動産や年金など、基本的に１つの部門内で長く勤務し、専門的な力を蓄えていくタイプです。

転勤や異動は、本人の希望が100％叶うわけではなく、銀行の都合も反映されます。しかし、希望がまったく反映されないわけでもありません。銀行員は、ゼネラリストになるかプロフェッショナルになるか、自分の希望キャリアを上層部に伝えながら、今いる部署で実績を示していきます。今後は金融庁の方針転換の影響で、１つの部署で中長期的なキャリアを形成しやすくなる可能性もあります。将来どのような銀行員になりたいか、若手のうちから計画しておくことが大切です。

Chapter7
06

優秀な人材を確保するための方針

充実した銀行員の福利厚生制度

優秀な人材を確保するため、銀行業界の福利厚生制度は従来から充実しています。近年は特に結婚・出産後の行員向けに、柔軟なはたらき方ができるように制度が整えられつつあります。

金融庁からの指針に連続休暇の取得が示されている

銀行業界は古くから終身雇用を前提に、手厚い福利厚生制度を充実させてきました。近年は、長引く超低金利による経営不振や**団塊世代**の大量退職などが影響して、特に若手・中堅層の人材確保に力を入れています。

具体的な福利厚生は、休暇制度、各種手当、キャリアサポートなどです。まず休暇制度は、年20日の有給休暇が取得できる年次休暇制度や、連続休暇制度、半日単位で休める半日休暇制度などがあります。実は、銀行員は不正防止の観点から、年に1回は1週間以上の連続した休暇の取得を金融庁から義務付けられています。そのため、長期的な休みを必ず取得できます。

また、従来の銀行は寮を完備しており、転勤してきた総合職は数千円～数万円程度で住めるという利点がありました。しかし、近年はコスト削減から寮を手放し、代わりに数万円の住宅手当を支給する銀行が多くなっています。

銀行によって異なりますが、このほか、資格試験の受験料・教材費などの補助、**従業員持株会**に対する一定の補助金、**カフェテリアプラン**の利用など、行員の生活や資産面をサポートするためのさまざまな手当・補助金の制度が用意されています。

従来の銀行の一般職女性は、結婚して寿退社をするイメージがありましたが、近年は共働き世帯が専業主婦世帯よりも多くなったこともあり、結婚後もはたらき続ける女性や、出産後に復職する女性も増えました。従来からある産前産後休業制度や育児休業制度に加え、一度退職した行員が復職できる「カムバック制度」を用意した銀行もあります。今後は、“男性の育休取得”を推進し、男女とも長く働ける環境の整備に力を入れる見込みです。

団塊世代
1947年～1949年生まれの戦後世代のこと。第一次ベビーブーム世代ともいう。全員70歳以上になり、すでに定年退職している。

従業員持株会
自社株を少額から定期購入できる制度。購入時に一部補助金を出す会社もある。

カフェテリアプラン
外部機関の福利厚生メニューから好きなものを選択して利用できる制度のこと。宿泊施設や育児サービス、スポーツジムなどのメニューがある。

銀行の福利厚生一覧

福利厚生制度

育児・介護休暇による行員のライフサポート

人間ドックの費用補助などの行員の健康をサポート

英会話や資格取得のための費用を全額または一部補助

有給休暇消化の促進、リフレッシュ休暇など

従業員持株会に対する一定の補助金を負担

住宅費用の一部補助制度

制度があることよりも制度の実施率が重要

銀行の福利厚生制度は従来から充実していましたが、すべての制度が活用されていたかというと、そうとはいえません。特に、重要な課題といえるのは、育休や時間短縮勤務など女性の復職に関連する分野です。産休・育休を利用して復職した女性は、休職前のポストにはすでに後任が着任しているため、復職直後は別部署で勤務する可能性が高くなります。また、子どものお迎えがあるため、時短勤務を利用して午後の４時には退行（退社）します。このとき、慣れない仕事と育児をこなしている女性行員に対して周囲の理解やサポートがないと、結局退職してしまうケースも。男女ともにはたらきやすいよう、フレックス勤務や育児中の在宅勤務制度など、さまざまな制度を導入する銀行が増えていますが、それが行員の支えになるかどうかは職場の環境次第といえるでしょう。

Chapter7
07

長期雇用の概念がなくなりつつある

人材の流動性が高まりつつある銀行業界

長期雇用・安定雇用が基本だった銀行業界。退職した場合も、専門知識を活かせる同じ金融業界内へ転職するのが一般的でした。しかし、近年は他業界やFinTechベンチャーへの人材流出も見受けられます。

意外と高い銀行業界の離職率

これまでの銀行は、新卒で入行してから定年まで勤め上げる行員が多く、銀行を辞めたとしても、自分の経験や知識を活かしやすい金融業界内で転職する傾向が強くありました。他業界・他業種からの人材流入も少ないため、銀行業界は人材の流動性が比較的低い業界だといえます。当時は、「銀行なら倒産しないだろう」という雇用安定性や、他業界に比べて高収入だったこと、会社員としてのステータスが高かったことが魅力でした。

今でも銀行は人気がある業界で、大量採用なこともあり新入社員がたくさん入行します。しかし、バブル崩壊やリーマン・ショックなどの影響で銀行の破たんや合併が起こり、銀行＝安定という印象が薄まりつつあります。さらに日本銀行のゼロ金利政策によって経営に苦しむ銀行が目立つようになり、相対的に銀行の魅力が下がっているのも事実です。

また、「意外にノルマがきつかった」、「何年経っても希望部署に行けない」などの理由から、退職する行員が年々増加しています。「東洋経済」が公表している「『新卒３年後の離職率』が低い100社ランキング（2019年４月）」によると、銀行でトップ100にランクインしたのは、新生銀行のみです。銀行は退職者数を公表していませんが、一般的な３年後離職率は約30％といわれているなかで、地方銀行を筆頭に、それと同水準もしくはやや多い人材が銀行を退職している可能性が高いと思われます。

他業界への人材流出が増加傾向にある

銀行に転職してくる人材は、他銀行や証券会社などの金融機関出身の人が多いですが、不動産会社や事業会社の経理担当など、

新卒が入社後3年以内に退職する割合

銀行名	離職率
三菱UFJ銀行	8.1%
三井住友銀行	7.5%
みずほ銀行	8.4%
りそな銀行	8.8%

出典：2017年に東洋経済新報社が行った調査より作成

銀行員の転職決定数の推移

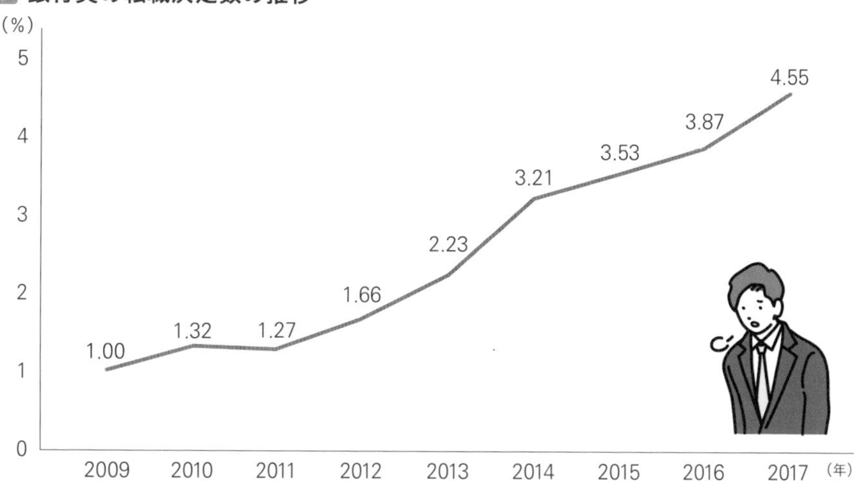

出典：https://toyokeizai.net/articles/-/222535?page=2より作成

銀行と接点のあった業界から流入するケースも見受けられます。

一方、近年の銀行業界は雇用を絞っていることもあり、人材が流出気味です。退職した人材の転職先はさまざまで、大手銀行や外資系金融機関へキャリアアップ転職をする人もいれば、ネガティブな理由から銀行を離れ、違う業界でゼロからやり直す人もいます。銀行で得た資格やスキルは専門性が高いため、他業界では役に立ちにくいものもあります。しかし、営業力やコミュニケーション力など、共通して役立つスキルをアピールできる人は、他業界への転職も可能でしょう。最近ではFinTech分野が盛り上がっているため、大手銀行からFinTechのベンチャー企業へ転職する人もいます。今後の銀行は、優秀な人材をつなぎとめられる価値を提供していく必要があります。

COLUMN 7

70歳定年時代へ突入!?

雇用の延長制度が始まっている

現在、企業の従業員が希望すれば65歳まで働けるようになっていますが、その実質的な定年が延長される見込みです。政府は2019年5月に開催した「未来投資会議」で、希望者が70歳まで働ける機会の確保を"企業の努力義務"とする方針を示しました。法律が改正されれば本格的な「定年70歳時代」に突入し、もちろん銀行業界もその対象となります。

この流れを受け、まず複数の地方銀行が定年後の継続雇用の上限を65歳から70歳に引き上げました。引き上げを決めた鹿児島銀行は、その目的を「定年退職後でも安定した就労・収入の機会を確保するため」とし、高年齢者層のスキルやノウハウを発揮できる職場環境の実現に取り組む予定です。

りそなホールディングスもいち早く雇用延長を表明しています。現在は65歳まで再雇用する「マスター社員制度」を導入していますが、2019年10月からは同制度の上限年齢を5歳延長しました。

70歳定年制度によるメリットとは？

この70歳定年は銀行や銀行員によって有益なのでしょうか。銀行側のメリットは、採用数が減っている新卒行員に代わる貴重な戦力が確保できること、そして従業員側のメリットは、年金以外の安定的な収入を得られることです。実際、りそなホールディングスが60歳以上の従業員にアンケートを取ったところ、4割以上が「65歳以上もはたらき続けたい」と希望したそうです。

一方で課題もあります。シニアスタッフの仕事内容や給与水準、労働時間などの設定を誤ると、ほかの世代が不公平だと感じ、世代間に歪みが生まれる懸念があります。

銀行の業務は若手層からベテラン層まで、あらゆる世代の行員が一丸となってこそ円滑に機能します。70歳定年の導入が効果的になるよう、その導入方法はよく検討すべきでしょう。

第8章

銀行員の役割と業務内容

銀行の顔ともいえる「支店」。そこでは、どのような人がどういった業務を行っているのでしょうか。本章では、支店で働く人々に迫ってみましょう。そして、銀行業界を学ぶうえで必ず知っておきたい、反社会的勢力・マネーロンダリングへの対応、個人情報の取扱いも押さえておきましょう。

Chapter8
01

一般的な支店のつくり

銀行の支店は、窓口やロビーのあるフロアだけではなく、外回りの営業担当者などがいる営業室、顧客対応をする応接室・VIP室などがあります。出入り口にはセキュリティ機能を高めるための人的工夫もされています。

支店の中心は窓口業務

銀行の支店は、銀行サービスを提供する最前線です。多くの顧客と接点をもち、外からみえる部分も多いので、顧客への接客態度やCSを重視した行員教育が行われています。

CS
Customer Satisfactionの略。顧客満足度のこと。顧客が満足し、かつその満足度が継続するような工夫がされている。

銀行の支店に行くと、ずらりと並んだ窓口があります。この窓口には番号が付与され、手続き内容ごとに担当窓口や担当行員が分かれています。口座開設や資産運用、住宅ローンの相談など時間のかかる手続きは、椅子のある「ローカウンター」で行われます。ローカウンターは顧客がくつろぎやすいよう配慮されており、近年はほかの顧客からみえないように、ブースや半個室になっている銀行が増えています。

一方、預金の入出金や振込・納税などの手続きをするのは、背の高い「ハイカウンター」です。こちらの手続きは迅速な対応が求められるため、椅子を用意せず効率性を重視した接客を行っています。カウンターで手続き内容を伝え通帳や書類を預けると、番号札を渡されるので、顧客はロビーのソファで手続きが終わるのを待ちます。窓口の後ろには、預かった書類を手続きする「後方事務」担当者が大勢いて、それぞれの担当業務を丁寧かつ迅速に処理しています。処理を終えた書類や通帳は必要に応じて役職者によるチェックを受けてから、顧客に返却されます。

銀行では、手続きが完了するまで長時間待たされることがあります。その理由は、手続きが複雑、本部・他支店・他銀行に確認する必要がある、役職者が取り込み中で承認が下りないなどさまざまです。そこで、タブレットを導入して手続き時間を短縮する、混雑する昼休みの時間帯に他部署から応援を回すなど、窓口業務の効率化を図っています。

店舗のつくり（例）

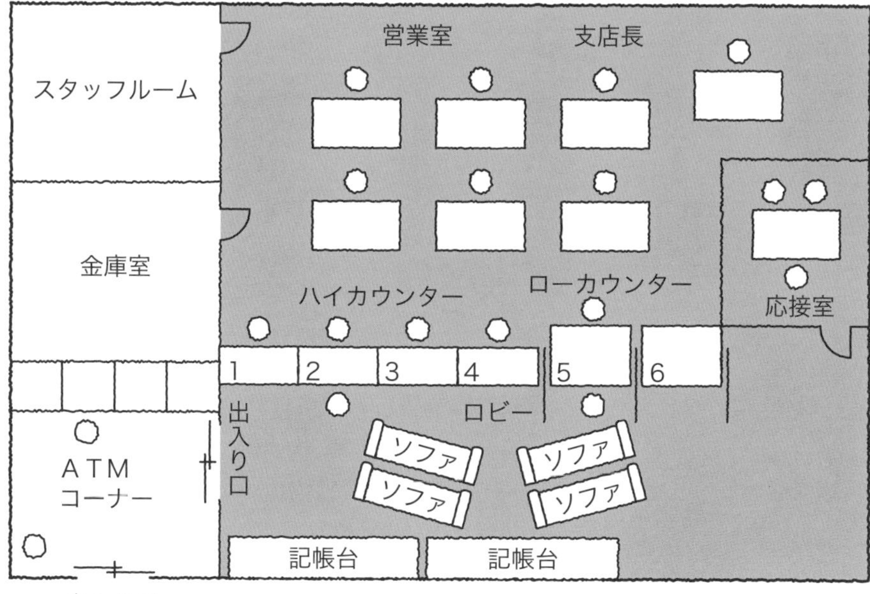

実は広いバックオフィスがある営業室

支店には、外回りで預金の預かりやローン相談などを行う個人営業担当者（渉外担当者）や、法人営業担当者なども在籍しています。大規模な営業店ほど彼らのデスクがあるバックオフィス、いわゆる営業室にスペースが割かれています。

その周辺には、来店した顧客の対応をする応接室やVIPルームがあります。特に、住宅ローンなどの個人融資の相談及び契約は、支店内で顧客対応をすることが多く、閉店してシャッターが下りた後でもアポイントを取った顧客が来店します。

なお、銀行では多くの現金が行き交うため、セキュリティ面は万全です。銀行の出入り口には常に案内担当の行員が配置されていて、にこやかに顧客を迎えつつ、不審者がいないか目を光らせています。

また、ロビーにあるソファは、窓口から顧客の行動がみえるように設置されているため、行員によって常に顧客の動きが把握できるようになっているのです。このような日々の行動により、銀行の安全は守られています。

Chapter8
02

迅速・丁寧・正確が合言葉

支店行員の役割①
預金窓口と為替・外為窓口

支店窓口で対応するテラーは、口座開設などを行うローカウンターと、預金や為替、支店によっては外為窓口を行うハイカウンターに分けられています。まずは、ハイカウンターの仕事を確認しましょう。

迅速な手続きが求められる預金窓口

窓口の対応業務を行う銀行員は「テラー」と呼ばれます。基本的には一般職の女性が担当することが多いですが、**嘱託社員**、男性のテラーがいることもあります。

来店する顧客は、預金の入出金や振込、税金の支払いなど、すでに手続き内容が決まっている依頼を持ち込むため、テラーにはスピーディーな対応が求められています。そのため、窓口には、入出金や**札勘**（さつかん）などを行うためのさまざまな機械が備え付けられており、その場でかんたんな手続きができます。近年はインターネットバンキングやATMでも振込が可能ですが、**振り込め詐欺**の被害が増加した影響で法律が変わり、10万円を超える現金での振込は窓口でしか行えません。こうした防犯上の理由から、窓口手続きは今後も一定数は必要とされるでしょう。

嘱託社員
契約社員の一種で、多くの場合は定年退職後に再雇用した者を指す。嘱託社員の雇用形態は法律上の定義がないため、条件など具体的な内容は企業によって異なる。

札勘
お札を数えること。機械がなくても数えられるよう、新人行員は札勘の研修がある。

振り込め詐欺
公務員や銀行員、親族などを装って電話や文書などで相手をだまし、金銭の振込を要求する特殊詐欺。

外貨両替や外国送金を行う外為窓口

銀行には、外貨両替・外国送金といった外国為替業務を行う窓口が併設されていることがあります。外貨は偽札も多く、利用目的の確認などにも時間を要するため、特定の支店でのみ取扱いをしている銀行も少なくありません。両替と同様に、外国送金も複雑なプロセスを踏む手続きです。依頼書は、すべて英文で記載する必要があるため、顧客の記入ミスによる送金の遅延なども多く、その対応にはより一層慎重さが求められます。

このような理由から、国内銀行、特に地方銀行では外国送金や外貨の取扱いに消極的な傾向があります。一方、SMBC信託銀行や新生銀行などは、英語スタッフが在中する**グローバルブランチ**をオープンするなど、積極的な姿勢をみせています。

グローバルブランチ
英語での取引を希望する顧客に対して、英語の店舗案内や商品説明書を用意し、それらサービスの説明に高い英語能力があるスタッフが在中する店舗。

ハイカウンターの業務

預金の入出金、振込などの受け入れ業務がメイン

窓口では、「迅速・正確・丁寧」が求められる

「現金その場限り※」という合言葉をもとに、入出金手続きを行っている

※現金その場限りとは、現金はその場でしか確認できないので、後から多かった、少なかったという状況が起こらないようにするという意味

本人確認の徹底など、さまざまな法令、内部ルールに基づき手続きを実行する

外貨両替や外国送金を受け付する窓口が併設されていることもある。マネーロンダリングや反社会的勢力による手続きを防止するのも大事な業務の1つ

ONE POINT

支店窓口のローカウンターは最初のセキュリティチェック

テラーのハイカウンターとは違い、ローカウンターで行っているのは、口座開設や資産運用・住宅ローンの相談など、手続きや説明に時間がかかる事務手続きがメインです。最近はマネーロンダリングや反社会的勢力との取引などを防ぐために、口座を開設する理由を詳細にヒアリングして書類に記載したり、反社会的勢力でないことを申告する書類に同意してもらうなど、必要な手続きが増加しています。行員はここで経験値を積むことで、顧客が話す内容の矛盾点などが判断できるようになります。窓口は銀行の「顔」であり、不審な取引を未然に防ぐ「検問所」の役割も果たしているのです。

Chapter8
03

顧客に最適な商品を提案する

支店行員の役割②
資産運用担当

銀行支店の資産運用窓口ではどのような相談業務を行っているのでしょうか。多種多様な運用商品を取り扱う行員は、複数の資格取得や自己研鑽が求められ、高い営業目標を課せられていることも多いようです。

資産運用窓口での相談内容

銀行支店での資産運用相談は、ローカウンターにて行われます。現在では定期預金などの預金商品に加えて、投資信託や**個人向け国債**、個人年金保険や医療保険などの資産運用商品や保険商品も案内しています。扱う金融商品が増えたことで、顧客の資産状況や資産運用方針をヒアリングすることや、複雑な商品内容を説明する機会が増えました。そのためカウンターを低くして座りやすい椅子を置き、資産運用についてじっくりと相談できるつくりになっているのです。

個人向け国債
個人が購入できる国債のこと。毎月発行されており、募集期間内の国債に申し込みできる。

資産運用相談の流れは、まず顧客の資産運用の目的や家族構成、資産状況、**リスク許容度**などを確認するところから始めます。これは2007年に施行された「金融商品取引法」で、顧客の財産・知識・経験・運用目的に合わない勧誘が禁止されたためで、各銀行ともこの「適合性の原則」を遵守するよう徹底しています。聞いた内容は「ヒアリングシート」に記載し、商談後に銀行の情報系システムに登録・反映させ、どの端末でも顧客情報が確認できるようにしています。

リスク許容度
どの程度のリスクを取ることができるかを確認したもの。5段階評価や%などで登録される。

行員はヒアリングした内容をもとに、顧客に合った商品を提案します。わかりやすく説明するために、商品パンフレットや商品の運用実績、最近の市場動向などのレポートも使用します。購入商品が決まったら、運用商品のリスクや重要事項を説明されたことを証明する書類に署名・捺印してもらい、商品の申込書を作成し、通帳や現金を預かって購入手続きを進めます。

多種多様な商品を扱う資産運用担当者になるためには、投資信託や保険商品などを販売する資格である「証券外務員」や「生命保険募集人」などの取得が義務付けられています。

複雑化する資産運用窓口の状況

資産運用商品の提案から締結までのプロセス

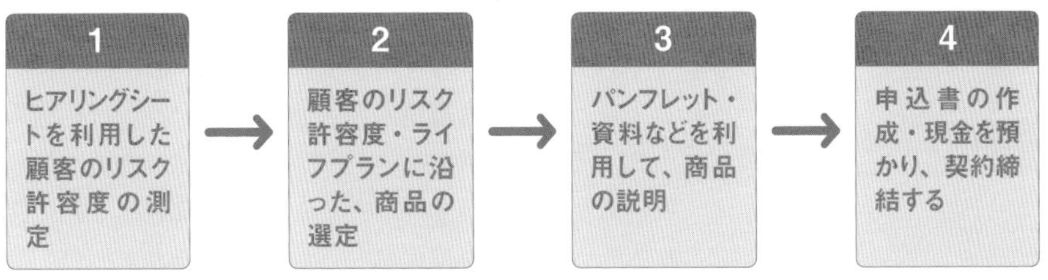

ONE POINT

営業成績を求められるテラーの苦悩

もともとテラーは、定期預金や貯蓄預金などリスクの少ない、元本補償商品を顧客に案内していました。しかし、超低金利時代に突入し、各銀行の収益が悪化してからは、金利の低い定期預金の代わりに、投資信託や保険などのリスク性商品を窓口でも販売するよう方向転換しました。その結果、従来は商品の案内やかんたんな手続きをするだけだったテラーにも、多様な商品を案内する営業力やコンサルティング力が求められ、その能力に合わせて営業ノルマも課されることが一般的になったのです。

この業務内容の変化を受け、総務や事務などの部署に異動希望を出したり、どうせ営業するならと、収入の高い総合職へ転換したり、一般職行員の人事異動が相次いだ店舗もありました。銀行の営業方針の変更は、多くの行員を左右する重要なファクターなのです。

Chapter8
04

銀行の外で営業活動を行う

支店行員の役割③
渉外担当

銀行の外で活躍するのが渉外担当者です。その多忙な一日のスケジュールは、どのようになっているのでしょうか。また、渉外担当者には再就職をした派遣・嘱託社員も多く在籍しています。

渉外担当者の業務内容

銀行の外へ出て外回り営業をする渉外担当者。従来の活動は、担当エリアを回って定期積立の掛金や個人商店などの売上金を集めることでした。JAや信用金庫などでは現在も集金業務を行っているところもありますが、非効率的かつ収益への貢献度が低いため、その頻度は減少しています。

近年の渉外担当者の業務は、資産の多い個人顧客や遠方で店舗に来られない顧客を回って、**定期預金の書き換え**や資産運用の提案をすることです。法人融資担当と協力して、法人の預金の預かりを提案するケースもあります。渉外担当者は膨大な顧客リストをもとに、どの顧客にアプローチしたら効率よく業務をこなし収益を上げられるか、日々工夫を重ねながら営業しています。

定期預金の書き換え
満期が到来した資金で、新しい定期預金を作成すること。

渉外担当者の一日

渉外担当者はどのようなスケジュールで動いているのでしょうか。まず、始業とともにその日のアポイント先を確認し、必要な商品パンフレットや書類、**もち出し用端末**などをもって外出します。担当エリアにもよりますが、一日に回れる件数は10～20件程度。遠方は軽自動車、近場は自転車やバイクでの移動が一般的です。

午前中のアポイントが終わると、一度支店に戻り、昼食をとるのが一般的です。顧客から預かった現金や書類を整理して、再度アポイントのために外出します。夕方頃に帰社し、書類の整理や稟議書の作成をして、一日の業務内容を上司に報告します。その後は、時間があれば顧客に電話をかけ、数日先～翌週のアポイントを取ります。そうしている間に定時になり、業務の終わった人から慌ただしく退行して一日が終わるのです。

もち出し用端末
タブレットや小型PCなど。銀行の端末は、セキュリティ強化のため、専用のキーや暗証番号がないと開けられないようにしていることが多い。

涉外担当者の一日のスケジュール例

8：30 朝礼

店舗全体で、本部からの通達事項の確認や、支店内の連絡事項、個人の活動についてシェアされる

9：00 涉外チームミーティング

涉外チーム内で、現状報告や、当日の目標の確認などが行われる。そのほか、稟議書・提案書の作成も行う

9：30 外回り〜顧客宅を訪問し金融商品の提案を行う

12：00 昼食→外回り

昼食のために一度支店に戻る。その後、午後のアポイントのために再度外出する

17：00 支店に戻る

稟議書・本部報告書作成、上司への報告、次のアポイントを取るなど

18：00 業務終了

活躍する派遣社員と嘱託社員たち

銀行には正社員だけでなくパートスタッフや派遣社員、嘱託社員も勤務しており、近年は、女性の派遣・嘱託社員が涉外担当者として活躍することも多いようです。彼女たちの多くは結婚や出産などで一度職場を離れた元銀行員で、子育てが一段落した後に再就職し、涉外担当という営業の最前線で活躍しています。なかには、正社員より優秀な営業成績をおさめる人もいて、貴重な営業戦力になっています。

2008年に「改正労働者派遣法」が施行され、各業界はパートや派遣社員の労働条件を改善するよう求められました。銀行業界ではこの流れを受け、メガバンクを中心に派遣社員を正社員や契約社員として雇い入れ、三菱UFJ銀行では約1,000人もの派遣社員が契約社員へと転換しました。銀行はこのような改正に都度対応し、涉外担当者たちの労働環境の改善に努めています。

Chapter8
05

住宅ローンがメイン商品

支店行員の役割④ 個人融資担当

支店には個人向けの融資窓口も設置されており、ここでは来店した顧客の対応をしています。一方、個人融資の渉外担当者は、不動産デベロッパーやハウスメーカーなどに営業をかけ、大口案件が獲得できるよう努力しています。

支店の個人融資窓口での対応

銀行では個人向けの融資商品を複数扱っていますが、そのメインは住宅ローンです。近年は低金利が続いているため、利ザヤが稼ぎにくい状況が続いていますが、顧客側からすれば低金利で住宅ローンを借りられるという好条件なので、その利用者は年々増加しています。

そのほか、アパート経営をする個人が利用できるアパートローンは、通常の住宅ローンよりも金利が高めに設定されています。銀行は、アパートローンの審査をやや厳しくし、ローンを返済しながらでも収益を出せる健全な資金計画を立てている個人に貸し出すことで、貸し倒れを防いでいます。

なお、個人窓口の融資担当者は銀行に来店した顧客の対応をしています。顧客の相談内容を聞いて適したローン商品の概要を説明し、仮審査申込書に記入してもらいます。審査は銀行内ではなく、グループ会社である保証会社が行うため、その場で審査結果はわかりません。翌日〜数日後、電話にて審査結果を伝えます。顧客が正式な申し込みを希望した場合、再来店もしくは郵送で本申込書や必要書類を提出してもらい、あらためて正式な審査にかけ、問題がなければ**契約**・融資実行という流れになります。住宅ローンなどとは異なり、カードローンはインターネットから直接申し込みする顧客が多いようです。

個人融資の渉外担当者の業務内容

個人融資の渉外担当者は、定期的に**不動産デベロッパー**や**ハウスメーカー**などの企業先を訪問し、不動産会社の担当者から住宅購入を希望する人に自行のローンを紹介してもらうよう営業して

契約
住宅ローン契約の正式名称は「金銭消費貸借契約」(通称、金消)と呼ばれる。

不動産デベロッパー
街や土地の大規模開発を行う不動産会社のこと。

ハウスメーカー
注文住宅を販売している企業のこと。実際に工事をする施工会社とは異なるケースが多い。

融資を行う際に銀行が考慮する項目（2017年度）

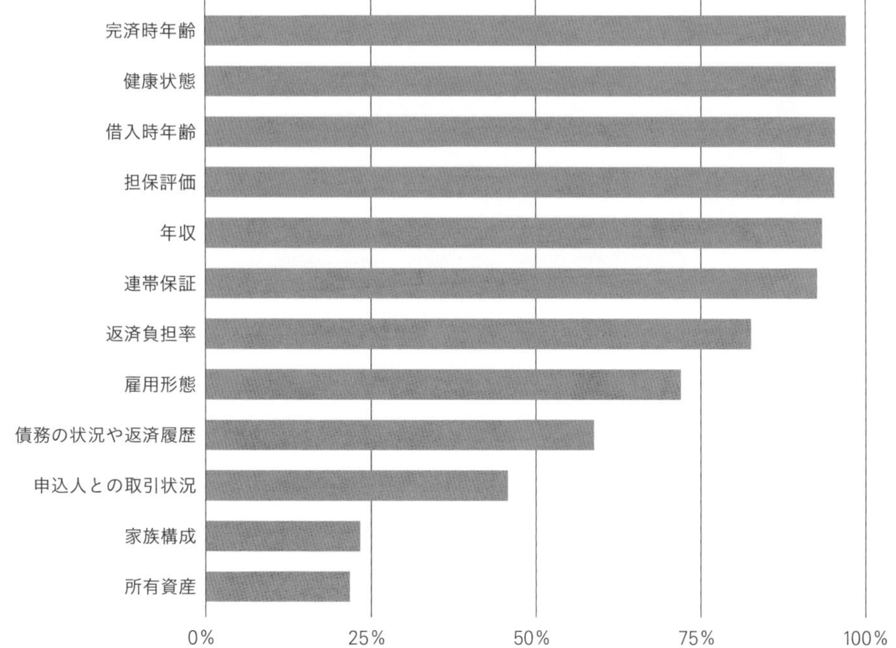

出典：国土交通省「平成29年度民間住宅ローンの実態に関する調査結果報告書」より作成

います。こうした営業活動が功を奏し、数十件単位でローン案件が獲得できることもあります。

　これから新築する分譲マンションや分譲住宅の場合は、休日出勤をして不動産契約会に出向き、会場にブースを設けてローン契約会を実施することもよくあります。契約担当者の人数が必要な場合は、同じ部署のメンバーや本部のローン契約専門のスタッフに応援を依頼します。こうした大型案件をつかんでいると、個人融資で好成績を収められるようになります。

　さらに不動産会社とのパイプをより太くするため、銀行本部と不動産会社との間で契約を取り交わし、融資金利や返済比率などを優遇できる「提携ローン」にして、営業しやすくするケースも見受けられます。近年のローン商品は利ザヤ収入が少ないとはいえ、ローンをきっかけに長い付き合いになる顧客も多いため、個人融資は今でも重要な業務の１つなのです。

支店には、複数人の管理責任者がいる

Chapter8 06

支店行員の役割⑤ 管理責任者

支店は支店長などのトップ層によって運営されており、支店長はあらゆる業務の責任者となっています。近年は支店ごとにコンプライアンス運営体制を整えていて、支店全体で法令遵守を徹底しています。

支店の管理体制

支店は、支店長をトップとして、次長、課長などの役職者たちによって運営されています。彼らは定期的にミーティングを行い、支店運営が円滑にできているか、支店に課されたノルマの達成率はどれくらいかなど、あらゆる情報を共有します。重大な問題が発生した場合は、速やかに状況を把握し、必要に応じて本部とも連携を取りながら問題解決に努めています。

近年の銀行は、法令遵守（コンプライアンス）の徹底を意識した管理体制＝内部統制を整えています。銀行は「お金」という公共性の高いものを扱っていながら、過去には、第一勧業銀行（現：みずほ銀行）が「総会屋」に融資をするなど、不正な利益を供与した事例もありました。しかし、2000年代に入ってから国内でコンプライアンス遵守の意識が高まったこともあり、法律や条例だけでなく、その背景にある社会良識や社会規範を守りながら銀行運営をするよう強く求められています。

そのため、銀行では支店ごとにコンプライアンス運営体制を構築し、その責任者のトップである「内部管理責任者」を配置しています。この内部管理責任者は、支店長とは別の役職をもつ人、主に総務や管理部門の課長が任命されるのが一般的です。支店長も内部監査の対象に含めることで、支店全体のコンプライアンスを徹底できるようにしているのです。

総会屋
会社の株式を若干数保有し、株主としての権利を濫用することで会社から不当に金品や利益を収受・要求する反社会的組織のこと。

内部管理責任者
内部管理責任者は、各支店や営業所での取引の合理性や、その管理体制を厳しくチェックする責務を負う。

ある支店長の一日

支店長は、まず出社前に新聞を開き、その日のニュースをチェックします。取引先の情報や「おくやみ欄」に目を通すことも大切な日課です。

支店の役職者と役割

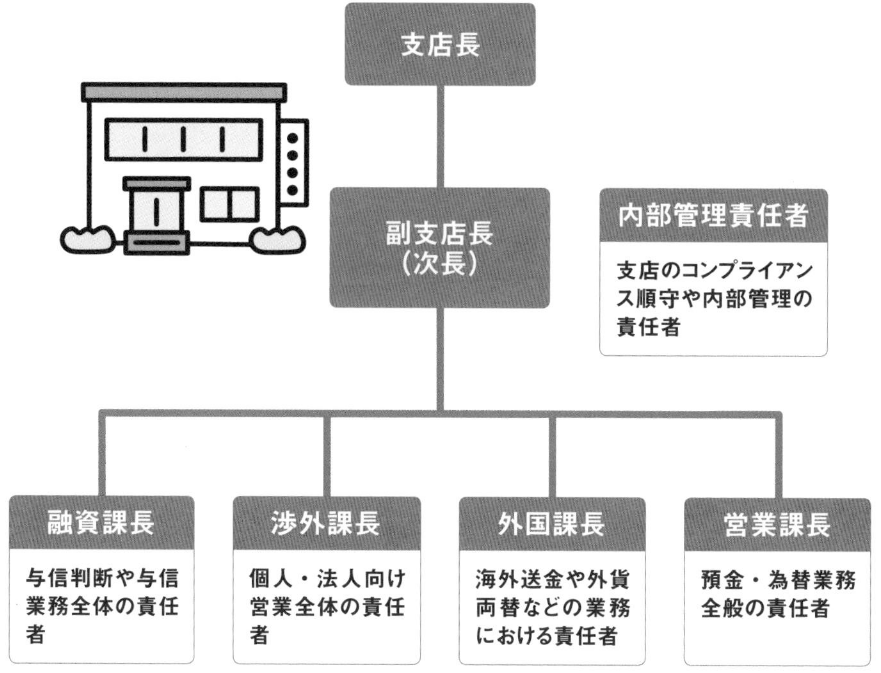

出勤したら、本部からの通達や、支店内外から届いたメール・書類を確認します。支店長にはあらゆる情報が集まってきますが、なかには口外できない重要事項もあります。公開できる情報は部下に伝え、業務に活かしてもらいます。

営業が始まってからは、支店長宛の来客に応対します。来客は法人取引先や富裕層の個人顧客などさまざまで、銀行側から訪問することも少なくありません。また、時間をみつけて銀行フロアや営業室に出向き、行員とのコミュニケーションを図りつつ、支店長決裁が必要な書類をチェックして決裁印を押したり、回覧に目を通したりと、細かな業務をこなします。

支店の営業成績を管理するのも支店長の重要な仕事です。成績がなかなか上がらない場合には、自店内で管理者会議などを実施したうえで、改善策について担当部署と相談します。そうしている間に、あっという間に退行時刻になります。近年は残業に厳しいため、支店長は自ら率先して退行しています。

通達
銀行の本部から出される文書のこと。人事異動や営業キャンペーンの内容など重要な通達事項が多いため、必ず目を通す必要がある。

決裁印
支店長決裁が必要な稟議書などに押印する際に使う判子のこと。大規模店の場合は支店長権限を次長に移譲していることもある。

Chapter8
07

すべての手続きに、細かいルールが存在する

マニュアル第一主義の銀行業界

銀行は何かあるとまずマニュアルを確認するほど、「マニュアル第一主義」の企業です。複雑な手続きをミスなく実行するための“先人たちの知恵”なので、マニュアル記載のプロセスから逸脱することは許されないのです。

銀行がマニュアルを重視する理由

銀行業務で何か疑問や不明点があった場合、まずマニュアルを確認するよう行員は指導されます。銀行がマニュアルを重視する理由は、すべての行員が正確な手続きを実行できるようにするためです。顧客の大切なお金を扱う銀行の業務では、複雑な手続きが多いからといって間違いは許されません。また、**重過失**や**故意の過失**などは法にふれる可能性もあります。銀行ではたくさんの行員が働いているので、誰が手続きをしても円滑に進むようマニュアルを制定しているのです。マニュアルの解釈が人によって異なる場合は、マニュアルを制定している本部に質問を投げ、その回答に合わせるようにします。また、時代の変化にそぐわなくなった内容があれば、本部がマニュアルを適宜改正して、円滑に運用できるようサポートしています。

重過失
注意義務に違反するような重大なミスのこと。

故意の過失
過失が意図的なものであることを指す。

銀行にある代表的なマニュアルは「事務規定集」です。これは銀行で行う事務手続きについて網羅したもので、支店にいるテラーや後方事務の担当者など、多くの行員がこの事務規定集に沿って手続きを行っています。事務規定集の文書量は膨大ですが、使用頻度が高いため、支店に冊子が置いてあったり、デスクの端末から**イントラネット**上の書面を閲覧できたりと、いつでも確認できるようになっています。

イントラネット
社内限定で利用できる、会社専用のネットワークのこと。各種の通達やマニュアル、営業成績などはイントラネット内のウェブサイトに掲載される。

例えば、口座開設の事務手続きについて事務規定集で確認すると、顧客から受け取る申込書や必要書類の内容、印鑑を押す場所、口頭で確認する内容と確認すべき事項、書類に控えておく内容、必要な検印や権限など、あらゆる手続きに対して詳細な内容が定められています。

ほかにも接客マニュアルや渉外関連マニュアル、防犯訓練マニ

行内の事務処理のプロセス

1 **受付**
・顧客から伝票等の受付

2 **申込書のチェック**
・受付担当者と責任者による申込書の確認
・不備があれば受付担当者へ返却

3 **事務処理**
・受付担当者、または後方事務によってシステム入力

4 **入力内容のチェック**
・申込書と入力内容に相違がないか、責任者による確認

5 **顧客に返却**
・顧客控え、確認のために預かった書類などを返却

ュアルなど、銀行にはさまざまなマニュアルが存在しています。すべてを覚えるのはベテラン行員でも難しいため、まずは使用頻度の高い内容や掲載場所から覚えましょう。

ONE POINT

銀行の支店内でよく耳にすることは？

銀行の窓口で勤務していると「検印お願いします」という声を一日に何十回、いや何百回と聞きます。検印とは、課長や課長補佐などの役席者がチェックしたことを示す印鑑のこと。銀行では自分と役席者との「ダブルチェック」が基本なので、手続き書類にはほぼ検印が必要なのです。しかし、検印を押す役席者も忙しいので、いつも席にいるわけではありません。そこで役席者が不在になると「今、支店長とミーティング中です」など、役席者の居場所を行員間で共有。そして、役席者が戻ってきた瞬間に「課長、検印ください！」と行員がこぞって押し寄せるのです。しかし、この方法では、顧客を長時間待たせてしまいます。このため、手続きにもよりますが、最低限の検印以外は担当者の責任で返却し、責任者が後から検印するというワークフローも増えてきました。

Chapter8
08

大きな罰則を受ける可能性が高い

重視される反社会的勢力・マネーロンダリングへの対策

銀行業界が敏感になっているのが、反社会的勢力やマネーロンダリングへの対応です。誤った対応をすると、罰則を受ける可能性が高いため、警察庁のデータベースを活用して、クリーンな取引を行うための体制整備を進めています。

反社会的勢力・マネーロンダリングとは?

銀行のコンプライアンス上、特に重視されているのが、反社会的勢力やマネーロンダリングへの対策です。反社会的勢力とは、暴力・威力や詐欺的手法などを使って、経済的利益を追求する集団や個人のことで、暴力団やそれに近い団体・個人のことを指します。一方で、マネーロンダリングとは、麻薬取引や脱税、粉飾決算など、犯罪による収益を架空・他人名義の口座へ送金することを繰り返して、資金の出どころをわからなくする資金洗浄のことです。反社会的勢力が、犯罪行為で稼いだ資金をおおやけに使えるようにするための手段の１つです。

2013年から**金融庁の指導**により、手続き・契約書面に“反社会的勢力とは取引をしない旨”などを明記した「**暴力団排除条項**」を導入しています。すでに取引関係にある反社会的勢力については、警察や弁護士などと連携して取引の解消や口座の解約を推進するようになりました。

金融庁の指導
「反社会的勢力との関係遮断に向けた取組みの推進について」という通達にて指導が行われた。

暴力団排除条項
暴力団排除条項に関する規定は、すべての銀行が規約集に入れることが求められている。

反社会的勢力排除のためデータベースを活用

2013年、みずほ銀行が子会社の信販会社・オリエントコーポレーション経由で、反社会的勢力であると把握しながら２年以上も不正取引していたことが発覚しました。その結果、金融庁からの業務改善命令と首脳陣の退陣に追い込まれました。

こうした子会社経由の提携ローンを利用した不正取引を撲滅するため、金融庁は提携ローンの入口段階で反社会的勢力ではないかのチェック（反社チェック）を強化するよう各銀行に要請。そして、警察庁が保有する暴力団情報に銀行がオンラインで照会できるシステムの検討を始め、2015年に全国銀行協会が預金保険

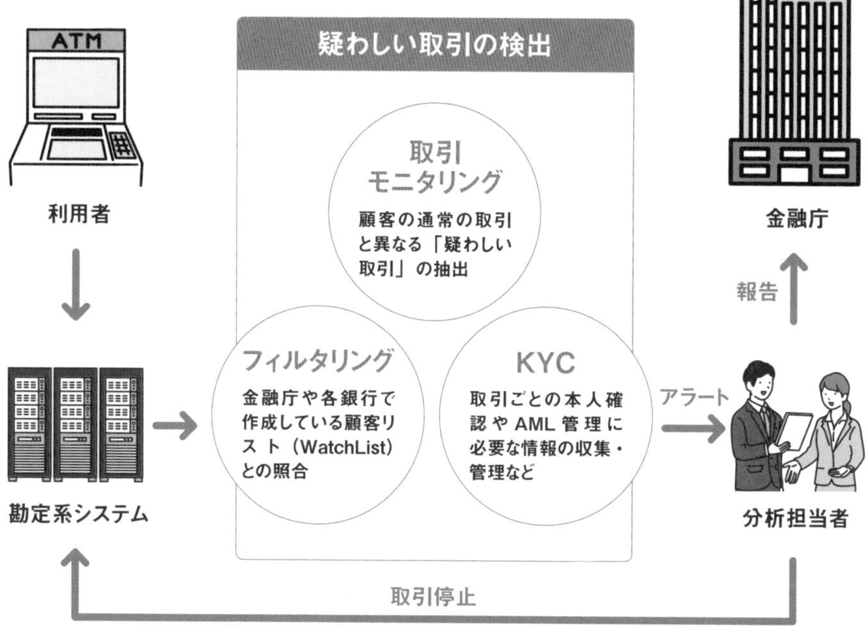

反社会的勢力などが自らのお金をクリーンにするために行うマネーロンダリング。銀行では、ATM 利用や送金等の手続き時に、取引のチェックを行うことで、疑わしい取引を検出しています。なお、マネーロンダリングの可能性があると見なされた口座は、取引停止措置等が実施されます。

機構を通じてこのシステムを導入することを発表しました。この「反社会的勢力データベース照会システム」は2018年1月から実際に稼働し、新規の個人向け融資を申し込まれた際にデータベース上で照会しています。

銀行が反社会的勢力の排除に消極的だったのは、これらの団体がすでに顧客だった場合、一斉に取引を排除すると苦情が相次ぐと予想していたからです。実際、支店にこのような反社会的勢力からクレームが入った場合には、役席者が複数人で慎重に処置するなど、個別の事案に応じた難しい対応を迫られています。

また、反社会的勢力に所属する顧客の口座を確認する際は、役席者のパスワードを別途入力する設定にしている銀行もあります。これは、行員が不用意に反社会的勢力と取引を行わないよう導入された対策の1つです。

Chapter8 09

顧客情報保護のために、行員のカバンもチェックされる

個人情報の宝庫である銀行書類はどう扱われている？

顧客から受け取った書類は、その日のうちに処理されて金庫室に格納し、それぞれ規定の期間に応じて保管されています。また、顧客の個人情報も、行外にもち出せないよう厳格に管理されています。

銀行は徹底した個人情報の管理をしている

銀行で顧客が記入し、当日完結した手続き書類は、種類ごとに**ファイリング**され、所定の期間に応じて金庫室にて保管されます。金庫室から保管書類を一時的にもち出す場合は、「書類持ち出し簿」にサインをし、役席者に検印をもらう必要があります。書類を返却する際にも同様にダブルチェックすることで、保管書類の紛失を防いでいます。

ローンの申込書や契約書など、その日に手続きが完了しない書類は、防火扉つきの、一時保管用のキャビネットに保管されることもよくあります。このキャビネットには鍵がついており、一日の始まりに解錠し、必ず施錠してから帰ります。

また、銀行では手続きで得た個人情報は、情報系システムなどの行内システム上に登録・管理されます。支店内の端末からはすべての顧客データが閲覧できますが、それを印刷またはUSBメモリにコピーするなどして外部にもち出すことは制限されています。渉外活動などで一時的にもち出す場合も、「外部持ち出し簿」を作成して上席の承認印をもらう必要があります。

情報漏えいを防ぐため、支店にあるパソコンの一部は外部インターネットには接続されていません。インターネットにつながるパソコンから外部にメールを送る際には、本文に個人情報を記載しない、添付データにはパスワードをつける、送信時に役席者をcc.に入れる、などの行内ルールが設けられています。さらに、コンピュータのログイン履歴やメール送信履歴は本部からも閲覧できる仕様になっており、遠隔で監視されています。このようなさまざまな対策により、個人情報の漏えいを徹底的に防いでいるのです。

ファイリング
ファイリングは事務担当者の仕事になることが多い。手続きを行った支店で保管する書類や、母店（その地域内で融資額や預金額も大きい大型店舗）に送付して保管する書類なども決められているため、マニュアルに沿ってファイリングが行われている。

厳格な個人情報管理体制

- 取引時の本人確認の徹底（家族であったとしても口座情報は伝えない）
- 顧客情報を記載したメモは必ずシュレッダーへ

- 少しでも離席するときは、必ずパソコンをロックする
- システムログイン時に必ずパスワードを入力
- パスワードを定期的に変更

- 書類の外部もち出しは原則禁止
- 顧客記入の書類は鍵のかかった保管庫に保管

休暇中にデスクの抜き打ちチェックも!?

情報漏えいに厳しい銀行では、自分のデスクに置くことが許可されるものは筆記用具くらいです。朝出勤すると、鍵のかかったデスクの引き出しやキャビネットから必要な書類を出して業務をスタートします。少しでも離席する際は、個人情報はしまいパソコンはロックして、ほかの行員ですら勝手に閲覧できないようにします。そして業務終了後は、出した書類をもとの引き出しやキャビネットに戻し、鍵をかけてから退行します。この鍵をもち帰ることはできず、上席に預けたり、**キーボックス**に格納したりします。ちなみに、業務中に使用している手帳や携帯電話のもち帰りも基本的には禁止。このように、もち帰るものがないため、手ぶらで出勤する行員もいます。

さらに、行員の長期休暇中にデスク内やロッカー内を抜き打ちチェックして、個人情報を隠していないか確認する銀行もあります。このように銀行の情報管理は厳しいため、他業界に転職してそのギャップに驚く人も多いようです。

キーボックス
銀行のキーボックスは、担当者の権限に応じて、取り出せる鍵が決まっていることが一般的。個人情報のキャビネットは一般行員では取り出せないことが多い。

COLUMN 8

銀行の営業時間は誰が決めている？

銀行が15時で閉まるのはなぜ？

どうして、多くの銀行の営業時間は９時から15時なのでしょうか。実は、銀行法第16条で「銀行の営業時間は、午前９時から午後３時までとする」と定められているのです。ですが、この法律の改正により「前項の営業時間は都合により延長することができる」とも記載されるようになったので、時間の延長は可能なものの、銀行が営業時間を勝手に変更することは禁じられています。

しかし、平日勤務している会社員など、日頃から来店が難しい顧客が多いのも事実です。そんな顧客の声に応えるため、平日19:00頃まで営業したり、土日に営業したりする店舗も増えています。

さらに2019年からは、一部の地方銀行を中心に12時〜13時、12時半〜13時半などの１時間を休業にする「昼休み」の導入が始まりました。本来は、顧客が殺到する時間帯なのですが、同時に交代で行員に昼休憩を取らせる必要があるため、局地的な人手不足が問題でした。そこで休業時間を設けることで、すべての時間帯を行員全員で対応し、手続きをスムーズに進める体制を整えたのです。

では、15時に銀行のシャッターが閉まった後、支店内では何をしているのでしょうか。

窓口の行員は、その日に受け付けた書類をチェックし、記載や検印の抜け漏れがないかを確認したり、顧客に電話をかけて運用相談のアポイントを取ったりします。また、当日実行した手続きの記録をシステムに残すことも、大切な業務の１つです。

後方事務スタッフは、現金や重要物の残高を合わせたり、手形や小切手を交換所にもち出す準備をしたりと、勘定系の締め作業や渉外担当者がもち帰った伝票の事務処理を行います。また、少しでも現金の過不足があると、行員総出で確認することもあります。さらに夕方には、新商品の勉強会や店内会議が開かれることもあります。15時から退行時刻までの約２時間は、まさに時間との戦いなのです。

第9章

銀行本部の仕事内容とその役割

銀行の顔でもある「支店」を支えているのは、本部組織です。銀行は支店と本部が連携して動くことで、円滑に業務が遂行できるようにしているのです。本部はさまざまな部署に分かれており、銀行経営に関わる業務や、今後の方向性を決める部署などがあります。銀行の本部組織の仕事の一部を確認してみましょう。

Chapter9
01

本部には、さまざまな部署が存在する

銀行本部と支店の関係性

銀行の本部組織にはさまざまな部門があります。そのうち営業企画部門や事務統括部門などは、特に支店との結びつきが強く、円滑に業務が遂行できるよう連携して業務に取り組んでいます。

本部と支店の関係性

すべての銀行に必ず本部組織があります。本部は営業企画部門や国際部門、事務部門などの部署に分かれ、銀行全体に関わる業務を行っています。

なかでも営業に関連する営業企画部門や、事務に関連する事務統括部門は、支店との結びつきが強い部署です。営業企画部門は支店の営業目標を決定して伝達するほか、支店の営業活動をサポートする窓口の役割もあります。

例えば、定期預金のキャンペーンを行うと本部で決めた場合、まずは、キャンペーンの内容がイントラネット経由で全国の支店に伝達されます。事務統括部門はそのキャンペーンの事務手続きを定め、事務規定集を更新して各支店に伝達します。キャンペーン時に配布するリーフレットやパンフレットはコンプライアンス部門が確認した後に、業者経由で支店に納品され、実施期間中には支店が営業活動をして預金の獲得に当たるのです。

このように、本部が決めたことを支店が行動部隊となって実行するのが、銀行の本部・支店体制の特徴です。両者の連携がキーポイントとなるため、本部は支店の状況を、支店は本部の意図を理解して協力し合う姿勢が重要です。

一方、国際部門や不動産部門、市場部門など、支店とはあまり関わらない部署もあります。これらの部門は専門性が高いため、本部にいる専門部隊だけで業務を行っています。

また、支店が本部の各部門に関係する問い合わせを受けた場合は、支店から本部に取り次ぐこともあります。一見、顧客から遠くみえる部門でも、顧客の資産を運用したり、顧客の不動産を売買したりと、間接的に顧客に貢献しているのです。

銀行の一般的な組織図

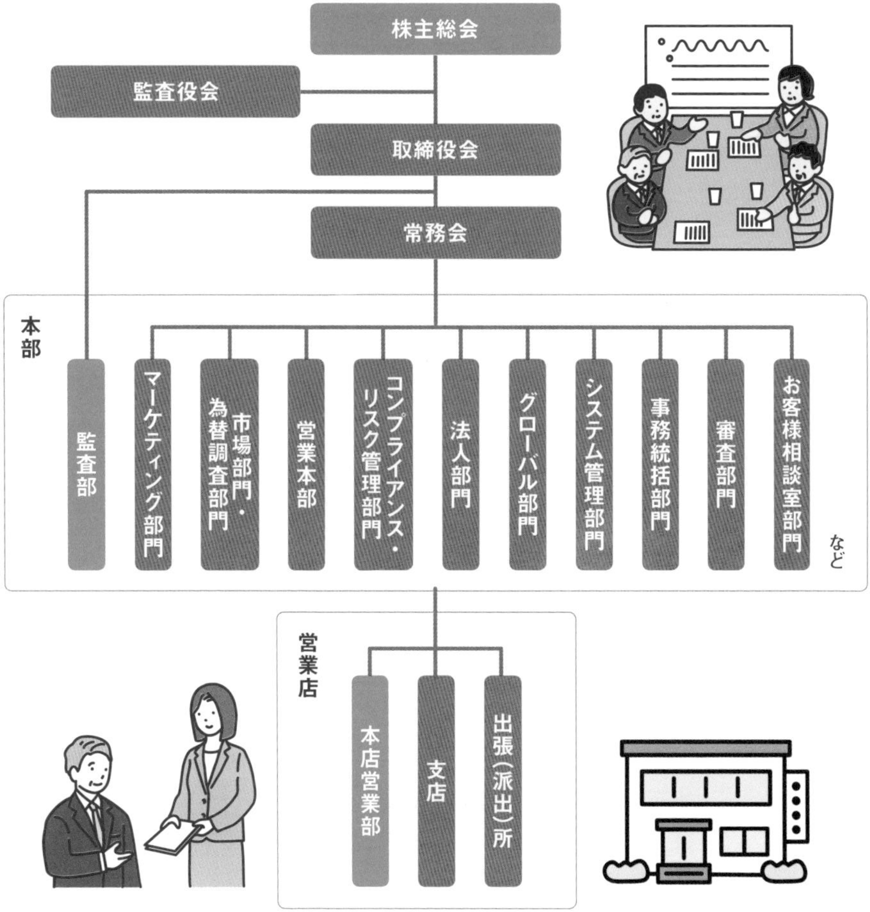

ONE POINT

本部は異動が少ないって本当？

銀行の支店に勤務していると、2～3年ごとに店内異動や転勤などがありますが、銀行の本部はそれぞれ専門的な業務に従事しているため、異動までの期間が比較的長めです。それでも4～5年で異動するのが一般的ですが、その多くは部内異動で、気づいたら10年ほど同じ部門にいるという行員も少なくありません。本部と支店を行き来してゼネラリストとして経験を積んでいく人がいる一方で、長く本部に在籍し、スペシャリストへの道を邁進する人もいます。銀行員のキャリアはあらゆるパターンがあるので、自分の進みたい方向性を常に模索し続けることも大切です。

新規施策の立案や分析を担当

Chapter9 02

マーケティング部門の仕事

銀行のマーケティング部門は、その担当分野における新規施策の立案や業務改善の提案などを行っています。近年はデジタルマーケティングの研究も進んでおり、特にみずほ銀行はERMやBBMを熱心に活用しています。

マーケティング部門とは？

銀行のマーケティング部門は、いわゆる「企画」を担当しています。部署内ではリテールと**ホールセール**などに大別され、さらに業務領域を細分化して、基本的には一人につき１つの領域を担当します。主な業務は、それぞれの市場について分析し、新規施策の立案や業務改善の提案、支店全体の営業実績の管理などを実施することです。

ホールセール
大企業や自治体、機関投資家などの大口を対象に、資産の調達と運用の両面からサービスを提供する事業のこと。

リテールの企画担当であれば、個人受信・与信の市況動向や顧客動向を調査・分析し、顧客を獲得するためのキャンペーンを検討することなどが挙げられます。また、銀行の合併や統合などのイレギュラーな事案が発生した際に、担当領域における問題点や課題整理を企画担当が担うこともあり、横断的な仕事を行う「なんでも屋」的な役割も果たしています。

マーケティング部門に配属される行員は基本的に総合職が多く、在学中からマーケティングを専攻していた人もいれば、支店で結果を出して異動する人もいます。どちらにせよ優秀な人が集まっていることに変わりはなく、マーケティング部門は銀行における花形部署の１つといえるでしょう。

デジタルマーケティングへの取り組み

2004年頃より、各銀行はCRMを本格的に導入するようになりました。かつてのマーケティング戦略は、経済資源である「ヒト・モノ・カネ」を重視してきましたが、いかに優秀な社員が高性能な商品を良心価格で販売しても、購入する顧客がいないと商売は成り立ちません。そこで顧客を事業の中心に置き、“顧客を満足させる事業戦略を考える”というのがCRMのテーマです。

マーケティング部門が行うさまざまな仕事

- 担当する市場の分析
- 支店の営業成績の管理

- デジタルマーケティングへの対応
- ネット・モバイル案件の対応

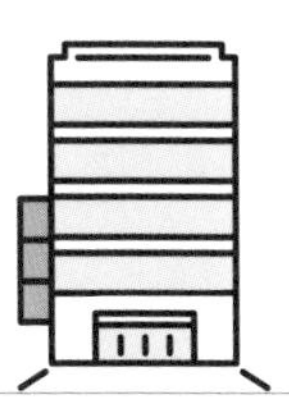

- 銀行の合併や統合における調整業務
- 事務プロセスの整備

- 新規キャンペーンの立案
- 商品開発

さらに近年は、リスティング広告やSEOなどのデジタルコンテンツをいかに活用するかが、事業拡大に大きな影響を与えるようになりました。このため、銀行業界もデジタルマーケティングについて研究するようになりました。

3大メガバンクのなかで、特にデジタルマーケティング戦略に力を入れているのがみずほ銀行です。同行が2014年頃より導入しているのが、EBM（Event Based Marketing）です。これは、顧客の行動や思考の変化（イベント）を把握し、ニーズが発生したタイミングで最適な金融商品を提案する方法です。このEBMを利用した場合、営業対象として抽出される顧客数は少数になりますが、その顧客に営業した際のヒット率（成約率）は上昇し、最終的には収益向上につながったという結果が出ています。さらに、みずほ銀行はBBMの導入も開始しており、そのためのシステムの高度化を図っている最中です。

KDDIと三菱UFJ銀行が50％ずつ出資して発足した「じぶん銀行」もEBMを活用してます。このようなマーケティング戦略の高度化は、今後の銀行業界でさらに浸透していくでしょう。

リスティング広告
検索エンジンの検索結果の上部や、下部の広告枠に表示する広告のこと。

SEO
Search Engine Optimizationの略。検索エンジンの検索結果で上位表示されるように、サイトを最適化すること。

BBM
Behavior Based Marketingの略。イベント発生時よりも前にそのニーズをつかむ戦略のこと。

Chapter9
03

顧客の預金を運用し、実績を出す

市場部門の仕事

市場部門の仕事には、株式市場や債券市場などさまざまなマーケット情報を収集・分析して、銀行内外に公開する業務や、顧客から集めたお金を実際に運用するディーリング業務などがあります。

市場部門の業務内容

銀行の市場部門は、短期金融市場や株式市場、債券市場と関わるマーケット関連の業務を担当しています。証券部門全体に携わる証券企画部や、市場関連の調査を実施する証券調査部、実際に市場で取引をする資金証券部などに分かれており、その専門性を追求しながら業務目標の達成を目指しています。

そもそも、銀行の証券部門が運用しているお金は、預金業務で顧客から集めたお金が中心です。証券部門は顧客と接する機会はありませんが、間接的に顧客に利益をもたらせることが、仕事のやりがいの1つです。

証券調査部・証券企画部の仕事

証券調査部では、証券取引に必要な市場データを集めたり、その知見を発信したりする業務を行っています。調査担当者はそれぞれの市場ごとに分かれて、銘柄の個別分析や見通し、投資のアドバイスなどを、銀行内のトレード担当や資産運用商品を扱うリテール部門に示すほか、その調査内容をまとめた「**マーケットレポート**」を外部に発信しています。なかでも株式相場の調査担当者は、より正確な情報を得るために、定期的に個別の企業を訪問・取材することも珍しくありません。同じ市場が相手なのに銀行によって運用成績が異なるのは、ディーラーの手腕のほか、このような情報戦略や分析力に差があるからでしょう。

マーケットレポート
銀行が発表している市場見通しと予測のこと。各銀行のウェブサイトなどで確認ができる。

一方で、証券企画部では、証券部門の投資や資金繰り、資金取引に関する企画・立案をしています。企画部が部門全体を黒字化するための包括的な計画を立てることで、1つの方針に沿った証券運用が可能になるのです。

市場部門の役割

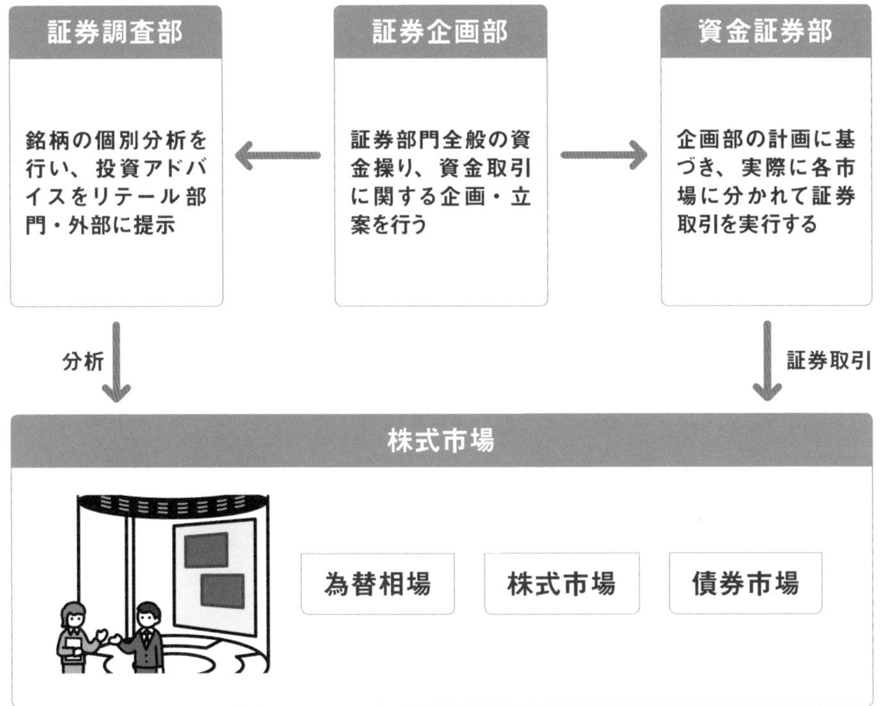

資金証券部のディーリング業務

資金証券部は、実際に証券取引（ディーリング）を行う「証券ディーラー」が在籍している部署です。ディーラーの担当領域は株式や債券、通貨ごとなど細分化されており、ディーラーはその担当領域ごとに、収益の黒字化を目指して運用します。

各銀行は東京取引所だけでなく、ニューヨークや香港など世界の市場でも投資をするため、ディーラーの勤務時間は担当する商品や銘柄によって異なります。また、ディーラーはそれぞれ動かせる金額が違い、経験年数が長くなって役職も上がると、扱える金額は増加します。金額の桁が増えるほど責任は重くなりますが、ディーリングを成功させたときの喜びも計り知れません。このほか、短期金融市場や長期金融市場で日々の資金量の調整をする「**資金ギャップの調整**」も資金証券部の業務です。

資金ギャップの調整
銀行は預金残高と融資残高のバランスを取る必要があるため、市場を通した資金量の調整が行われている。

Chapter9
04

銀行の顔ともいえる花形部署の１つ

営業本部の仕事

銀行の営業本部では、銀行経営や銀行全体のイメージに関わるような業務が中心です。特に、総合企画部は「銀行の顔」として官公庁や外部団体と関わる仕事もあり、「出世ルート」というイメージが強い部署です。

銀行経営に関わる営業本部の仕事

営業本部といえば、エリートが集まる花形部署の１つです。営業本部の主な業務は、銀行全体の営業方針・営業戦略の立案と実行、支店のサポートなどです。

営業本部の中心は、銀行の営業方針に携わる総合企画部です。銀行の**中期経営計画**などの経営戦略を策定したり、経営会議での決定事項をふまえて実行・管理するなど、経営に関わる重要な業務を担っています。

その決定事項を噛み砕いて、支店が実行しやすい企画やキャンペーンを考えるのは営業企画部の仕事です。銀行上層部の決定事項は、支店にとってよいことばかりとは限りません。そこで、なるべく支店に負担がかからない状態で、上層部の決めた目標を達成できるような計画を立案することで、中間の立場でコントロールをしています。

営業本部は銀行の経営に関わる業務を受けもつため、金融庁などの監督官庁や、**日本経済団体連合会**（経団連）など各種団体などへの対応も担当しています。金融庁などとやり取りする際には、その担当者が「銀行の顔」となります。ここでの担当者の発言１つによって金融庁に与える印象が変わるため、その責任は重大です。しかし、その責務を無事に果たせば、いわゆる「出世ルート」に乗るといわれています。このため、非常にやりがいのある業務といえます。

このほか、営業本部は主計業務と呼ばれる財務・経理業務も担当し、経営戦略の実施を会計面から支えています。主計担当者は日々の資金の出入りを厳密に管理し、その集計したデータを四半期決算や本決算などに反映させています。

中期経営計画
５～10年先に設定された経営ビジョンを実現するために、直近の３～５年でやっておくべきことを明確化したもの。

日本経済団体連合会
日本の代表的な企業1,412社や、主要な業種別全国団体109団体、地方別経済団体47団体などから構成されている組織（2019年4月1日現在）。

営業本部の業務内容

営業企画部

支店と総合企画部の間に入り、実行しやすい企画等の立案を行う

主計業務

日々の資金の出入りを管理し、集計データを決算に反映させる

総合企画部

中期経営企画の策定、経営会議の決定事項を管理し、実行計画を立てる

各種団体への対応

金融庁や経団連など各種外部機関への対応を行う

広報・IR部

銀行のプレスリリースや報道関係者への対応、決算説明会の実地などを行う

銀行のイメージや株価に影響する広報・IR

広報やIR担当部署も営業本部に所属しているのが一般的です。広報は、銀行が発信する情報を正確に伝え、誤った情報を正しながら、銀行の好感度を上げる「イメージ戦略」の実行部隊です。プレスリリースの発行のほか、新聞やテレビなど報道関係者の対応も担当しています。

一方で、IR担当は、銀行の経営状況や決算内容などを株主や投資家向けに伝える活動がメインです。公式サイト上での情報開示のほか、決算説明会やアナリストイベントの開催なども実施しています。特に、決算説明会の前はピリピリした空気が流れることもありますが、それだけ銀行の株価に直結する重要な業務を担っています。

IR
Investor Relationsの略。企業が株主や投資家に対し、経営状態や財務状況など投資の判断に必要な情報を提供していく活動全般を指す。

決算説明会
上場企業が、主にアナリストや機関投資家に対して業績や計画、今後の戦略などを説明する会のこと。

Chapter9
05

さまざまなリスクを未然に防ぐ

コンプライアンス・リスク管理部門の仕事

銀行の業務は社会的影響が大きいため、一般企業よりもコンプライアンス体制やリスク管理体制を徹底しています。銀行に関わるリスクを管理し、トラブルが発生する前に対応するのがリスク管理部門の仕事です。

銀行の信用に関わるコンプライアンスとリスク管理

銀行は、経済活動の中心であるお金を扱う、社会的影響力の大きい業務を担っています。万が一、銀行業務がストップすれば、顧客はお金が引き出せなくなります。銀行が不正をはたらけば、日本の市場や経済全体に悪影響を及ぼします。そのため、銀行業務が常に問題なく稼働するよう、コンプライアンス遵守やリスク管理が非常に重要なのです。

2000年代の金融自由化によって金融商品のバリエーションが増え、銀行は金利収入のほかに、手数料収入という新しい収益源を獲得しました。その反面、さまざまな規制も厳しくなり、各銀行は内部のコンプライアンス体制やリスク管理体制を整えるようになりました。銀行のトップが銀行やグループ全体のコンプライアンス・リスク管理を統括し、グループ各社や支店の担当部署と連携して、体制の強化を図っています。また、行内にはコンプライアンス委員会を設置し、定期的にコンプライアンスに関する問題や課題を検討しています。

銀行業務のリスクとリスク管理部門の業務内容

銀行業務に関係する代表的なリスクは、信用リスク、市場リスク、オペレーショナルリスクの３つです。

信用リスクとは、経営不振や財政難などの理由で、融資先の企業や自治体などが債務不履行に陥り、銀行が損失を被る可能性のことです。貸し倒れ損失が増えると銀行の経営が悪化し、最悪の場合はバブル崩壊後のような銀行破たんにつながります。そのため、融資先をその信用度によって格付けし、デフォルトリスクを計算したうえで、融資金利や融資額を決定しています。

コンプライアンス・リスク管理部門の業務

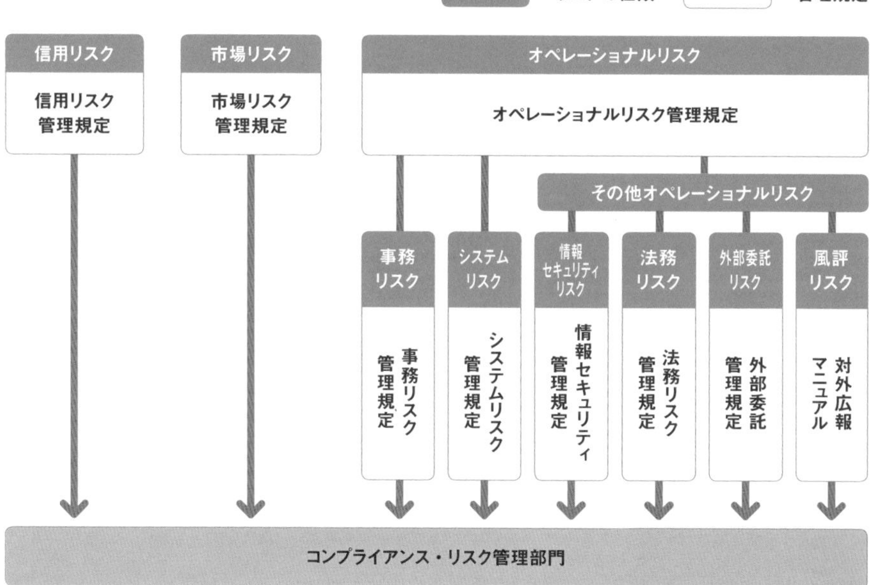

市場リスクとは、株式や金利、為替などが変動することで、銀行の収益や資産が減少する可能性のことです。特に、金利が及ぼす影響は大きいため、金利変動に合わせて預金・貸金量を調整するほか、デリバティブ取引を利用してリスクを低下させるなどの工夫をしています。

オペレーショナルリスクとは、事務作業におけるミスやシステム障害のことです。銀行の手続きでは、その内容によっては人的ミスやトラブルが顧客に対して損害を与え、結果的に裁判や風評被害につながる可能性もあります。コンプライアンスやリスク管理部門では、このようなオペレーションに対するルールを整備しています。

また、リスク管理部門の担当者は、さまざまなリスクの状況を把握・管理し、リスクが危険水準に達する前にアラートを出し、リスクを回避するための施策を実行します。近年はバーゼルIIIなどの国際金融規制が厳格化されているため、その対応の先導をするほか、関係省庁からのヒアリングに対応するなどの業務も行っています。

風評被害
根拠のない噂や憶測によって受ける被害のこと。2003年に佐賀銀行が倒産するというメールが出回り、結果、引き出されたり、解約されたりした預金は約500億円になった。

アラート
本来は「警報」を意味する。ITやシステム、ビジネスの分野では、利用者に注意や警戒を促すために表示・通知するメッセージの意味として使われることが多い。

Chapter9 06

法人部門の仕事

法人部門は銀行の稼ぎ頭として、長らく銀行経営を支えてきました。バブル崩壊後は、リテール分野に注力する銀行も増えたものの、依然としてホールセールの存在感は抜群です。

銀行を長く支えてきた法人部門の仕事

銀行の営業には個人向けの「リテール」と法人向けの「ホールセール」がありますが、銀行を長らく支えてきたのは、法人融資を中心としたホールセール部門です。安定経営の大企業に巨額の融資をすることによって、大きな金利収入を得ていました。３大メガバンクのなかでも三菱や三井は、それぞれの財閥に所属するグループ企業の財政をがっちりと握ることで、安定した経営基盤を築き上げることに成功しています。

しかし、バブル崩壊後は企業が設備投資を控えて、内部留保を厚くするようになり、融資を希望する企業も減少しました。また、銀行側もデフォルトリスクのある企業には貸し出さないよう、融資審査を厳しくしています。その結果、法人融資による収益は大きく減少しました。減収分をカバーするため、リテールや中小企業への融資に注力したり、リテールを営業の主軸にするなどの転換を行った銀行もあります。ただし、法人取引における収益は融資だけでなく、預金や国内・外国為替手続き、証券取引など多岐にわたります。このため、現在でも多くの銀行は大企業とのパイプをしっかりと維持しています。

財閥
一族の家族的関係のもとに、ある種・分野の企業を独占して経営する巨大企業集団。

内部留保
企業の資産のうち、借入金や株主の出資金ではない、企業自身の利益によって調達した部分のお金のこと。

法人部門の業務内容

法人部門では顧客企業を業界別に分けて、数社ごとに営業担当者を割り振っています。営業担当者は、定期的に顧客企業へ訪問し、企業の現況やニーズを把握して、必要なタイミングで融資やその他サービスを提供します。近年、メガバンクでは銀行、信託、証券などのグループ会社を持株会社の傘下に入れ、信託銀行の法人部門を銀行の法人部門と統合するとともに、信託銀行にあった

持株会社
ある会社の株式を所有し、その会社の事業活動を支配することを目的として設立された会社のこと。

法人部門の組織図

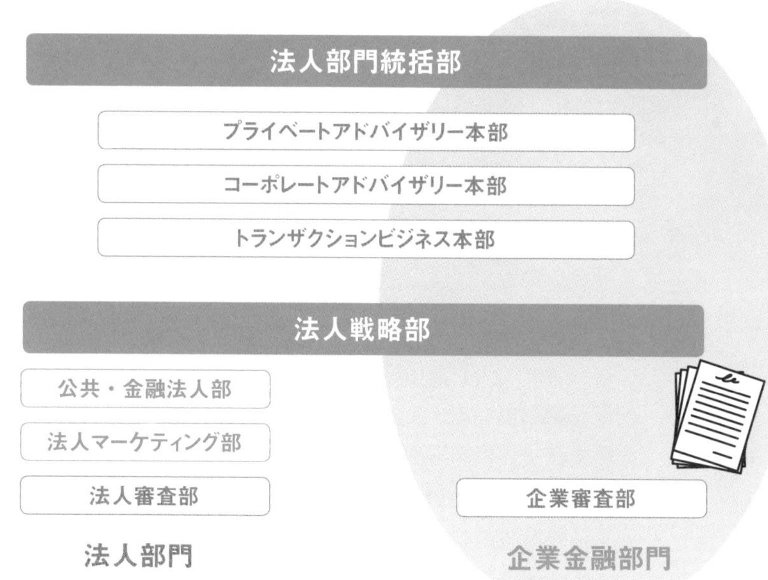

不動産業務や年金業務などをワンストップで法人に紹介できるようにしています。このように、法人取引は「総合力」で勝負する時代になりつつあるのです。

ONE POINT

合併後の「たすきがけ人事」って何？

銀行同士の合併やグループ内の再編が続いた近年。銀行に勤めている人なら、一度は組織再編の余波を受けたことがあるでしょう。銀行同士の対等合併が決定すると、どちらの銀行がイニシアチブ（主導権）を取るか、人事体制がどう変わるか、という話題で社内はもちきりになります。

合併後の人事体制でありがちなのが、「たすきがけ人事」です。持株会社の社長がA社出身者なら、銀行の頭取はB社出身者など、重要なポストを両社で交互に担当する形です。銀行内の各部署でも、ホールセールのトップとリテールのトップとでたすきがけが行われ、穏便に人事体制が更新されます。ここで注目すべきは、その数年後です。水面下の争いにより、気づけばパワーバランスが変わっていることも……。最近合併したあの銀行も、数年後には内部がまったく違う環境になっているかもしれません。

Chapter9 07

グローバル部門の仕事

銀行のグローバル部門は、銀行の国際業務を一手に引き受ける“1つの国際銀行”のようなイメージです。海外展開する日系企業への融資や、大規模な国際プロジェクトに融資するプロジェクトファイナンスが業務の中心です。

グローバル部門の業務内容

グローバル部門は、海外展開する日系企業への融資やプロジェクトファイナンスへの参加など、国境を超えてさまざまな業務に取り組んでいます。部門内はいくつかの部署に分かれており、国際業務で提供する商品やサービスのプロモーション企画をする国際企画部、海外企業向け融資案件の審査をする国際審査部、海外支店や海外企業向け融資などの目標金額を設定し、そのサポートをする国際営業部などがあります。

なお、グローバル部門は、国際業務に関連する法令への対応や、国際業務で扱う帳簿などの新設・作成・発注、各支店から上がってくる国際為替業務に関する問い合わせ対応など、細かな業務が多数あります。国際業務に関するすべてのことに対応しているため、グローバル部門だけで“1つの国際銀行”のような様相です。特に、地方銀行や都市銀行では、国際事務から営業まで幅広い業務を少人数で行うので、国際業務のスペシャリストを育成しやすいという一面もあります。

バブル期には、大手銀行や都市銀行、大手地方銀行がアメリカやヨーロッパなどの先進国に海外支店を構えて、国際業務を展開していました。バブル崩壊後にはその多くが撤退したものの、超低金利時代に突入した日本市場だけでは収益が不足するため、近年はアジア圏を中心に再度海外展開する銀行が増えています。

グローバル部門の中心である国際融資業務

グローバル部門の中心業務といえば、海外企業向けの融資業務です。正確には、日本企業が海外進出する際に、現地での運転資金や設備投資費用などを融資しています。海外支店では現地企業

グローバル部門の役割

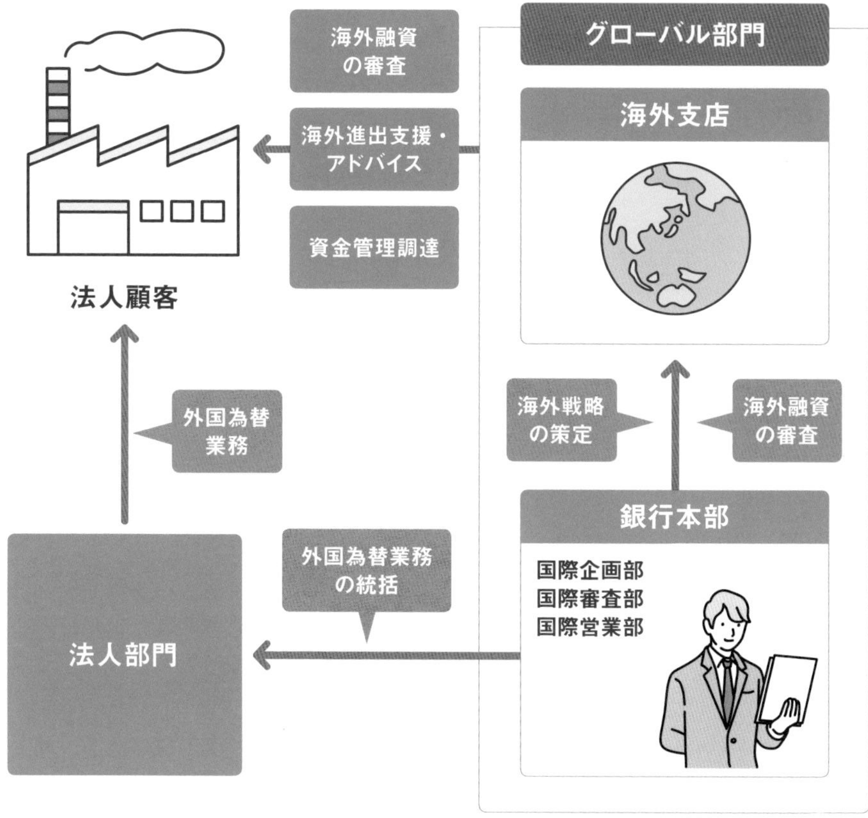

向けに融資する事案もありますが、その国特有の文化に翻弄されることもあり、難航しがちなのが現状です。

なお、グローバル部門に所属すると、海外支店へ駐在することもあります。従来の海外転勤といえば、海外赴任手当が出るため収入が高く、勤務条件も緩い「おいしい仕事」といわれていました。しかし、近年は少人数で海外案件の対応をするため、決して楽な仕事ではないようです。

また、他業界の企業と連携して海外でのプロジェクトに融資をする、プロジェクトファイナンスへの参加も国際業務の重要業務です。プロジェクトファイナンスは、新興国のインフラ整備など国際社会的な意義がある計画も多く、その担当になることを目標にグローバル部門を志願する行員もいます。

Chapter9
08

複雑な銀行のシステムを支える

システム管理部門の仕事

銀行では、コンピュータで組んだ多くのシステムが稼働しています。システム管理部門は、システムの新規開発や改良をする企画担当と、システムの保守をする運用保守担当に分かれて、銀行を裏から支えています。

銀行を裏から支えるシステム管理部門

銀行では多くのシステムが利用されていますが、そのすべてがシステム管理部門によって統括・管理されています。システム管理部門は、銀行に導入するシステムの検討やシステム改善案を提示したりする企画担当と、今あるシステムの運用・保守を担当する運用保守担当に分かれています。

システム管理といっても、システムのプログラムを作るのは関連会社や取引先から出向してきた**システムエンジニア**であり、行員がシステムの内部にふれることはほぼありません。このため、システム管理部門は銀行外の人の出入りが多く、IT企業のような雰囲気があります。

システムエンジニア
銀行業界は、独自のシステムを利用しているため、金融業界の業務システムに精通した金融SEが派遣されることが多い。

システム管理部門の企画担当には、銀行内外からシステム改善要望が寄せられます。なかでも一定の利用者がいるインターネットバンキングや銀行ATMの改良は、常に取り組んでいるテーマです。

FinTechの発達により、使いやすいサービスが多数リリースされているので、銀行の昔ながらの使いにくいATM画面はユーザー離れにつながってしまうのです。顧客の**UX**を改善するため、ネット上でアンケートを取るなどして、ニーズの把握に努めている銀行もあります。このように、システムの改善を図ることが銀行間の競争力を高めています。

UX
ユーザーエクスペリエンス（User Experience）の略。ユーザーが製品・サービスを通じて得られる体験を意味する。

また、これら顧客が直接利用するシステムには、犯罪による不正利用トラブルがつきものです。そのため、インターネットバンキングのログイン画面の認証項目の強化やキャッシュカードのIC化、静脈認証システムの導入などを行って、セキュリティ精度を向上させています。

システム管理部門の業務内容

より使い勝手がいいシステムを構築するため、勘定系ホストの整備・開発

支店端末のソフトフェア、新システムの整備・開発

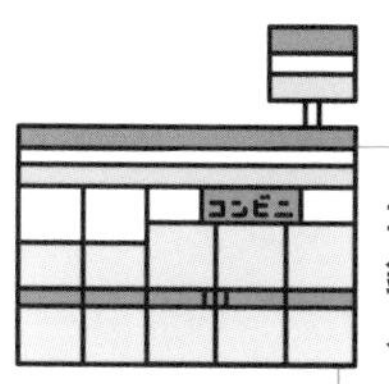

コンビニATMなど、銀行と連携しているシステムの整備・開発

スマートフォンアプリ・インターネットバンキング等の整備・開発

ATMシステムの整備・改良は銀行が常に取り組んでいるテーマの1つ

ペーパーレス化の促進に伴う、ソフトウェア・プログラムの開発・構築

銀行で稼働しているシステムの種類

銀行で稼動しているシステムのうち、支店運営に関わるものは、顧客が利用するATMシステムや、顧客の預金口座にアクセスする勘定系システム、顧客の情報を管理する情報系システムなどです。これ以外にも、渉外担当者がもち歩く携帯用端末からアクセスできる商品申込みシステムや、窓口（テラー）が操作する**印鑑照合機**などが支店で活用されています。これらに不具合があった際には、システム管理部門の運用保守担当に連絡し、対応方法を相談しています。

印鑑照合機
口座開設時に登録した届出印が表示され、帳票に押印された印鑑と照合できる機械。

本部業務に関連するシステムは、融資審査部門が利用しているスコアリングシステム、電子稟議システム、商品運用レポートの作成・出力システムなどです。近年は、事務効率化と環境への配慮からペーパーレス化が進んでいるため、その分システム管理部門の業務負担は重くなっています。

Chapter9
09

支店の事務負担を軽減してくれる

事務統括部門の仕事

銀行の事務手続きを統括しているのが、事務統括セクションです。各種法令に沿った事務手続きの制定や、外部に事務集中センターを設けて、支店や本店から依頼された手続きを一手に引き受けています。

事務統括部門の仕事

銀行の事務統括部門は、銀行で行われているさまざまな事務手続きを統括し、営業が円滑にできるようサポートする役割を担っています。

銀行で新たな商品を導入する際には、必ず事務統括部門がチェックしてオペレーションの手順を定め、事務規定集に掲載します。つまり、新商品やプロセスについて、支店の行員が事務規定集を読めば、問題なく手続きできるよう準備しているのです。

また、銀行で行われる事務手続きの多くは、銀行法やそのほかの法令で内容を定められています。そのため、事務規定集を適宜改正し、法令を遵守しながら営業活動が行えるよう整備することも、事務統括部門の大切な業務です。

事務作業を一手に引き受ける事務集中センター

銀行支店はリテール営業の窓口の顔である一方、各種自動振替の登録や変更、口座の解約、住所変更、カードの再発行など、事務手続きを希望して来店する顧客も少なくありません。支店の事務負担を軽減するため、そのような事務手続きを一手に引き受けているのが、事務集中センターです。

この部署は銀行の本支店外にあります。3大メガバンクなど全国展開している銀行では、その地域の支店事務を取りまとめるため、地域ごとに設置されていることも多々あります。事務センター内は、小切手や手形交換、電子手形処理などの国内為替セクション、郵送された書類を仕分けするメールセンター、預金手続きや**諸届**手続きを扱うセクションなどに分かれており、完全分業制とされています。勤務する人の多くはパートや派遣社員で、銀行

諸届
氏名・住所変更など、顧客の情報を管理・変更する業務を指す。

支店と事務集中センターの連携作業

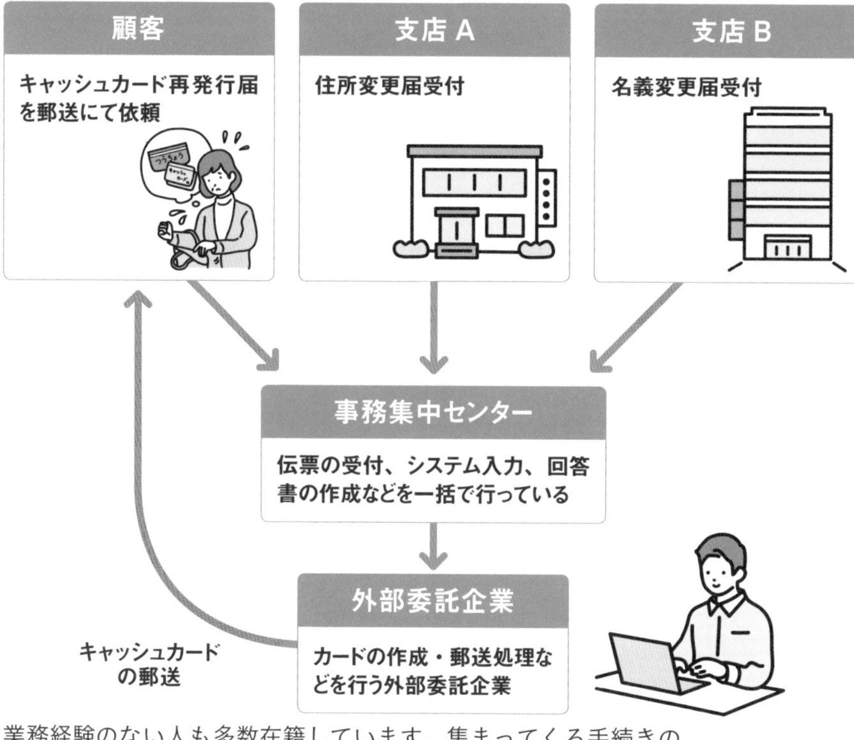

業務経験のない人も多数在籍しています。集まってくる手続きの量が膨大なため、正確・迅速・丁寧な事務処理能力が求められます。

ONE POINT

支店と本店、各センターをつなぐメール便

銀行の支店や本店、事務センターなどの施設では、書類や荷物を頻繁にやり取りするため、一般の配送業者ではなく専用の「メール便」を運用する巡回車を利用しています。この巡回車が回るタイムスケジュールや配送ルートはあらかじめ決められていて、支店や本店から事務センターに届けられる書類は、預金や諸届の帳票、小切手・手形などさまざまです。特に取扱量が多いのは、大型支店から事務センター宛のメール便です。昼過ぎや夕方に来る巡回車に間に合わせるため、支店ではいつも大急ぎで伝票がまとめられています。
近年はペーパーレス化が進んでいますが、銀行の手続き書類はいまだに紙媒体が多いため、銀行業界では現在もメール便の配送システムを活用しています。

Chapter9
10

高額な融資案件の可否を判断

審査部門の仕事

審査部門は、支店から上がってくるあらゆる融資審査を一手に引き受けています。審査担当者は経験豊富なベテランが多く、支店の支店長・営業担当者は彼らと密にコミュニケーションを取りながら仕事を進めています。

融資審査を担う審査部門

本部にある審査部門には、各支店から融資審査の依頼が日々上がってきます。貸出金額の多い法人融資、銀行カードローンやその他ローンなど、あらゆる融資商品の審査を一手に引き受けています。また、１年に一度行われる、取引先企業の格付けの見直し作業も審査部門の仕事です。法人融資のうち、金額の小さい案件は銀行支店の**支店長先決稟議**で貸し出すことができます。このため、審査部門に上がってくる案件は、高額なものばかりです。審査担当者によって、より慎重に案件の審査が行われます。

支店長先決稟議
支店長の権限で融資できる案件のこと。

各銀行の審査方針は、その銀行の経営方針や財政状況によって変化します。このため、審査部門は現況や経営計画と強い結びつきをもつ部門でもあります。

審査部門での審査手順や審査担当者との関係性

支店で住宅ローンの仮審査申込書を預かると、営業担当者は必要事項の記入漏れがないか確認し、**社用欄**をうめます。そして本人確認書類や物件書類とともに、審査部門にFAXやメールで送ります。審査部門は書類を確認し、審査の結果を支店へ伝えます。こうして、簡易的な仮審査が完了します（銀行によって異なる）。

社用欄
アナログな銀行の場合、社用欄に手書きで「このような理由から融資希望を通して欲しい」という営業担当者のコメントを記載することがある。

審査業務は融資や財政に関する包括的な知識や、デフォルトリスクを拡大させないための業務経験が必要とされます。このため、支店・本店で課長職以上を務めたベテラン行員が審査部門を担当することが多々あります。何とか融資の承認を下ろしたい営業担当者にとって、審査担当者は“最後の壁”です。その壁を崩すため、事前に根回ししたり、あらゆる判断材料を提供したりして、よりよい審査結果を引き出しています。

審査部門と支店の関係性

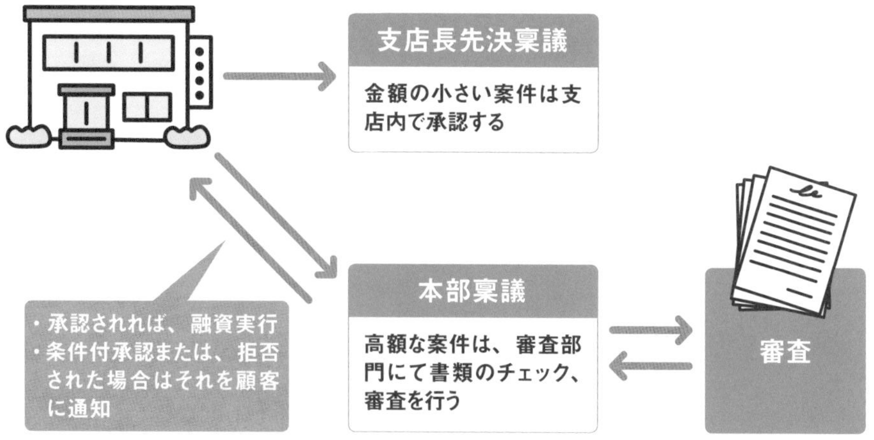

営業担当者は常日頃から審査担当者と電話でやり取りしており、内容が複雑な案件ほどコミュニケーション量は増加します。融資の営業成績を残すためには、審査担当者との信頼関係は非常に大切なのです。

将来、審査部門はなくなる？

もともと、銀行の融資審査はすべて手作業で行われており、審査担当者によって審査結果が変わることも珍しくありませんでした。これは、審査内容には数字で表せる定量面と、数字では表しにくい定性面があり、このうち定性面の評価は審査担当者による差が出やすいことが原因です。近年は融資審査を効率化するスコアリングシステムを導入することで、定量面と定性面の両方を数値化し、よりスピーディーで個人差のない審査を行っています。とはいっても、最終的に判断するのは審査担当者なので、審査担当者の力量はとても重要です。

しかし、近年はAIが発達し、ソニー銀行や住信SBIネット銀行などでは、住宅ローンの仮審査をAIで自動化する実験が行われています。この流れが進むと、個人ローンだけでなく法人融資の審査もAIが行うようになる可能性があります。そうすると、審査部門に従事していたベテラン行員たちが路頭に迷うのではないかと危惧する声も大きくなっています。

Chapter9 11

お客様相談室の仕事

顧客からの意見や要望、クレームなどを受け付けているのが「お客様相談室」。その内容をもとに解決案を検討したり、各部署へ提案や対応を依頼したりするほか、CS向上のためのマナー研修も行っています。

お客様相談室とは？

銀行本部にあるお客様相談室は、顧客から寄せられる銀行への意見や要望、クレームを受け付けて処理する部門です。

銀行に寄せられる声は、銀行の組織体制など大枠に関わるものから、直接接している行員への問題点の指摘など、さまざまです。画一的に対応することもできますが、意見をもとに改善を重ねていくことで、銀行サービス全体を改良し、さらなる顧客との関係強化や顧客獲得につながることもあります。そのため、これらの好意的・否定的な意見をすべてまとめて、その対策を検討するとともに、銀行本部の然るべき部門に対応を依頼するのがお客様相談室の基本的な業務です。

支店の営業員やコールセンター担当へのマナー研修

コールセンターは銀行の内外にある、問い合わせ対応専門の部門です。銀行にはあらゆる内容の問い合わせが来るため、そのすべてを支店で対応すると業務に支障が出ます。そこで、コールセンターでその問い合わせを受けることで、迅速な顧客対応ができるよう体制を整えているのです。なお、このコールセンターで勤務する従業員はほとんどがパートや派遣社員で、管理職のみ行員が務めている場合もあれば、コールセンター自体を外注して専門業者に委託していることもあります。

このコールセンターの対応が悪いと、銀行自体のイメージを損ねたり、顧客が実害を受けたりする可能性があります。そこで、顧客対応をするコールセンター担当者や行員などを対象に、マナー研修や外部講師を招いたセミナーなどを開催して、顧客対応の向上を目指します。また、定期的に顧客満足度を調査して、サー

お客様相談室の役割

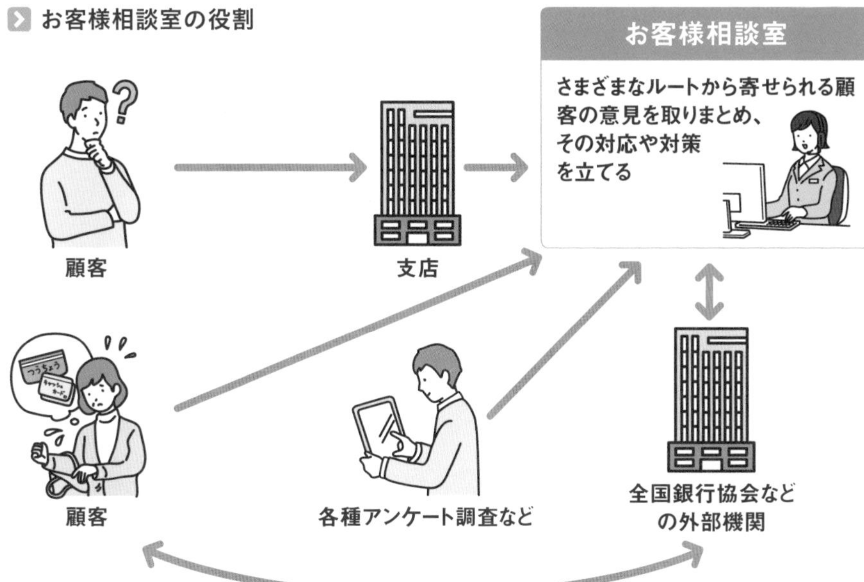

ビスの現状を把握します。これからもお客様相談室の大切な業務の１つです。

銀行外の相談所である紛争解決機関

相談内容が銀行で解決しなかったり、銀行に直接言いづらかったりするときには、外部機関に相談することも可能です。銀行以外の相談機関として、全国銀行協会（全銀協）の「全国銀行協会相談室」、信託協会の「信託相談所」、公正取引委員会の相談窓口などがあり、顧客は直接相談をすることができます。銀行の公式サイトやパンフレットには、必ずこれらの機関への電話番号が記載されており、顧客が問い合わせしやすくしています。

また、銀行の取引で不利益を被ったときに、銀行を直接訴えると多額の費用がかかってしまうため、結果的に顧客が泣き寝入りするケースが社会的に問題視されていました。そこで、消費者保護を目的に始まった国の制度が、裁判ではなく話し合いによる解決を目指す「**全銀協ADR**」です。

これらの外部機関に顧客が依頼をした場合、外部機関からお客様相談室に連絡が入ります。その際、どのように顧客と問題を解決していくかを検討するのもお客様相談室の仕事です。

全銀協ADR
Alternative（代替的）、Dispute（紛争）、Resolution（解決）の略で、「裁判外紛争解決手続き」のこと。

COLUMN 9

行員の不正防止機能がある？

不正をしてしまう人間心理とは？

銀行員は、自分自身の資産よりもはるかに大きい金額のお金を扱います。その大金に目がくらんだり、厳しい営業ノルマから逃れたりするために、横領や不正融資などを行った事件が過去に発生しています。

不正には、「動機」「機会」「正当化」という3つの要因があるといわれています。例えば、営業成績を上げたいという「動機」をもっている渉外担当者が、認知症を患った顧客の定期預金の満期手続きをする「機会」があったとき、「定期預金の金利は低いから、投資信託に換えたほうが結果的に顧客のためになる」と「正当化」して、勝手に満期金で投資信託を購入してしまうという事例は、まさに3つの要因を含んでいます。

実際に上記と同じような事例が、2019年に「かんぽ生命」で1万2,800件余りも発覚しました。これは営業ノルマ達成のために、強引な営業を行い、同意が取れていない顧客に対して、商品を販売していたものです。

銀行が行っている不正防止策

銀行ではこのような不正を防ぐため、役席者が担当者と定期的に面談して適度な営業目標を設定する、認知症の顧客の手続きは後見人に行ってもらう、定期的にコンプライアンス講習を開いて不正は必ず露見することを認識させるなど、さまざまな対策を取っています。

このほか、営業担当者が外回りに行く際に役職者がかばんの中身をチェックしたり、事務担当者のデスクを抜き打ち検査したり、役職者が営業担当者に同行して営業行為を確認するなどしています。

保険商品に関しては、保険契約時に営業担当者が重要事項をきちんと説明したうえで重要書類を交付したか、後から役職者が顧客に電話をして再確認しています。

行員の不正が発覚すると、銀行本体にも多大な悪影響を及ぼすため、銀行は不正防止に取り組んでいます。

第10章
2030年の銀行

今後、従来のビジネスモデルだけでは、銀行業界の成長は困難でしょう。しかし、銀行業界もITの力などを取り入れることで、日々変化しようとしています。10年後の2030年、銀行業界はどうなるのでしょうか。また、銀行の脅威になりそうな、最新ビジネスをみていきましょう。

Chapter10

01

銀行の支店はなくなるのか？

軽量化・無人化する店舗の増加

取扱い業務を充実させた従来型の店舗から、業務内容を絞った軽量店舗や、行員のいない無人店舗へ変更する計画が、3大メガバンクを中心に検討されています。将来、支店から行員はいなくなってしまうのでしょうか。

進む銀行店舗の軽量化・無人化

2017年頃から3大メガバンクを中心に、各銀行は店舗の改革に取り組み始めています。

三菱UFJ銀行は今ある店舗を、①従来型の店舗、②少数の行員がいるのみで具体的な手続きは窓口にあるテレビ電話で行う**サテライト**型の軽量店舗、③行員がいない完全無人店舗、という3パターンに変更する方針を打ち出しています。実際に、2019年1月には「MUFG NEXT」というサテライト型のブランド店舗をオープンしています（20ページ参照）。

サテライト
「遠隔」という意味。サテライト型店舗は、銀行の本部からの遠隔操作によって、テレビ電話などで応対している。

三井住友銀行は支店業務のデジタル化を進め、2018年に新業態の汐留出張所「マネービバ@汐留」をオープンさせました。この店舗では、事前に来店予約をすれば、待ち時間なしで資産運用の相談や住所変更などの手続きが可能です。また、フリースペースも併設し、銀行口座をもっていない人でも気軽に立ち寄れる場所を提供しています。

みずほ銀行は2016年時点で、電子パンフレットや**資産運用ロボ**などを展示している次世代店舗を八重洲に設置しています。また、既存支店の半数である約400店舗は、機能を絞った小型店への切り替えが検討されています。

資産運用ロボ
みずほ銀行と伊藤忠テクノソリューションズ（CTC）が連携して、制作した資産運用の相談に対応する3種類のロボットを八重洲口支店に期間限定で設置していた。

実は、りそなグループの総店舗数は3大メガバンクを上回ります。しかし、そのりそなグループも現状の店舗を減らし、駅前や都心部に小型店を建設しています。最終的な店舗数は増加する見込みですが、各店舗の面積や機能は軽量化する予定です。

メガバンク以外では、東京スター銀行が2017年度から、店舗面積が標準の5分の1になった「超小型店」の展開に乗り出しました。この超小型店舗は、わずか3名の行員で運営されています。

未来の銀行像

●軽量店舗の増加
●無人型店舗の導入

●現金取扱い窓口は限定した店舗のみになる

●顧客がテレビ電話を通じて、コールセンターにいる行員に手続きや取引を依頼する

●店舗に置かれているタブレットを操作して、顧客自身が手続きを行う

そのため、現金の取扱いは行わず、住宅ローンなどの相談業務に特化しているそうです。

将来、行員は支店からいなくなる？

銀行が店舗を軽量化・無人化している背景には、銀行の経営不振によるコスト削減と、それに起因する人材不足があります。銀行で最もお金がかかっているのは、店舗費用と人件費です。超低金利に苦しんでいる現在、この2つのコストを削減するために店舗の軽量化や無人化を進めるのは、合理的な判断でしょう。幸いにもITは日々進化しているので、無人化に伴うテレビ電話などの業務形式の変更も対応できています。

そうすると、銀行の在籍者数が現在よりも減少するのは明らかでしょう。実際、新入行員の採用数は減少し、今後はリストラも進むと思われます。業務は本部に集約され、本部組織も不要な部分からカットされていくかもしれません。

しかし、銀行を経営しているのは、システムではなく「人」です。一定数の行員は引き続き雇用され、顧客へのサービスを提供し続けるのはたしかです。最少限の人的資産で最大限のパフォーマンスを生み出せるよう、銀行の試行錯誤は続きます。

銀行の代わりに金融サービスを提供する

Chapter10 02

必要なとき・必要な場所で いつでも相談できる場所の提供

支店の縮小を進めている銀行の代役として、コンビニエンスストア、ドラッグストア、保険ショップなどが注目されています。個人で活動するFPは利便性が高い反面、サービス力に個人差があります。

銀行に代わる金融サービスの提供場所

銀行の支店が縮小していく代わりに、銀行業務のサービスを提供しているのが、コンビニエンスストアやドラッグストア、**保険ショップ**など他業界の店舗です。

保険ショップ
さまざまな保険会社の商品を取り扱う代理店のこと。ショッピングモールやスーパーの一角など、小スペースで営業できるのが特徴。

コンビニ大手のファミリーマートでは、特別店舗「ファミマ!!サピアタワー店」にて、地方銀行の業務を一部代行する「銀行手続きの窓口」を2015年から開始しています。これは、ATM運営の代行をしている日本ATMが、ファミリーマートの店舗の一部に窓口出店する形で提供しているサービスです。24時間営業できるコンビニは、営業時間に縛りのある銀行よりも顧客が利用しやすいので、今後もこのような取り組みは続くでしょう。

ドラッグストアも金融サービスを提供する場所として注目されています。ドラッグストアは薬の販売で安定した利益を得ているため、代わりに食料品や日用品を安く販売し、顧客の人気を集めています。銀行の顧客でもある高齢者が来店しやすい、というメリットもあります。すでに、ウェルシア薬局やスギ薬局などで、みずほ銀行やりそな銀行などメガバンクのATMを設置している店舗が増えています。ウェルシア薬局では、りそなグループの電子決済**りそなウォレットアプリ**を利用できるようにすることで、銀行ユーザーが買い物しやすい環境が整っています。

りそなウォレットアプリ
りそな銀行のデビットカード保有者が使える決済アプリ。状況に合った決済方法の選択や、おつり貯蓄などができる。

「ほけんの窓口」や「ほけんのクリニック」などの大手保険ショップは、予約をしなくても気軽に来店でき、保険に限らず総合的なお金の相談ができるのが特徴です。一部の保険会社では住宅ローンの相談受付など、銀行に近い業務をすでに始めています。この流れで、将来的に保険ショップが銀行の代理店のような存在になってしまう可能性もあります。

ファミリーマート店舗内の「銀行手続きの窓口」

提携銀行	全国の地方銀行 ※2019年12月時点で31行
時間	平日：12：00～20：00 土日祝日は10：00～18：00 ※年末年始は除く
取扱い業務	●住所変更、氏名変更、印鑑変更 ●キャッシュカード・通帳の再発行 ●通帳/証書預り（記帳・繰越）など ●公共料金口座振替 ●相続手続受付 ※銀行によって異なる
手数料	無料 ※ただし、キャッシュカードの再発行などは所定の手数料がかかる

いつでもどこでも相談できるFP

銀行の営業担当者のように、自宅や指定した場所に来て金融相談や金融サービスを提供してくれるのが、ファイナンシャルプランナー（FP）です。

彼らは、ファイナンシャル・プランナー技能士の資格や、AFP、**CFP**などの資格をもっていて、個人で開業している人もいれば、保険ショップに登録して業務を行っている人もいます。銀行と比べて、相談時間や場所の融通が効く、営業担当者が頻繁に交替しない、営業方針にしばられずさまざまな金融商品が提供できる、などのメリットがあります。

一方で、AFPやCFPは国家資格ではないため、金融商品の説明力や提案力に個人差がある、などのデメリットがあります。今後、FPの知名度が上がれば利用率は増える可能性がありますが、怪しいFPにだまされないよう、顧客側も金融の知識を備えておく必要があるといえます。

CFP
Certified Financial Plannerの略。北米やアジア、ヨーロッパなど世界24カ国・地域（2019年2月現在）で導入されている国際的なFP資格。取得の難易度が高い。

Chapter10 03

銀行業界に革命が起きる!?

ブロックチェーンによって再編される銀行業務

ブロックチェーンとは、データを利用者全員で保管・監視する新しいネットワークのことです。この技術をうまく銀行業務に活用することができれば、将来的に銀行や金融の概念を覆す革命になるでしょう。

業界にインパクトを与えた「ブロックチェーン」

ブロックチェーンはネットワークを利用した、新しい管理システムです。ネットワーク上のやり取りの記録を利用者全員で保管・監視し、一定量の情報ごとにブロック単位で管理できるシステムで、それがチェーンのようにつながっていることから、「ブロックチェーン」と呼ばれています。ビットコインなどの**仮想通貨**は、このしくみを活用して成立しています。

仮想通貨
実体はなく、デジタルデータとして存在しているお金。特定の国家（中央銀行）が発行していない点が大きな特徴。

従来の情報管理システムは、管理者のコンピュータに大元の台帳（データ）があり、それを利用者が閲覧したり、コピーや保存をしていました。ブロックチェーンでは全員が同じデータを閲覧・保存するので「管理者」という概念がありません。そのため、管理者による情報漏えいもなくなります。また、ブロックチェーンのデータは修正不可能で、もし不正に改ざんが行われても、データの共有者から摘発される「相互監視」のしくみができています。もしデータを紛失したとしても、共有者からデータをもらえばかんたんに復元できます。なお、自分の取引内容も共有されますが、ブロックチェーンの**セキュリティ**は強固であり、個人が特定されることはありません。

セキュリティ
ブロックチェーンのセキュリティは「共通鍵暗号方式」と「公開鍵暗号方式」という２種類のどちらかを選んで利用する。よりセキュリティが高度なのは「公開鍵」と「秘密鍵」という２種類の鍵を利用する公開鍵暗号方式。

銀行業務にブロックチェーンを活用できるのか？

銀行は顧客の預金や情報を預かり、それをもとにビジネスを展開してきました。もし、銀行業務にブロックチェーンを活用したらどうなるのでしょうか。まず、送金や振替など為替業務は、すでに現金ではなく仮想通貨で処理されています。預金の預かりも、顧客から銀行に送金してもらえばよいでしょう。問題は融資業務ですが、SNSやインターネット上の購買履歴などを閲覧できれ

ブロックチェーンのメリット

1 **安心**
データを共有している全員から監視されるしくみのため、データの改ざんが困難

2 **早い**
同じデータを利用者が同時に観覧できるため、データを送る手間や時間が不要

3 **安い**
従来のシステム管理や開発費、中間コストなどが削減できる

ブロックチェーンによるサービス向上例（海外送金）

日本の銀行
共通のネットワークへ海外送金の情報を送る

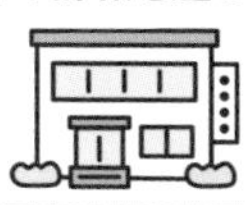

→ **ブロックチェーン** →

海外の銀行
共通のネットワークから即時で送金情報を受け取る

69ページの海外送金の事例と見比べてみましょう。ブロックチェーンの技術を活用したネットワークは、中継銀行を通さなくてよいので、コストや時間の大幅な削減につながります。

ば、信用審査が可能ではないかといわれています。特に、上場している企業は公開情報が多いため、その情報をスコアリングシステムに反映させれば審査することもできるでしょう。

そのほか、ブロックチェーンを活用することで銀行が得られるメリットとして考えられているのが、銀行内部での不正が難しくなることです。ブロックチェーンのセキュリティは強固であるゆえ、行員による情報漏えいがなくなり、行員による不正があった場合はデータの共有者から摘発されるのです。さらに、ブロックチェーンの維持費はほぼコストがかからないので、銀行の膨大なシステム維持費がカットできるのも大きな利点です。

一方、ブロックチェーンによるデメリットは、対面取引が不要になり支店や行員が削減されることです。結果として、顧客の利便性が向上する反面、各銀行は差別化を図りにくくなり、行員が不要になる可能性も考えられます。ブロックチェーンが銀行に導入されるのはまだ相当先だと思われますが、その際は銀行や金融の概念を変える大革新になるでしょう。

Chapter10 04

コインの開発に取り組む理由

ビットコインなどの新たな投資方法との共存

年々、取扱量が増加している仮想通貨。みずほ銀行や三菱UFJ銀行などを筆頭に、その開発に取り組み、先行者利益を得ようとする銀行が現れています。仮想通貨は現在の通貨を脅かす存在になるのでしょうか。

仮想通貨の開発に取り組むメガバンク

仮想通貨とは、データとして存在するお金のことです。特定の国の通貨ではありませんが、その存在や価値への認識が年々強くなっており、将来性が注目されています。この概念が生まれたのは2008年頃といわれており、日本初の仮想通貨取引所は2014年にオープン、その取扱高は増え続けています。

仮想通貨特有の利点として、送金手数料が格安である、銀行を通さず迅速に送金できる、24時間いつでも取引できることなどが挙げられます。そのため、仮想通貨が送金や決済に適していることに目をつけたメガバンクは、いち早く仮想通貨の開発に取り組み始めました。

すでに2019年３月、みずほ銀行が仮想通貨「Jコイン」を取引できる「J-Coin Pay」アプリをリリース、接続できる金融機関を増やしています。しかし、2019年９月に、J-Coin Pay加盟店管理用のテストシステムに対する不正アクセスが発覚しており、みずほ銀行は再発防止策を検討中です。また、三菱UFJ銀行も「coin（MUFGコイン）」を開発し、2020年前半の実用化を検討中です。このcoinは自社で利用するだけでなく、外部企業のオリジナルコイン開発「**カラードコインサービス**」で活用することも視野に入れられており、三菱UFJ銀行の新たな収益源として期待されています。

カラードコインサービス
ビットコインに付加情報を与えることで、金や株式、通貨などの多様な資産の取引を可能にするとみられているアーキテクチャの1つ。

このように、銀行が仮想通貨開発に取り組む目的は、ほかの業界や企業よりも早く仮想通貨を使った送金システムを開発・流通させることで、先行者優位を得たいからです。しかし、すでに海外の銀行も仮想通貨開発を本格化させていて、その競争は激化の一途をたどっています。

銀行が開発するコインの取引例

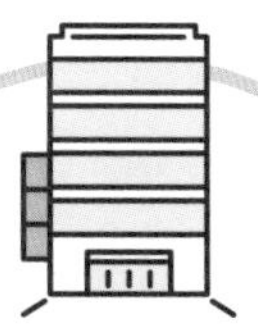

コイン専用のアプリを通じて、銀行の口座から直接お金をチャージできる。ATMや銀行窓口でお金を引き出す手間がなくなる

飲み会時の支払いなども、相手にコインを送ることで支払いがスムーズに。現金でのやり取りとの不便さから解消される

コイン専用のアプリを利用することで、レジでの支払いをスムーズにできる。財布を持ち歩くことや、現金の引き出しが不要になる

仮想通貨とソブリン通貨は共存できるのか？

2017年より改正された**資金決済法**にビットコインを初めとする仮想通貨についての規定が盛り込まれ、仮想通貨取引の規制が整いつつあります。このまま仮想通貨が一般化した場合、現状発行されている**ソブリン通貨**を脅かす存在になるのでしょうか。

日本の金融資産量の概算は、個人金融資産が1,800兆円、株式時価総額600兆円、通貨流通高100兆円、**マネーサプライ**（マネーストック、M3）が1,300兆円程度（2017年時点）です。世界全体でみると、個人金融資産や株式時価総額はこの10倍超、通貨流通高やマネーサプライは5倍超になります。これに対し、仮想通貨の市場規模は17兆円程度で、流通量は全体の3％強程度にすぎません。投資対象として注目されていますが、現在のところソブリン通貨の流通量や投資残高には遠く及びません。しかし、その利便性は高いので、今後は急成長する可能性があります。

資金決済法
正式には「資金決済に関する法律」。商品券やプリペイドカードなどの金券や、電子マネーなど、銀行業以外による資金移動業について規定している。

ソブリン通貨
各国の政府が発行する通貨のこと。ソブリンマネーともいう。仮想通貨の対義語。

マネーサプライ
通貨流通量のこと。

Chapter10 05

テクノロジー×金融の開発競争

「FinTech」による新しい金融サービスの登場

金融とITの力をかけ合わせたFinTechにより、便利なサービスが次々と生まれています。メガバンクは次の新規事業や協業相手を発掘するため、ハッカソンやイベントを積極的に開催しています。

オープンAPIによりFinTechサービスが加速

銀行によるオープン**API**とは、銀行と外部の事業者とで安全なデータ連携を可能にするしくみのことです。従来の銀行システムは閉鎖的で、関連会社しかアクセスできませんでした。しかし、オープンAPIなら、顧客の同意を得たうえで口座情報などをFinTech企業に提供し、便利なサービスに活用してもらえます。

2016年に日本の銀行で初めてAPIを提供したのは、住信SBIネット銀行です。オープンAPI公開基盤を含むプラットフォーム・サービス「フィンテックプラットフォーム」を構築・提供していて、これを国内外のFinTech企業の各種サービス・システムに接続、金融機関が利用したいFinTech機能を選択できるようになっています。

なお、FinTechを銀行業務で活用するためには、FinTechに精通した企業や優れたサービスの確保が急務です。そこで3大メガバンクを中心に、積極的にイベント「**ハッカソン**」を開催し、FinTech企業や新たなアイデアの発掘に力を入れています。

三菱UFJ銀行は、毎年「Fintech Challenge」を開催しており、2018年はMUFJコイン、2019年はフィンテック×シェアリングエコノミーを中心とした銀行APIの**アイデアソン**を実施しています。三井住友銀行は2016年に「ミライハッカソン」を開催したほか、東京都渋谷区にオープンイノベーションの拠点「hoops link tokyo」を設立して、さまざまなイベントを開催しています。みずほ銀行は2016年に「Mizuho.Hach」を開催、参加者は人型ロボット「Pepper」の斬新な活用方法について競い合いました。3大メガバンクはこのような活動を通じて、次の協業相手や新規事業の創造を狙っています。

API
Application Programming Interfaceの略。あるアプリケーションの機能や管理しているデータなどを、ほかのアプリケーションから呼び出して利用するためのしくみ。

ハッカソン
ハック（Hack）とマラソンを合わせた造語で、ソフトウェア開発のプログラマやデザイナーなどが集中的に作業をするプロジェクトイベント。優勝者や優秀者には、賞金や賞品が贈られることが多い。

アイデアソン
アイデアとマラソンを合わせた造語。特定のテーマについてアイデアを出し合い、それをまとめていく形式のイベント。

オープンAPIによる銀行との連携

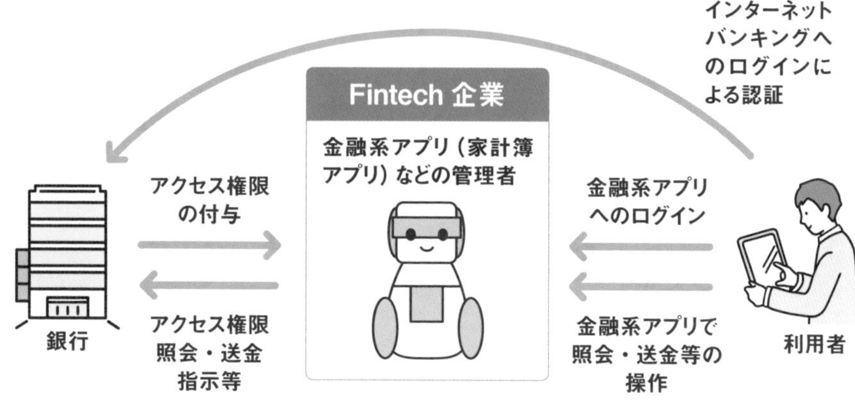

日本におけるFintechサービスの事例

Coiney	スマホやタブレットに専用のCoineyターミナルという端末を接続すれば、カード決済ができるようになるサービス
THEO	アルゴリズムを用いた個人向け資産運用アドバイスができる。利用者が9つの質問に答えることで、最適なポートフォリオを提案してくれる
READYFOR	クラウドファンディングサービスの1つ。災害からの復興支援や、途上国の支援など、社会的な課題の解決を目指したテーマが多い

出典：総務省「IoT時代における新たなICTへの各国ユーザーの意識の分析等に関する調査研究」（平成28年）より作成

銀行不要の預金・融資サービス

近年、個人や企業が直接資金調達する預金・融資サービスが話題です。「クラウドファンディング」は、個人や企業がお金を集める目的・目標額・達成時の**リターン**を定め、これに共感する人からインターネット上でお金を集めるサービスです。一方、「ソーシャルレンディング」は案件の概要や予定利回りを公表し、参入を希望する人から融資を受けるサービスです。それぞれ制度上の課題はあるものの、個人や企業が銀行融資や株式・債券市場以外で資金調達できるようになったのは画期的でした。

これらのサービスは、投資対象を顧客自ら選択し、その活動状況や結果なども共有されるのが特徴です。より意義のあることにお金を使いたいと考える投資家の、新たな投資・寄付対象として注目されています。

リターン
クラウドファンディングで提示した目標が達成されたときに、投資してくれた人に渡す品物やサービスなどのお礼のこと。

初心者でもかんたんに運用できる世の中に

ディープラーニングを活用した新しい資産運用

投資商品の分析・選択をすることは、資産運用に不慣れな人にとってはかんたんではありません。これらをAIに任せる「ロボアドバイザー」が登場し、資産運用が一気に身近になりつつあります。

ロボアドバイザーで資産運用を身近に

銀行や証券会社で資産運用をする場合、窓口で販売している投資信託や株式などのラインナップから、投資先や**ポートフォリオ**を顧客が自ら考えて選択します。そのため、投資に対する一定の知識や売買タイミングの判断などが必須です。しかし、近年はAI（人工知能）の**ディープラーニング**が資産運用分野に活用されるようになり、銀行員のサポートがなくても、個人がかんたんに運用先を選択できるようになってきました。

AIが使われているのは主に、投資商品の運用成績の傾向や今後の予測などのデータ分析です。分析結果を顧客の**投資性向**と照らし合わせれば、顧客にぴったりの投資商品をピックアップすることが可能です。顧客が投資商品を自ら選択する場合、商品の特徴への理解が浅いなどの理由から、最適な選択ができないこともあります。しかし、AIを活用すれば、客観的なデータから最適な商品やポートフォリオを提示してくれるので、初心者でも安心して投資ができます。

このAIを活用したサービスが、ネット上で投資アドバイスや運用代行を行う「ロボアドバイザー（ロボアド）」です。ロボアドには、投資家に対して助言だけ行うものと、売買やリバランスといった投資行動まで自動で行うものがあります。後者のサービスを利用すると、ロボアドに申し込んだ後は、すべての運用を任せることが可能です。人力を使わないため、手数料が安いのも顧客側のメリットの1つです。

AI・ディープラーニングの登場により、投資に対するハードルが一気に低くなったといえるでしょう。

ポートフォリオ
資産運用商品の組み合わせのこと。一般的には、株式や債券、預貯金など、動きが異なる投資対象を組み合わせることで、リスクを分散させている。

ディープラーニング
機械学習の一種で、データに含まれる特徴を段階的に深く学習できる。ときに人間の認識精度を超えるともいわれる。

投資性向
投資をする方針や、投資に対する考え方のこと。

ロボアドバイザーの取引イメージ

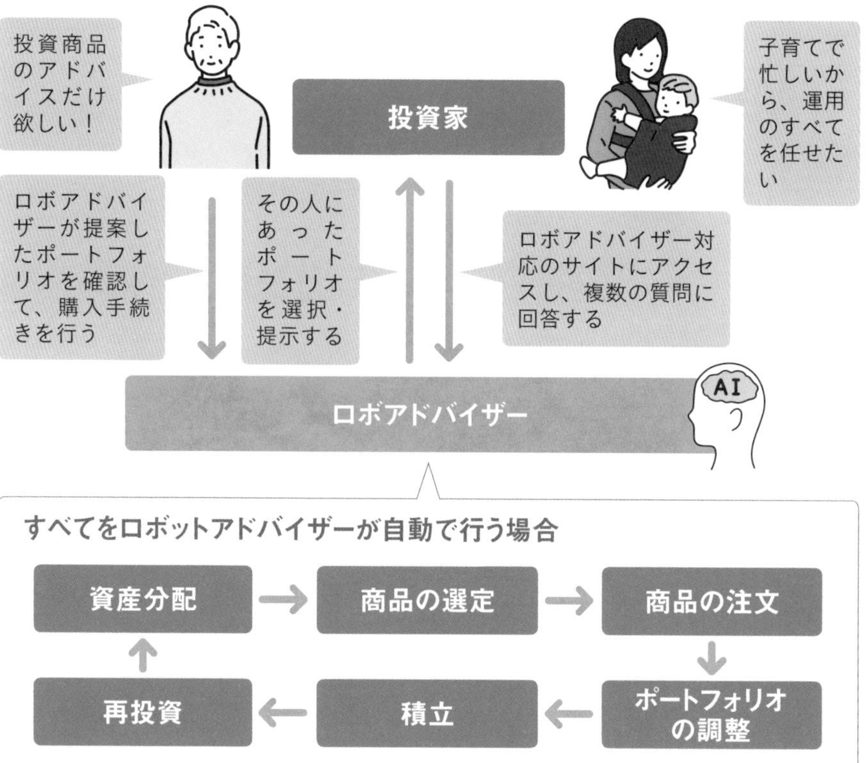

ONE POINT

金融機関でのAI活用事例

実は、AIはすでに身近なところで活用されています。まず、銀行の公式サイト上で顧客の問い合わせ対応をする「チャットボット」がすでに一般化しています。このチャットボットは顧客の質問に答えることで学習し、より賢い対応ができるよう設計されています。

また、SMBCグループは、クレジットカードの不正取引をAIによって暴くシステムを導入したところ、不正の疑いがある取引の的中率が5％から95％へと飛躍的に向上したそうです。また、SMBCグループ内でクレジットカード事業を担っているセディナではAIによる顔認証システムを導入し、ICカードなしで社員のなりすましを防止することに成功。これにより、スタッフはICチップ入りの社員証をもち歩く必要がなくなりました。他業界でもAIの活用事例は多数あり、AIが私たちの仕事や生活をどんどん便利に変えているのがわかります。

乱立する電子マネーサービスの現状

電子マネーのさらなる拡大

電子マネーや電子決済が普及しつつあります。特に電子マネーの利用世帯は全世帯の50%を超え、現金に代わる決済手段としてメジャーになりました。今後、電子マネーが現金に成り代わる可能性はあるのでしょうか。

乱立する電子マネー・電子決済

FinTechの発達により電子マネーや電子決済サービスが登場し、日々の消費行動に「キャッシュレス」が浸透しつつあります。

電子マネーが広く普及したきっかけは、JRや各私鉄がきっぷ代わりに導入したSuicaやPASMOなどの交通系電子マネーでしょう。その後、楽天Edyやnanaco、WAONなどの電子マネーが小売店の決済手段として活用されるようになりました。年代による差はありますが、総務省調べによると、何と2018年の電子マネー保有世帯は全世帯の59.2%、利用世帯は50.4%と、国民の半数が電子マネーを利用しているそうです。

QR決済
QRは「Quick Response」の略。1994年にデンソー（現：デンソーウェーブ）が発明したマトリックス型二次元コードのこと。

電子マネーに続き、**QR決済**やバーコード決済などの電子決済も利用が促進されています。しかし、急激にキャッシュレス事業者が増加したため、PayPayやGoogle Pay、メルペイなど、「〇〇Pay」が乱立する状態が続いています。各事業者はそれぞれキャンペーンを実施して、ユーザーの獲得合戦を展開していますが、利用者からはどの電子決済を利用すべきか悩む声も聞かれます。

政府は2025年までに、キャッシュレス決済比率を全体の40%程度まで増加させることを目標としています（18ページ参照）。しかし、決済手段として電子マネーが増えたとしても、電子マネーは現金から換金されるため、現金の流通量がすぐに激減することはないでしょう。

デジタル通貨
中央銀行が発行していない「仮想通貨」と区別するためのワード。

しかし、中央銀行が**デジタル通貨**を発行した場合は事情が異なります。現金を発行するにはコストがかかるので、デジタル通貨の利用を促進させるため、通貨の発行量を政策的に減少させるでしょう。そうなると紙幣や硬貨は使われなくなり、いずれ現金は「骨董品」になってしまうかもしれません。

メッセージアプリ「WeChat」のしくみ

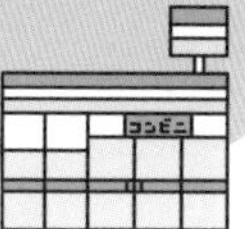

ONE POINT

決済アプリが「スーパーアプリ」へ進化する？

キャッシュレス事業者が乱立するなかで業界を激震させたのは、2019年11月に発表された、大手IT企業ヤフーとLINEの経営統合です。これにより、将来的にPayPayとLINE Payが合併することも想定され、キャッシュレス市場の構図が大きく変わる可能性があります。

電子決済やアプリ決済の戦いは、すでに次のフェーズに入っています。「スマホファースト」が浸透した近い将来、中国の「WeChat」のように、SNSチャットから決済機能までを網羅した「スーパーアプリ」が普及するというのです。今回の経営統合もこのスーパーアプリ化を見据えたものであり、経営統合後の新サービスにも期待できます。

新興国を中心に高まる、デジタル通貨への期待

中央銀行がデジタル通貨を発行？

仮想通貨の登場は、世界の金融システムに大きな波紋を広げました。これを受け、各国では中央銀行が発行するデジタル通貨「中央銀行暗号通貨」の研究が進められています。

中央銀行がデジタル通貨の研究をスタート

ビットコインなど仮想通貨の登場は、不完全ながらも「銀行なしに通貨システムが存在できる」ということを証明し、全世界に波紋を広げました。

これを受け、中央銀行が発行するデジタル通貨の登場が取りざたされています。この動きはまだ金融市場が成熟していない新興国で特に高まっており、すでにベネズエラやウルグアイでデジタル通貨が発行され、スウェーデンやカナダなども発行を検討しています。しかし、先進国の中央銀行は、すでに発達した銀行システムへの影響を考えて慎重な反応をみせています。

国際機関の反応として、2017年に国際決済銀行（BIS）は、各国が発行を検討しているデジタル通貨「**中央銀行暗号通貨（CBCC）**」に関する報告書を発表しました。このなかでBISは、「仮想通貨が現在の通貨に取って代わる可能性は低いが、限定的に活用できる可能性はある」という趣旨の記載をしています。

中央銀行暗号通貨（CBCC）
各国の中央銀行が発行を検討しているとされる、仮想通貨の総称のこと。

デジタル通貨に共通するメリットは、ブロックチェーンを活かした取引の透明化や取引効率の向上、コスト削減です。日本の金融機関向けCBCCの使い道としては、日本銀行の当座預金間での預金量調整や、インターバンク市場での取引などが考えられます。また、もし消費者向けCBCCが銀行のリテール業務などで利用されるようになれば、現在発行されている仮想通貨の急激な価格変動リスクを抑える効果もあると期待されています。

日本銀行は2019年７月の講演で、「近い将来にデジタル通貨を発行する計画はないが、積極的に調査・研究している」という趣旨の発言をしました。今後、日本は世界の流れに乗り遅れないよう対応していく必要があります。

各国の中央銀行によるデジタル通貨

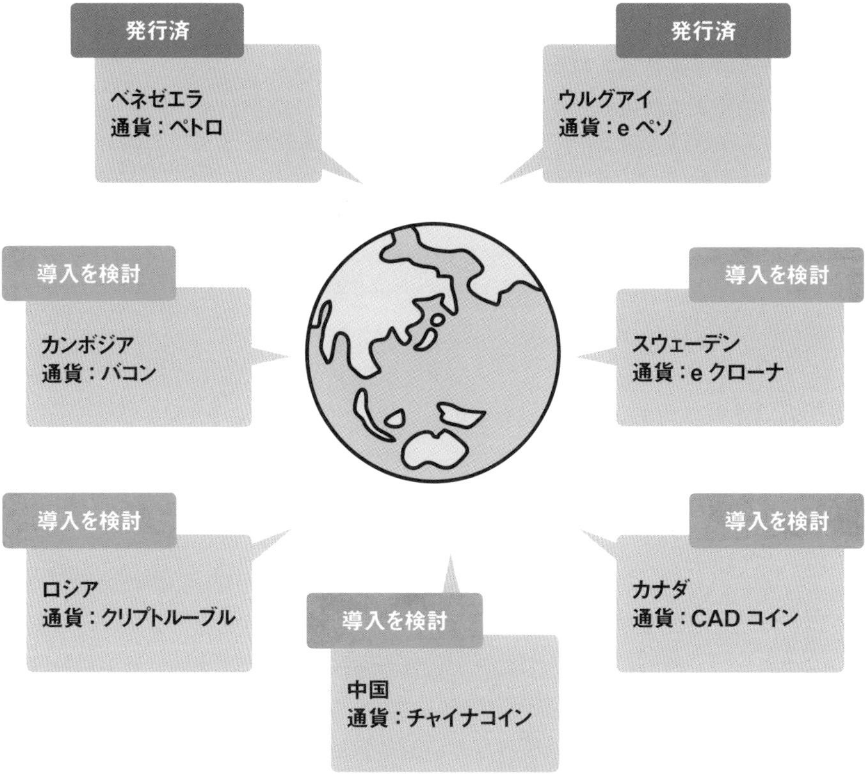

発行済
ベネゼエラ
通貨：ペトロ

発行済
ウルグアイ
通貨：e ペソ

導入を検討
カンボジア
通貨：バコン

導入を検討
スウェーデン
通貨：e クローナ

導入を検討
ロシア
通貨：クリプトルーブル

導入を検討
カナダ
通貨：CAD コイン

導入を検討
中国
通貨：チャイナコイン

全世界に衝撃・裏付けある 仮想通貨「Libra」

2019年6月にFacebookが発表した仮想通貨「Libra（リブラ）」が全世界に衝撃を与えました。Libraの特徴は、ソブリン通貨（法定通貨）に裏打ちされた仮想通貨であることです。米ドルやユーロ、日本円などの通貨に連動することが想定されており、価格の変動が起こりにくいといわれています。
Libraと同様の仮想通貨が増えた場合、ソブリン通貨の脅威になるのではという見方もあります。そのため、現状は全世界から反発が強く、当初参画を表明していたVISAやMasterCardなど大手決済会社も計画から脱退することに……。2020年前半を目指していたリリースは延期されるでしょう。しかし、「反発が強いのは注目度が高い証拠」と考えると、リリース後の市場の反応にも期待できます。Libraの登場は世界を変えるかもしれません。

Chapter10
09

顧客の利便性を向上させた最新金融ビジネス

はるかに先をいく
海外の金融サービス

日本の金融業界はやっとリーマン・ショックのダメージから立ち直り、FinTech事業者と協業しながら新たなサービスを開発しているところです。しかし、世界に目を向けると、より便利な金融サービスが続々と登場しています。

海外で広がる金融機関の「デジタルシフト」

海外では、AIやIoT、VR・ARなどのテクノロジーの進歩により、日本よりもさらに**デジタルシフト**が広がっています。そのサービスをいくつか紹介しましょう。

アメリカで人気のお財布管理アプリ「Empower」は、資産の一元管理や収入・支出の一覧化などができ、みたところ日本の資産管理サービスと同じような内容です。しかし、大きく異なるのは、**サブスクリプションサービス**など金融機関以外での資金移動も登録できる点です。これにより、利用中のサービスよりも安いプランを提示したり、銀行の取扱い商品で顧客に合うものを提案したりと、細かなアドバイスができます。

もう1つ、アメリカで話題の融資サービスが「Earnest」です。最大の特徴は、信用が不十分で通常なら融資を受けられない学生や個人に対して、その将来性を見越して融資してくれることです。このサービスを提供する企業の目的は“将来の超富裕層を見つけ出すこと”です。申込者に銀行やクレジットカードなどへのアクセス許可を取り、その個人情報から集めたビッグデータを分析するという新しい手法で審査を行います。

アメリカ以外では、エストニアの企業「TransferWise」が提供する海外送金サービスが人気です。これは、銀行の**SWIFT**を利用せず、自社がもっている国内外の銀行口座で送金することで、送金手数料を格安に抑えるのが特徴です。

海外では、このようなサービスを通じて、金融機関の枠を超えて顧客のお財布事情を把握し、最適なサポートを顧客に提供しています。日本の銀行業界でも、今後はサービスやシステムのより一層の向上を求められるでしょう。

デジタルシフト
IoT・AIなどのデジタル技術やビッグデータの活用により、多くの情報を統合して、一度に大量の情報を扱えるようになること。

サブスクリプションサービス
会員制の定額サービスのこと。Amazonが提供する「Amazon Prime」や、会員制動画サービス「Netflix」などが有名。

SWIFT
Society for Worldwide Interbank Financial Telecommunicationの略。参加銀行間の国際決済にかかる事務処理負担の軽減、合理化を目的とした、国際決済（海外送金等）に関するメッセージを伝送するネットワークシステム。または、そのサービスを提供する標準化団体のこと。

海外で使われている金融系サービス

サービス名称	国	概　要
PayPal	アメリカ	個人のカードや口座番号を相手に知らせることなく決済ができるサービス
Klarna	スウェーデン	メールアドレスと住所さえ登録すれば買い物ができる。クレジットカードの情報は不要で、ユーザーの信用度は与信状況や購買履歴を分析して審査している
ロボ・アドバイザーサービス	アメリカ	米国大手ネット証券が提供するAIを使った資産運用の助言サービス
Kabbage	アメリカ	AIを活用して、中小企業向けの融資サービスを提供している。申込者の決済サービスの利用履歴やネットショッピングでの購買履歴、ソーシャルメディアなどのデータを分析し、平均6分で融資の可否を判断する
Peer-to-peer Lending	アメリカ	個人が企業に対して融資を行うサービスを提供している。借り手である企業は、信用度別に分類されており、個人はそのリスクや金利水準に応じて融資先を決める
Crowdcube	イギリス	株式投資型のクラウドファンディングサービス。主にベンチャー企業への投資を対象としている

出典：https://www.soumu.go.jp/johotsusintokei/whitepaper/ja/h28/html/nc131120.htmlより作成

業界成長のカギは「大手銀行のVC化」？

日本でもFinTech事業者は多数存在し、これから芽を出す「ユニコーン企業」も無数にあります。しかし、日本でユニコーン企業が育ちにくいのは、ベンチャーキャピタル（VC）による投資額が圧倒的に少ないからといわれています。VCによる資金調達量が圧倒的に多いのはアメリカと中国で、その調達額は年間「兆円単位」です。しかし、ヨーロッパでは年間5,000～7,000億円程度、日本ではわずか2,000億円程度しか資金調達できていないのが現状です。

ユニコーン企業が育てば、日本の金融業界も発展するはずです。もし、3大メガバンクなどの大手銀行が、チャレンジングな投資を行うVC的な役割を果たせたなら、日本の金融業界はより便利な方向へ変わるかもしれません。

COLUMN 10

未来の銀行員の姿とは？

未来の銀行サービスを想像してみる

ここでは、これまで学んできたことをふまえて、2030年の銀行を想像してみましょう。

ある大手銀行にやってきました。昔は街のあちこちに支店を設けていたこの銀行も、今では１都市に多くて２～３店舗しかありません。その代わり、ほとんどの用事はスマホの銀行アプリで完結しています。来店するのは銀行員に直接相談するときだけになりました。

銀行の店内に入ると、窓口はなくカフェのような光景が広がっています。各テーブルにタブレットが設置されていて、手続きは自分で行います。また、そのスペースを活かし、一息つけるカフェラウンジとしても活用されています。

日本銀行がデジタル通貨を発行してからはキャッシュレス化が進み、現物のお金を手にする機会は激減しました。今後生まれた子どもたちは、デジタル通貨しか使わなくなるでしょう。

銀行員の業務は、資産運用や遺産相続などのコンサルティング業務に限定されており、支店に勤務しているのはこうした分野に精通しているスペシャリストだけです。事務手続きはすべてAIシステムを通じて完結するため、事務処理を行う人は激減し、残った事務担当者は本部のセンターで取りまとめ的な仕事をしているそうです。

本日の目的は遺産相続の相談です。クラウドサインで契約書を取り交わし、追加資料をオンラインで後送してもらうことにしました。この担当者は、予約がない日は在宅勤務をしているそうです。

未来の銀行が本当にこのような姿になるかどうかは現時点ではわかりません。しかし、銀行員は少数精鋭になり、その業務内容がより専門的になるのは確実です。

重要視されるのは知識と経験、そして人とのコミュニケーションに長けた人間性です。それを今から磨くことが、これからの銀行員の最重要事項かもしれません。

おわりに

本書を最後まで読んでいただき、ありがとうございます。金融・銀行の知識が少ない方でも、金融・銀行について知るきっかけになったのではないでしょうか。

昭和・平成・令和と時代の変化を受け、さらに銀行を取り巻く環境も変化していくでしょう。どんな時代にあっても、銀行の役割・機能をしっかりと認識し、時代を先取りした対応を取ることが銀行に与えられた使命といえるでしょう。

半沢直樹の生みの親であり、元銀行員でもあった池井戸潤氏の『アキラとあきら』にこんなセリフがあります。

「銀行は社会の縮図だ。ここにはありとあらゆる人間たちが関わってくる。ここに来る全ての人間たちには、彼らなりの人生があり、のっぴきならない事情がある。それを忘れるな、諸君。儲かるとなればなりふり構わず貸すのが金貸しなら、相手を見て生きた金を貸すのがバンカーだ。金貸しとバンカーとの間には、埋め尽くせないほどの距離がある。同じ金を貸していても、バンカーの金は輝いていなければならない。金に色がついていないと世間ではいうが、色をつけなくなったバンカーは金貸しと同じだ。相手のことを考え、社会のために金を貸して欲しい。金は人のために貸せ。金のために金を貸したとき、バンカーがタダの金貸しになる。」

皆さんには自分が成長する過程で、その時代の銀行を注視されることを期待しています。

2020年4月吉日

長塚孝子

索引

さ行

た行

な行

は行

ま行

や行

ら行

監修紹介

長塚　孝子（ながつか　たかこ）

株式会社　孝翠　代表取締役
横浜銀行出身。テラー、営業課長、本部でのテラー育成、店頭指導、行内外研修の講師を担当。ダイレクトバンキングセンターグループ長を経て独立。アドラー流　メンタルトレーナー、JHMA認定ホスポタリティ・コーディネータ。各種研修、セミナー、執筆等で活躍中。主な著書に、『図説 金融ビジネスナビ2020 金融機関の仕事編』（きんざい）、『お客様のハートをつかむ！ 成果があがるテラーの会話術』（共著）（近代セールス社）など多数。

■装丁　井上新八
■本文デザイン　株式会社エディポック
■本文イラスト　こつじゆい
■担当　田村佳則
■DTP　有限会社PUSH
■執筆協力　金指歩
■編集協力　有限会社ヴュー企画（山本大輔・山角優子）

図解即戦力
銀行業界のしくみとビジネスがこれ1冊でしっかりわかる教科書

2020年 5月16日　初版　第1刷発行
2024年 4月18日　初版　第3刷発行

監　修　長塚孝子
発行者　片岡　巌
発行所　株式会社技術評論社
東京都新宿区市谷左内町21-13
電話　03-3513-6150　販売促進部
03-3513-6160　書籍編集部
印刷／製本　株式会社加藤文明社

ISBN978-4-297-11245-5 C0036　Printed in Japan

◆お問い合わせについて

・ご質問は本書に記載されている内容に関するもののみに限定させていただきます。本書の内容と関係のないご質問には一切お答えできませんので、あらかじめご了承ください。
・電話でのご質問は一切受け付けておりませんので、FAXまたは書面にて下記問い合わせ先までお送りください。また、ご質問の際には書名と該当ページ、返信先を明記してくださいますようお願いいたします。
・お送りいただいたご質問には、できる限り迅速にお答えできるよう努力いたしておりますが、お答えするまでに時間がかかる場合がございます。また、回答の期日をご指定いただいた場合でも、ご希望にお応えできるとは限りませんので、あらかじめご了承ください。
・ご質問の際に記載された個人情報は、ご質問への回答以外の目的には使用しません。また、回答後は速やかに破棄いたします。

◆お問い合せ先

〒162-0846
東京都新宿区市谷左内町21-13
株式会社技術評論社　書籍編集部
「図解即戦力
銀行業界のしくみとビジネスが
これ1冊でしっかりわかる教科書」係
FAX：03-3513-6167
技術評論社ホームページ
https://book.gihyo.jp/116